武国庆 ◎ 编著
Wu Guoqing　Author

中国铁路
百年老桥

Century-old　Chinese　Railway　Bridge

历 史 厚 重　风 格 独 具

中国铁道出版社有限公司
CHINA RAILWAY PUBLISHING HOUSE CO., LTD.

1911年中国铁路主要桥梁示意图

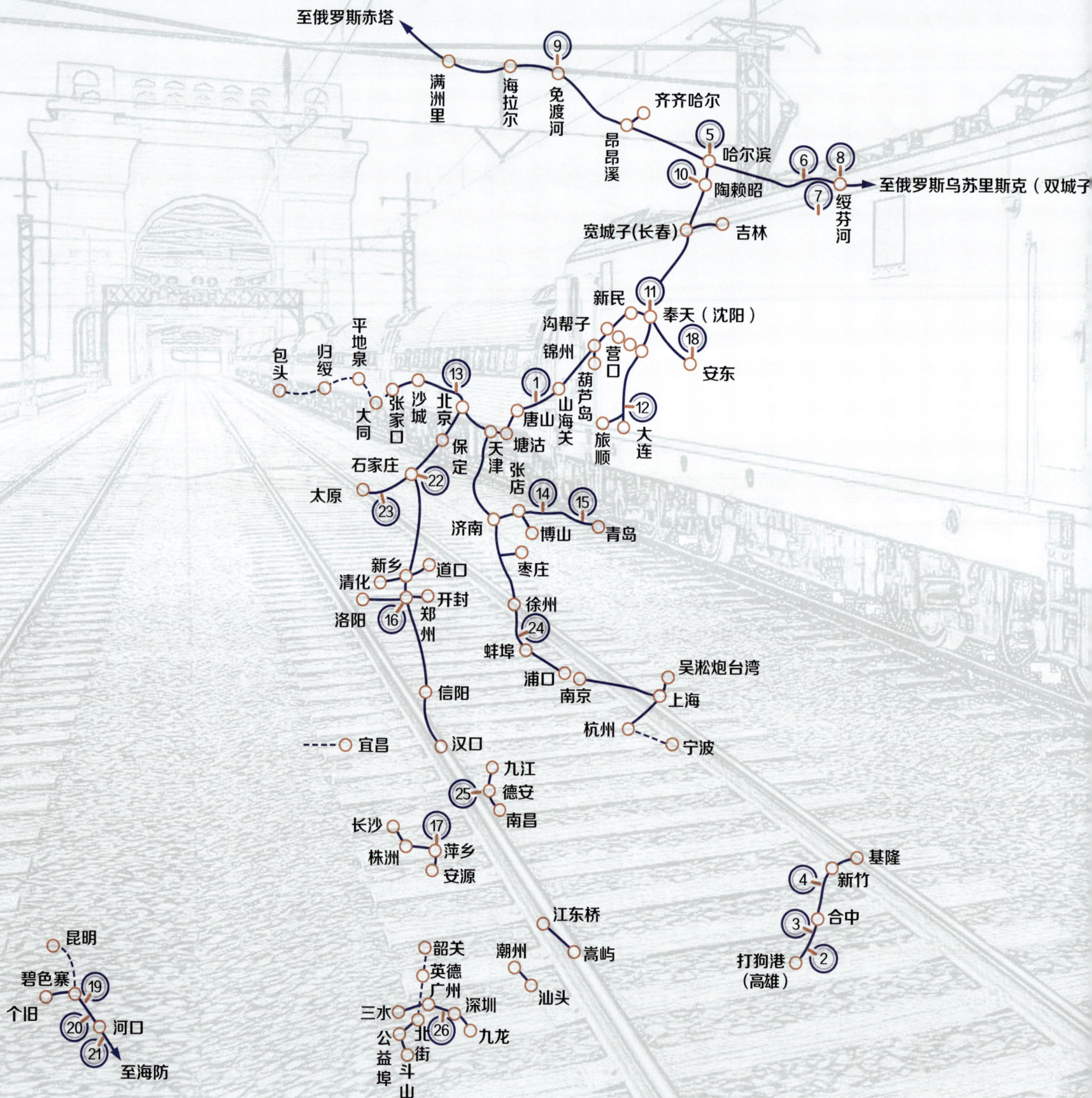

至俄罗斯赤塔

满洲里
海拉尔
免渡河 ⑨
昂昂溪
齐齐哈尔
哈尔滨 ⑤
陶赖昭 ⑩
⑥ ⑧
⑦ 绥芬河
至俄罗斯乌苏里斯克（双城子

宽城子(长春)
吉林

新民
沟帮子
锦州
营口
葫芦岛
旅顺
奉天（沈阳） ⑪
⑱ 安东
大连 ⑫

包头
归绥
平地泉
沙城 ⑬
北京
张家口
大同
唐山
山海关 ①

石家庄
保定
天津
塘沽
张店
太原
⑬
⑭
青岛 ⑮
博山
⑬
济南
⑫
⑭
枣庄

新乡
道口
清化
开封
洛阳 ⑯
郑州
徐州 ㉔
蚌埠
浦口
南京
吴淞炮台湾
上海
杭州
宁波

信阳

宜昌
汉口
九江
德安 ㉕
南昌

长沙
株洲
萍乡 ⑰
安源

江东桥
嵩屿

韶关
英德
潮州
广州
汕头
深圳
三水
公益埠
北街
斗山 ㉖
九龙

基隆
④ 新竹
③ 合中
打狗港
（高雄） ②

昆明
碧色寨
个旧
⑲
⑳
河口 ㉑
至海防

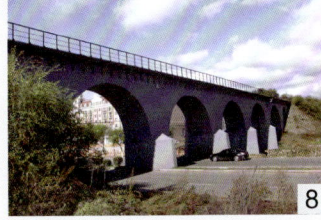

1. 滦河大桥
2. 台湾高屏溪铁桥
3. 台湾龙腾断桥
4. 台湾大安溪铁桥
5. 哈尔滨松花江大桥
6. 穆棱河大桥
7. 小绥芬河石拱桥
8. 绥芬河石拱桥
9. 免渡河石拱桥
10. 陶赖昭第二松花江大桥
11. 浑河大桥（中线）
12. 金州河大桥
13. 居庸关拱桥

14. 杨家庄铁桥
15. 淄河大桥
16. 郑州黄河大桥
17. 萍乡湘东大桥
18. 丹东鸭绿江大桥
19. 白寨大桥
20. 五家寨人字桥
21. 河口大桥
22. 石家庄大石桥
23. 娘子关绵河大桥
24. 淮河大桥
25. 德安大铁桥
26. 石龙南桥

序（之一）

百年老桥
历史厚重　风格独具

非常高兴地应邀为《中国铁路百年老桥》作序。

前一段时间，许树森同志告诉我，当年我在铁道部政治部工作时的哈尔滨铁路局团委老团干部武国庆同志，几十年来在做好本职工作的同时，孜孜以求，锲而不舍地发掘、整理中国铁路的历史遗存，在编撰出版《中国铁路百年老站》等多部专著后，今年又完成了《中国铁路百年老桥》一书，并意欲让我为其作序。作为20世纪60年代唐山铁道学院桥隧系的毕业生，一个多年从事铁路建设的铁路人，我为国庆同志这种弘扬和传承人民铁路优良传统之精神所感动；为本书丰富的内容、翔实的资料，以及作者严谨治学、扎实的工作作风所感染。同时，也基于我对铁路桥梁的深厚感情，便爽快地答应了国庆同志的要求。

桥梁是跨越江河湖海的彩练，是贯通山川沟壑的纽带，也是通向远方的希望。桥梁是前行道路中最重要、最关键的工程之一，也是最富智慧和生命力的结构物。桥梁是生产发展、科技进步的标志，也是人类最有历史价值的劳动创造之结晶。

随着第一次工业革命的兴起，1825年英国人修筑了世界上第一条铁路。之后，世界各国掀起筑路热潮，推动着经济的发展和社会的进步。铁路桥梁作为铁路的重要工程，是近代工业文明的代表之一。

我国最早的铁路桥梁当属吴淞铁路上的蕴藻浜桥。它虽然只有50米长，但却是中国铁路第一座钢结构桥。然而随着1877年吴淞铁路的拆除，这座桥已不复存在了。

京山铁路滦河大桥是中国工程师詹天佑临危受命，采用"气压沉箱法"修建的我国第一座具有近代建筑水平的铁路桥梁。1894年大桥落成，成为当时我国最长的铁路钢结构桥梁。后虽遭受战争破坏和地震影响，但老桥仍斑驳矗立，现已是河北省重点文物保护单位。

滇越铁路"人字桥"，设计独特，造型精巧，在高山绝壁之间凌空飞架，形似"人"字，实乃巧夺天工。"人字桥"的建设，代表当时山区铁路桥梁建筑设计的世界顶级水准；同时，也是中国人用血肉之躯构筑的一座丰碑。

铁路是国家的重要设施，桥梁是铁路建设的重点工程。在战争年代，铁路是兵家争夺的阵地，铁路老桥更是拼杀的战场。沧桑岁月，铁路老桥历经纷飞战火的洗礼、大自然的磨难，是中国铁路发展和时代变迁的见证人。

百年老桥是中国铁路历史发展的浓缩与沉淀。目前，老桥有的已经消失于历史的长河之中；有的已退出铁路运输的行列，成为历史遗存；有的状态良好，仍在坚忍负重，服务于现代化建设……对于这样一笔极其珍贵、十分丰厚的近代工业文化遗产，我们应该倍加珍惜、精心呵护，并加以积极地利用。

当今世界，科学技术迅猛发展。中国铁路桥梁，不仅在数量上位居世界前列，而且建造技术也领先于世界。无论是结构形式、还是桥跨桥长，都独树一帜；建造速度、工程质量更是世界一流。但是，我们不能忘记过去走过的艰辛历程。尊重历史，是我们进步的基础；崇尚科学，是我们继续攀登的阶梯。百年老桥，应该成为我们永久的守望和不朽的记忆。

蔡庆华

2019年6月20日

（蔡庆华　曾任中华人民共和国
铁道部副部长、部党组成员）

Foreword I

I am very pleased to be invited to write a preface to the "Century-old Bridge of Chinese Railway".

Some time ago, Comrade Xu Shusen told me that when I was working in the Political Department of the Ministry of Railways, Comrade Wu Guoqing, an old cadre of the Chinese Communist Youth League of Harbin Railway Bureau at that time, had been doing his job well for several decades and assiduously exploring and sorting out the historical preservation of Chinese railway. After the compilation and publication of several monographs such as "Century-old Station of Chinese Railway", he finished the book "Century-old Bridge of Chinese Railway" this year and wanted me to write a preface for it. As a graduate of the Bridge and Tunnel Department of Tangshan Railway College in the 1960s, a railman who has been engaged in railway construction for many years, I am moved by comrade Guoqing's spirit of carrying forward and inheriting the fine tradition of the people's railway, touched by the rich content, full and accurate information of this book, as well as the author's rigorous scholarship and practical ways of working. At the same time, due to my deep feelings for railway bridges, I readily agreed to Comrade Guo Qing's request.

Bridge is a colored ribbon across rivers, lakes and seas, a ligament through mountains and ravines, and a hope leading to the distance. Bridge is the most important and key project in the road ahead, also the most intelligent and vital structure. Bridge is the symbol of production development and scientific and technological progress, also the crystallization of human labor creation with the most historical value.

With the rise of the first industrial revolution, the British built the world's first railway in 1825. Since then, countries around the world have set off an upsurge in road construction, promoting economic development and social progress. As an important railway project, railway bridge is one of the representatives of modern industrial civilization.

As the earliest railway bridge in China, although only 50 meters long, Yunzaobang Bridge on Wusong Railway is the first steel structure railway bridge in China. However, with the dismantling of the Wusong railway in 1877, the bridge no longer exists.

As the first railway bridge with modern construction level in China, using "pneumatic caisson method", the Luanhe Railway Bridge on Jingshan Railway was built under the order of Chinese engineer Zhan Tianyou, who was entrusted with the mission at a critical and difficult moment. Completed in 1894, the bridge was the longest railway bridge with steel structure in China

at that time. Although damaged by the war and the earthquake, the old bridge still stands with mottle and is now a key cultural relic protection unit in Hebei province.

With unique design and exquisite shape, the "Herringbone Bridge" of the Yunnan-Vietnam railway bridges on the volley among the high mountains and cliffs, looks like the Chinese Character "Ren", is really a wonderful artical excelling nature. The construction of the "Herringbone Bridge" represented the world's top level of railway bridge architectural design in mountainous areas at that time, also is a monument built by Chinese people with their flesh and blood at the same time.

Railway is an important national facility, while bridges are key projects of railway construction. In the war years, the railway was the battlefield for the military, and the old railway bridge was the battleground for fighting. Vicissitudes of time, the old railway bridge has gone through the baptism of swirling wars and the tribulations of nature, is a witness of the development of Chinese railway and the changes of the times.

The century-old bridge is the concentration and precipitation of the historical development of Chinese railways. At present, some old bridges have disappeared in the long river of history, some have withdrawn from railway transportation and become historical relics, some of them are in good condition, constancy and bearing heavy burdens and serving the modernization construction. We should cherish, carefully protect and actively utilize such an extremely precious and rich modern industrial cultural heritage.

In today's world, science and technology are developing rapidly. Chinese railway bridges are not only among the world's leading in amount, but also in construction technology. It flies our own colors no matter in the structural form or the span and length of the bridge. The construction speed and the engineering quality are world first class. However, we cannot forget the arduous journey we have gone through in the past. Respect for history is the foundation of our progress. Advocating science is the ladder for us to continue climbing. The century-old bridge should become our permanent watch and immortal memory.

Cai Qinghua
June 20, 2019
(Cai Qinghua, Former Deputy Minister and Party Member of
the Ministry of Railways of the People's Republic of China)

序（之二）

《中国铁路百年老桥》是部难得一见的好书。这部著作工程浩大，覆盖面广，内容十分丰富。书中通过选取中国铁路具有百年历史的100座具有代表性的桥梁，全面系统地阐述了百年老桥建造背景、设计理念、施工过程、维修养护和历史沿革，点评建筑意义，剖析成败得失。该书填补了中国铁路桥梁史诸多研究空白，是一部科普类的中国铁路桥梁史料文献。

桥梁是跨越河流、湖泊、海峡、山谷，以及其他障碍物而修建的构筑物，是社会进步与高度文明的标志。铁路桥梁因其荷载大，冲击力大，行车密度大，要求抵抗自然灾害的标准高，历来备受世人的关注。自1876年中国第一条营业铁路——吴淞铁路建成到今天，中国铁路的建桥技术取得举世瞩目的进步，研究制造出高强度耐久的新材料，设计出先进合理的桥式结构，拥有科学先进的制造和施工工艺设备。如今，中国铁路桥梁的设计和施工已经达到世界先进水平。然而，"万丈高楼平地起"。我们应当切记：不管走得有多远，攀登得有多高，都不能忘记出发的起点，都不能忘却曾经踏平的坎坷。书中讲述了中国铁路百年老桥建造和运营的艰辛历程，意味深长，很值得一读。

本书行文流畅，图文并茂，可读性很强。老桥故事娓娓道来，让冰冷的钢铁提升了温度，使坚硬的石头融入了情感，引人入胜，雅俗共赏，实现传播科学知识、培育科学精神、提高科学素质之目的。本书的问世，对于挖掘、保护和利用近代优秀的工业文化遗产，推动我国现代化的铁路桥梁建设，具有十分积极的意义。

数据翔实，逻辑严谨，科技含量高是其主要特色。书中集锦的千余幅历史照片和设计原图，都是作者多年来不断发掘、研究、整理、提炼的佳品，有的是首次公开发表的文献资料。

无论是铁路桥梁建造的水文勘测、河床变迁、洪水抵御等原始资料，还是桥梁形式、结构设计、承载能力、施工组织等方面的经验教训，对于未来，都具有重要的参考价值。此书，应该成为桥梁业内人士不可或缺的辅助工具。

建造桥梁乃工程之艰，踏勘老桥无疑是一件苦差事。作者跋山涉水，跨越万里，数年如一日，埋头苦干，挖掘勘察，潜心研究，终获成功。作者锲而不舍、勇于挑战之毅力，令人刮目；求真务实、严谨治学之精神，实为难能可贵。

客观地记录历史，反映历史，提高保护优秀历史文化遗存的意识，传承人类共同的文化精华和文明智慧，应该是本书编辑出版的初心和目的。作为一名铁路桥梁专业人士，我十分高兴地推荐此部专著，并为之点赞！

2019年7月2日

（秦顺全 中国工程院院士、中铁大桥勘测设计院集团有限公司董事长）

Forward II

The "Century-old Bridge of Chinese Railway" is a rare book. With a wide coverage and rich contents, there is a lot of work to do for this book. This book comprehensively and systematically expounds the construction background, design concept, construction process, maintenance and historical evolution of the 100 representative bridges with a century-old history of Chinese railways, comments on the architectural significance, and analyzes the success and failure of them. This book fills up many research gaps in the history of Chinese railway bridges, is a popular science-based historical document on Chinese railway bridges.

Bridges are structures built across rivers, lakes, straits, valleys and other obstacles as well as signs of social progress and high civilization. Railway bridges have always been concerned by the world because of their great impact force, large load and traffic density, and high standards for resisting natural disasters. Since the completion of China's first commercial railway(the Wusong Railway) in 1876, China has built more than 40,000 railway bridges with different styles . For more than 140 years, bridge construction technology of Chinese railway has made remarkable progress: new materials with high strength and durability was researched and manufactured; advanced and reasonable bridge structure were designed; possessed scientific and advanced manufacturing and construction process equipment. Nowadays, the design and construction of Chinese railway bridges have reached the world advanced level. However, "lofty buildings rise from the ground", no matter how far we walk or how high we climb, we should bear in mind that we cannot forget the starting point of our journey or the bumpy road we have trodden. This book tells about the arduous process of the construction and operation of the 100-year-old railway bridge in China. It is meaningful and worth reading.

The book is smooth in writing, illustrated and readable. The story of the old bridge was told continuously and pleasantly, which makes the cold steel raising the temperature and integrates the emotion into the hard stone, becomes attractive and suits to both refined and popular tastes, thus realizing the purpose of spreading scientific knowledge, cultivating scientific spirit and improving scientific quality. The publication of this book is of great positive significance for excavating, protecting and utilizing the excellent industrial and cultural heritage in modern times and promoting the construction of modern railway bridges in our country.

With the main features of detailed data, rigorous logic and high scientific and technological considerations, more than 1,000 historical photos and original design drawings in the book are excellent items that the author has continuously discovered, studied, collated and refined over the years, and some of them are documents and materials published for the first time. Whether it is the original data of hydrological survey, riverbed changes, flood resistance of railway bridge construction, or the lessons learned of bridge type, structural design, bearing capacity, construction organization, it has important reference value for the future. This book should become an indispensable auxiliary tool for people working in the bridge industry.

Building a bridge is a difficult project, and it is undoubtedly a chore to check the old bridge. The author of this book crossed mountains and river,and acrossed thousands of miles. Years like a day, he worked hard and devoted himself in the exploration and study, and finally succeeded. I was impressed by the author's perseverance and the courage to challenge. His spirit of being realistic and pragmatic and rigorous scholarship is really commendable.

Objectively recording and reflecting history, raising the awareness of protecting outstanding historical and cultural relics, and inheriting the common cultural essence and civilized wisdom of mankind should be the initial intention and purpose of editing and publishing this book. As a railway bridge professional, I am very pleased to recommend this monograph and give it thumbs up!

Qin Shunquan

July 2, 2019

(Qin Shunquan, Academician of Chinese Academy of Engineering, Chairman of China Railway Major Bridge Reconnaissance & Design Institute Co.,Ltd.)

目　录

CONTENTS

01

我国首座采用气压沉箱基础的桥梁

唐榆铁路·滦河大桥

Luanhe River Bridge of the Tangyu Railway (Tangshan-Shanhaiguan)

　　清末时期是我国铁路桥梁兴建初期。此间修建的铁路桥梁桥式和建造技术各异，可谓林林总总。唐山至山海关的唐榆铁路（今京山线的唐山至山海关段）滦河大桥，始建于1892年5月，1894年2月竣工，是中国近代第一座大型铁路桥梁，也是我国首座采用气压沉箱基础的桥梁。本桥特色独具，体现出一个时代的特性。

　　1881年唐胥铁路建成后，为抵御外强的渗透，1891年清廷颁发上谕，批准总理各国事务衙门兴办东三省铁路（即关东铁路）的奏请。经两次踏勘后，直隶总督兼北洋通商大臣李鸿章提出先从古冶林西镇起，将唐津铁路展筑至山海关，后再延筑关东铁路的方案，清廷允准。1891年6月，李鸿章在山海关设立"北洋官铁路局"，派记名提督周兰亭和直隶候补道李树棠为总办，英国人金达和柯克斯分任总工程师和工程师，主持路工。此路的修建，标志着中国官办第一条铁路的诞生。1892年春，铁路修筑至滦州（今滦县）；同年5月，滦河大桥开工。

在桀骜不驯的滦河上架桥并非易事。滦河是一条季节性很强的河流，上游源出丰宁县闪电河，绕经内蒙古东南多伦县，折向东南，始名滦河。滦河洪水多因暴雨而成，具有峰高、势猛、次数多和历时短等特点，变幻莫测。最初英国人选定的桥址正常时水面宽50余米，而到了雨季时洪水漫滩，水面宽达600余米。河道冲淤变化很大。河床为细砂覆盖，北京方向一端覆盖层较薄，仅1~5米；而山海关方向一端淤积层渐厚，最深处20余米。为了降低工程造价，设计者压低了桥墩的高度，出桥东向线路设4‰上坡，出桥西向线路设6.7‰上坡，桥梁坐落于凹洼处，隐患颇多。

建桥伊始，由于基础地质有淤积层，桥墩屡建屡塌，工程一筹莫展。面对交工日期迫近的窘况，英国人不得不俯首求助于中国工程师詹天佑。此时的詹天佑正在塘沽工段任职工程师，年仅32岁。他不畏艰险，勇担大任，通过实地考察测量，缜密论证，全面分析研究了英国人失败的原因。找出选址不当、山口处河窄水急无法打桩的症结。在仔细研究河床的地质构造，反复分析测算的基础上，詹天佑提出重新选址，加大桥梁长度的设计施工方案。于是，桥址由山口向南移动，在河面相对宽阔、水势平缓处确定了桥址。

003

1.唐榆铁路滦河大桥遗存（局部）·2014年
2.唐榆铁路滦河大桥遗存（局部）·2014年
3.唐榆铁路滦河大桥遗存·2014年
4.京奉铁路线路图（局部）
5.滦河大桥首次采用气压沉箱法施工·1894年
6.刚刚竣工的滦河大桥·清末
7.中国铁路之父——詹天佑·清末
8.桥头饰有龙纹图案的滦河大桥·清末

桥墩基础施工中，詹天佑首次大胆地采用气压沉箱法。詹天佑借用俄军修建大连军港时留下的特长红松木，组织中国潜水员潜入河底，配以机器操作，利用松木排圆形密不透水的特点，采用气压沉箱法，将沉箱刃脚嵌入岩盘，成功地进行了墩台沉井基础施工。詹天佑还就地取材，使用附近武山、榆山的"台阶石""桩子石"，较好地解决了石料黏合剂的问题。大桥桥墩基础全部用混凝土浇筑，墩身则因当时"洋灰"需要从国外进口，价格昂贵，故为石砌。

在詹天佑的主持下，1894年2月，滦河大桥建造成功。大桥全长670.6米，共17孔，自山海关端起为9孔30.5米上承钢桁梁、5孔61米下承钢桁梁、1孔30.5米上承钢桁梁、2孔19.14米上承钢桁梁。滦河大桥造价白银57.5万两，有效地控制了预算成本。

滦河铁路大桥的建造，还促进了中国铁路桥梁建设队伍的形成。大桥竣工后，参加施工的约300人集体转入当时筹建中的山海关桥梁工厂，日后均成为我国自行制造钢梁的首批骨干。

9.刚刚竣工的滦州（滦河）铁路大桥·清末
10.滦州（滦河）铁路大桥·清末
11.连接滦州（滦河）铁路桥的铁路线路·清末
12.解放战争时期被炸毁的滦河大桥·1948年
13.铁道纵队抢修滦河大桥·1949年
14.正在抢修中的滦河大桥·1949年
15.新、老两座滦河大桥（图右为老桥）·20世纪80年代
16.17.滦河铁路大桥遗存（局部）·2014年

滦河大桥投入运营后，先后在1924年、1928年、1933年三次遭受战争的严重破坏，可谓历经磨难，伤痕累累。1929年，唐山至秦皇岛铁路煤炭运量剧增，此间除滦县到朱各庄区间外，均已铺成双线，滦河大桥一度成为运输瓶颈。大桥改建势在必行。1933年，北宁铁路局委派桥梁专家罗英一行对桥进行勘察调研。最后认为：桥址两端地势不利，载重等级标准较低，又几经战争创伤，改建不如另建。因此，1939年一座双线新桥在大桥上游约45米处建成。

滦河大桥几经公路铁路的功能转换。双线新桥建成后，1943年这座老桥改做公路桥。1948年11月，节节败退的国民党军为了阻止解放大军南下，将通车不久的双线铁路桥梁完全炸毁，短期抢修成功已无希望。解放军铁道纵队决定将损毁程度相对较轻的老桥再改回铁路便桥。经过铁道纵队官兵的昼夜奋战，很快实现通车。此举，为平津战役的胜利立下汗马功劳。新中国成立之初，双线新桥修复后，老桥再次改为公路桥，一时车马行人穿梭如织，繁忙景象复现。1974年，新的公路桥建成通车，老桥正式宣告"退役"。

滦河大桥开创了近代中国铁路大型桥梁建造之先河。百年来，大桥经历数次大流量洪水的冲刷，特别是1962年最大流量曾达到34 000米³/秒，桥墩安然无恙，这足以验证了采用气压沉箱并深置岩盘的施工技术是富有成效，并远见卓识的。2013年，滦河大桥被列为第七批全国重点文物保护单位；2018年1月，被列为中国第一批工业文化遗产保护名录。老桥废而不弃，现已成为唐山市爱国主义教育重要基地。

02 | 松花江上第一座铁路桥
中东铁路·哈尔滨松花江大桥
Harbin Shonghua River Bridge of the Chinese Eastern Railway (CER)

　　中东铁路第一松花江大桥旧址位于哈尔滨市中心地带的道里区与道外区交界线，即今滨洲线（哈尔滨至满洲里）2公里783米处，称之滨洲线松花江大桥。它是哈尔滨城市历史变迁的见证者，人们都亲切地称为老江桥。老江桥是松花江上第一座大桥，也是中国第一座超千米的特大铁路桥梁，堪称近代工业优秀文化遗产。

　　老江桥是中东铁路的产物。中东铁路亦称东清铁路，是中国东省铁路的简称。中东铁路是沙皇俄国制定以对外侵略扩张为战略目标的远东政策的具体体现。1896年，沙俄诱逼清政府签订了《中俄御敌互相援助条约》（中俄密约）和《中俄合办东省铁路公司合同章程》，攫取了在我国东北修筑和经营中东铁路的特权。

　　中东铁路1898年6月全线开工，以哈尔滨为中心，分东、西、南三线，由6处同时相向施工。1901年3月3日，东部线在横道河子接轨竣工；1901年7月18日，南支线在公主岭举行接轨仪式；1901年11月3日，西部线在乌奴尔接轨临时通车。1903年7月14日，中东铁路全线正式通车运营。中东铁路总长2 489.20公里，其主干线西起满洲里，中经哈尔滨，东至绥芬河；南支线自哈尔滨起，经宽城子（长春）、奉天（沈阳）直达旅顺口，呈"丁"字形覆盖东北。

1.老江桥桥面（局部）·1920年
2.夕阳下的老江桥（局部）·2016年
3.城市标识与老江桥·2005年
4.老江桥与刚刚竣工的哈齐客专线大桥
并行矗立·2017年

老江桥是当年中东铁路西部线的咽喉要道。中东铁路西部线，即哈尔滨至满洲里段铁路，1935年日本强行收购中东铁路后，改称滨洲线。中东铁路西部线始建于1898年6月，由哈尔滨、满洲里两地相向动工，1901年11月接轨临时通车，全长934.8公里。

老江桥建设采用当时世界最先进的技术和工艺，由资深的优秀桥梁工程师精心设计、组织施工。曾任中东铁路公司会办的波兰桥梁专家 C.H.克尔别兹是大桥的设计者，波兰桥梁工程师A.H.连铎夫斯基为大桥建设的总负责人，亲自监督工程；俄罗斯桥梁工程师 B.H.阿列克三德罗夫负责日常具体工作。大桥1898年开始测量设计，1900年5月4日开工，1901年8月22日告竣，1901年10月2日正式通车。

老江桥全长1 027.21米，宽6.2米；桥长1 005.87米；19孔跨度之和为445沙绳（俄制长度单位，1沙绳=2.133米），即949.185米。老江桥系直线铁路坡道桥，中间5孔和6孔呈水平状态，两端为6‰下坡道。桥上最初铺设的钢轨每米重32公斤，轨距1 524毫米（俄制宽轨），单线通过设计，是当时国内外为数不多的特大型铁路桥梁。

老江桥设计师
C.H.克尔别兹

老江桥建设工程师
A.H.连铎夫斯基

老江桥建设副工程师
B.H.阿列克三德罗夫

　　老江桥是中国历史上最早的大跨度铁路桥。建桥前的哈尔滨段松花江主流靠近南岸，主航道在现大桥3孔和4孔间。中东铁路开工后，松花江成为沙俄的水上运输线，满载铁路建设物资的船舶，昼夜穿梭于江面，大桥设计者高瞻远瞩，将江南侧2~9孔设计成大跨度的76.804米钢梁，桥下净空达14米，以备日后大型船只通航。同时，考虑到北岸是浅滩，因地制宜，将10~18号桥墩设计成小型桥墩，架设跨度较小的33.5米钢梁，有效地节约了工程建设资金。

　　老江桥犹如长虹卧波，气势恢宏。老江桥是中东铁路标志性工程，是中国近代铁路跨江大桥的杰作，也是哈尔滨城市变迁的历史地标。

老江桥共有19孔钢梁，南侧第2~9孔为下承曲弦钢桁梁，由比利时多泳工厂制造；其余的第1孔、10~19孔为上承华伦式钢桁梁，由俄国工厂制造。钢梁出厂时均为零散构件，运输先取道海参崴，经乌苏里铁路到伊曼港，然后换轮船航经伯力，顺乌苏里江而下，溯黑龙江、松花江运到建桥工地，现场拼装架设。

沉箱、沉井是建造桥墩基础的关键，桥梁建设者对此用心良苦。大桥墩建造于冬季开工，建设者利用封江之际在墩位上建造木沉箱，然后开挖下沉至设计深度。大桥墩基础深度为14.6米，底部支承在细砂层或砾砂层。小桥墩位于北岸的浅滩上，故于春季枯水期开工，就地制造木沉井，基础深度10.69米，内部采用石材充填。由于松花江全年地层变化幅度较大，此举较好地保证了桥墩的稳定性。当时工程设备十分简陋，主要运输方式就是当地特色工具——马车和爬犁。然而，桥梁建设者工作效率极高，仅用6个月时间便完成建桥所需的大小18个沉箱、沉井，创造了世界建桥史上的奇迹。

5.在水底沉箱上修筑桥墩支架·1900年
6.建造老江桥桥台·1901年
7.在水底沉箱上修筑桥墩支架·1900年
8.从桥墩和桥台望去已组装完成的15沙绳的桥梁桁架·1901年
9.建造中的老江桥江北侧桥台·1901年
10.从桥台望去桁架为35沙绳的桥梁·1901年
11.工程浩大的冬季建造老江桥场面·1900年
12.组装35沙绳桥梁桁架情景·1901年
13.运送中东铁路桥梁桁架·1901年
14.已经完工的老江桥桥北桥台·1901年
15.架设脚手架以便安装长度35沙绳的桥梁·1900年
16.架设大桥桥梁情景·1901年
17.大桥架设基本完成，火车试运行·1901年
18.列车在北岸一侧跨度15沙绳的桥梁上试运行·1901年

　　第一松花江铁路大桥址的地质状况：上层为3.5~7米的淤泥黄土；下层是1.5~6米的砾砂或细砂；底层是1.5米以上的粗砂。江南侧1~9号桥墩为大桥墩，基础采用气压木沉箱建筑，沉箱长14.19米，宽6.08米，气室高2.25米，壁厚0.76米，顶厚1.37米。所用木料，都是上等红松，卯榫组合。江北侧10~18号桥墩为小桥墩，采用双孔八角形木沉井建筑。

　　第一松花江铁路大桥施工中，中国人承担繁重而危险的体力劳动。当时哈尔滨一带地广人稀，绝大多数工人是沙俄从中国的山东、河北等地招募来的农民。他们从家乡几经辗转，来到哈尔滨建桥工地。大桥工程技术人员大多则来自俄国。因水下作业特殊需要，沙俄还招聘了350名俄籍沉箱工人。

　　1901年10月2日，大桥正式通车之日，中东铁路当局在江北桥头举行了隆重的典礼。一时间，人头攒动，万人空巷，沉睡的哈尔滨被火车的汽笛声惊醒。当时报界不惜动用溢美之词，称之"世界一流的铁路大桥建筑""空前的伟大工程"。后来的《中国铁路桥梁史》（中国铁道出版社，1987年版）也曾对第一松花江铁路大桥予以高度评价："该桥造型美观，工期仅一年余，在当时创造了惊人的速度"。

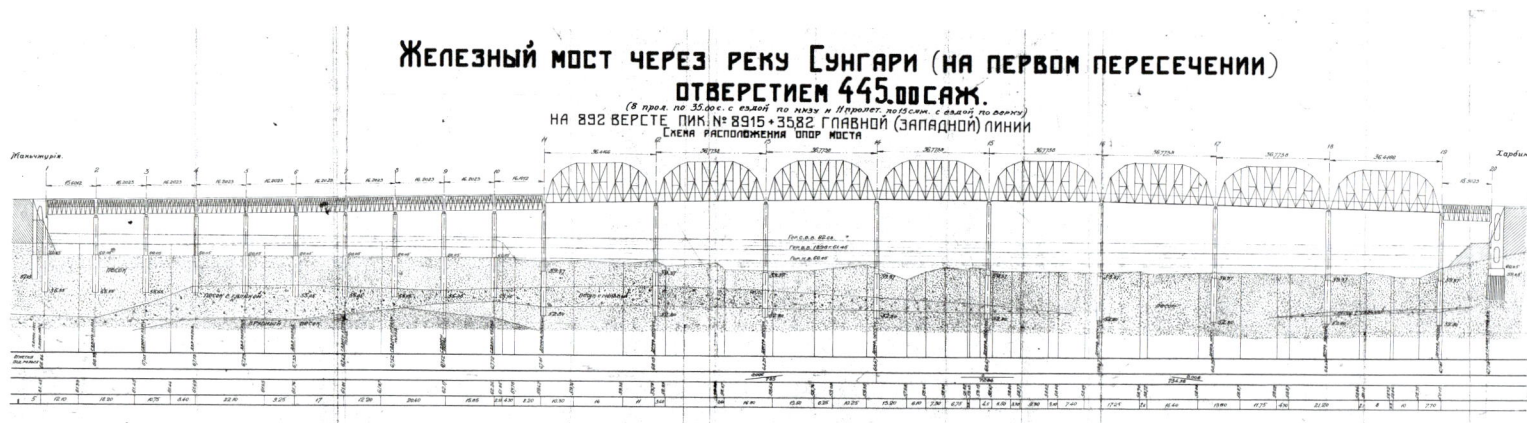

Мостъ на р. Сунгари I у Харбина.

19. 老江桥落成通车典礼情景·
    1901年10月2日
20. 老江桥落成通车典礼情景·
    1901年10月2日
21. 老江桥落成通车典礼情景·
    1901年10月2日
22. 一战期间，被严密守卫中的
    老江桥·1915年
23. 哈尔滨第一松花江铁路大桥设计图·
    1899年
24. 哈尔滨老江桥全景·1904年左右
25. 老江桥与冰面上的马车运输·
    1940年左右
26. 20世纪30年代老江桥和客运码头
27. 大洪水来临前的老江桥·1932年
28. 老江桥遭遇大洪水·1932年

老江桥屡遭松花江特大洪水之灾，可谓命运多舛。1932年7月，哈尔滨大雨滂沱，连降27天，松花江水暴涨。到了8月5日，松花江洪水已泛滥成灾，水位达133.16米，哈尔滨太阳岛周边完全淹没，马家船口民房倒塌，灾民纷纷逃难。8月7日，江水继续上涨，哈尔滨道外九道街江堤决口百余米，道外区已成泽国。之后市内银行停业，商店关门，通讯中断，松花江水位升至133.51米。8月8日，道里顾乡一带洪水入侵，及至10日殃及道里街区，积水齐腰，"到处一片汪洋"。10万灾民露宿街头庙宇，"啼饥呼号，其状惨不忍睹"。

当年官方记载："8月10日，……暴雨如注，第一松花江桥护路炮台倒塌。"这里所说的护路炮台就是老江桥江北西侧的桥头堡，至今仍整体深埋江底。8月12日，肆虐洪水以最大流量10.080米³/秒，无情地冲击着老江桥。大桥北侧16~18号桥墩被冲歪，其中17号桥墩最为严重，向北倾斜66.2厘米。9号桥墩迎水面镶面料石脱落、墩内砌石被洪水掏空，凹进深度约2米。至此，松花江主流北移、航道改变，滨洲铁路全线中断运输。

29.20世纪30年代的老江桥
30.对老江桥和滨洲线改轨，由宽轨改为准轨·1936年7月
31.老江桥江南桥头工程动工年代标识
32.老江桥江北桥头工程竣工年代标识
33.坚固壮观的桥墩破冰棱·2014年

34.松花江冰棱与老江桥·1938年
35.老江桥换钢梁情景——撤换旧梁·1962年
36.老江桥换钢梁情景——安装新梁·1963年
37.哈尔滨松花江码头与老江桥·1923年

桥墩是老江桥最精彩之处。老江桥桥墩无论在设计施工，还是建造用料上，都颇具匠心。18个桥墩外美内实，展示出较高的建造水准。桥墩采用石块砌筑，石膏白灰砂浆胶结材料，花岗岩镶面，石砌严丝合缝，坚固耐用，美观大方。筑墩材料就地取材，石料、白灰均来自哈尔滨近郊的玉泉、小岭一带，工程成本显著降低。桥墩与桥梁的连接方式呈点式搭接，大大缓解了火车通过所带来的振动荷载。

第一松花江铁路大桥桥墩破冰棱别具一格。松花江是条季河，冬季封江时冰面厚达1~1.3米，开江有"文开江"和"武开江"之说。"文开江"，即开江时风和日丽，冰面一块块地龟裂，随波而去；"武开江"，则时遇大风，冰层下的江水狂躁不安，突然将数处冰面鼓裂，江水奔腾而出，一块块巨大的冰排，借着风势，像狂奔的野马顺流而下。如巨大的冰排被桥墩卡住，就会发生棱汛，大桥就会有挤垮之险。为防止"武开江"冰排对桥墩造成破坏，设计者将临近南岸的主航道9个大型桥墩底部设计成凸起的"牛腿"形破冰棱，即高3.61沙绳，合7.7米，1/4坡度的分水尖坝。破冰棱与近乎梯形的墩柱立面有机结合，外表光滑流畅，内部坚如磐石，直面来势凶猛的冰排，最大化地保证了桥墩的稳定性。

受当时科技水平的限制，老江桥建造先天不足。如此特大桥梁，其大桥墩深度只有14.6米，小桥墩深度仅10.69米，令人咂舌。

新中国成立后，哈尔滨铁路局为保护大桥安全倾注了极大精力和财力。铁路方先后对薄弱的16~18号桥墩周围投以石笼加固。1953年又在13孔上游增设截水坝，加固北岸防护堤。此后，每年都向主航道的8孔和9孔桥墩周围抛投大量块石、石笼。据不完全统计，自1957年以来，向大桥及上游河床投石量近5万立方米，相当于1 670节货车厢的装载量。

1957年9月，松花江发生特大洪水，水位高达120.30米。哈尔滨人民奋力抗洪抢险，南岸安然无恙，但大桥的17号桥墩再次遭受重创。1962年，大桥开始进行大修。首先铲除了病害严重的17号桥墩，在原沉井基础新建钢筋混凝土桥墩，鉴于新桥墩已达到荷重标准，为节约工程造价，没有进行料石镶面处理。因此，现老江桥18个桥墩中，唯独17号桥墩没有花岗岩料石贴面。

老江桥经历两次换梁工程。第一次是在1962年12月—1964年5月，换梁的是下承曲弦穿式桁梁，即主航道上的大梁。此次大修换梁，桥的两侧各增加了1.1米的人行通道，桥面宽度增至8.4米。第二次是在1971年4月—1972年2月，换梁的是余下的江北一侧的11孔小梁。老江桥是一个钢铁堆积的庞然大物，据统计，两次换梁共使用钢材3 643吨。

1998年8月，松花江又遭50年一遇特大洪水。8月23日，峰值水位达120.89米，最大流量17.40米³/秒，老江桥再一次经受住考验，巍然屹立。2002年，经铁道部桥检专家鉴定：老江桥可安全服役到2053年。

38

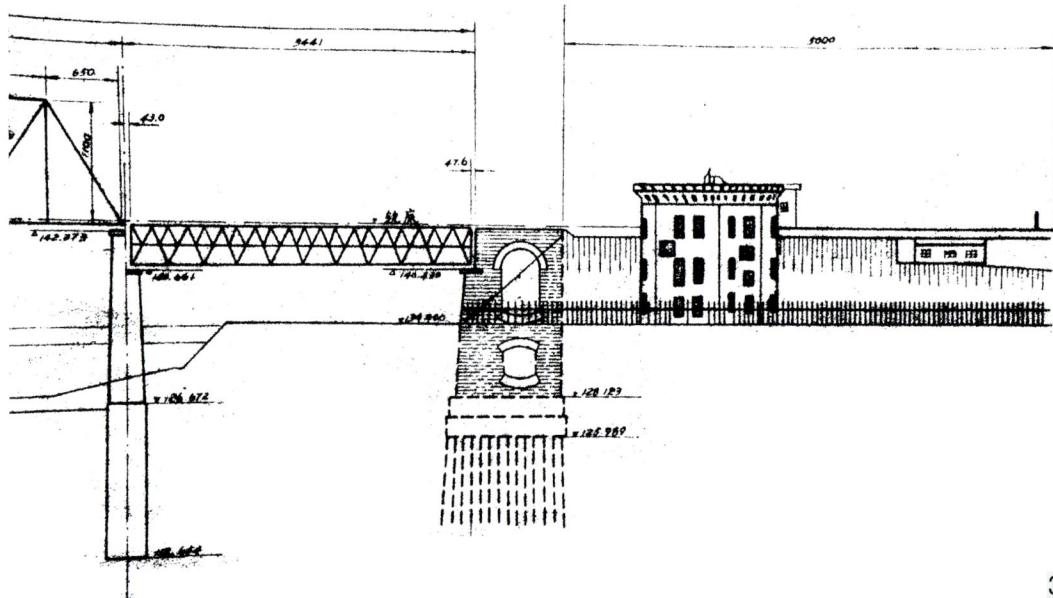
39

40

41

42

43

　　桥头堡是老江桥一大亮点。1915年正值第一次世界大战，参战国沙俄为守护大桥，保障运输安全，在南北两岸建造桥头堡四座。今日走近桥头堡，外墙壁上钢铸俄文"建筑铭"依然清晰如昨："1915年开工，1916年竣工，设计者为俄罗斯军事工程师波罗霍夫西科夫上校、拉西亚诺夫大尉。完成者为军队工程师拉西亚诺夫大尉。"

　　桥头堡仿中世纪古堡建筑风格。墙体厚重坚固，冬暖夏凉；窗口亦是射击孔，内小外大，视野开阔；三层高的建筑内部布局合理，红松木板铺地，军事需要与生活空间相得益彰；楼梯为水磨石台阶，扶手铁艺精湛；顶层的瞭望平台墙垛呈锯齿形，居高临下，牢牢地控制着大桥两侧，江面一览无余。

　　桥南的东西两座桥头堡之间有地下通道相连接。现存有高1.7米、宽1.5米、长50余米的地下通道，至今保存完好，只不过有大量淤泥垃圾填塞，有待日后清理畅通。桥北西侧桥头堡已不复存在，1932年的特大洪水将其沉入江底。桥南西侧桥头堡最为壮观，已被列入哈尔滨市二类保护建筑。

2013年，以老江桥为核心的中东铁路建筑群被国务院确定为国家重点文物保护单位。老江桥南桥台俄文花岗岩凿刻的"1900年"动工年标清晰醒目，北桥台"1901年"竣工年标亦深藏隐露。南桥台的"1900"年代标识，是哈尔滨迄今发现的最早城市年代标识。

老江桥是新中国第一部故事片拍摄地。1948年，东北电影制片厂在哈尔滨拍摄电影《桥》。该片讲述的是哈尔滨铁路工人为支援解放战争，修复被战争破坏的铁路大桥的故事。著名演员陈强、于洋等均在本片担任角色。电影中有许多画面就是以老江桥为背景的。老江桥搬上了银幕，从此闻名遐迩，家喻户晓，成为哈尔滨城市标志性建筑。

2014年初，齐哈客专线松花江铁路大桥竣工。 4月17日，老江桥停止使用，退出铁路运输现役。2014年12月，哈尔滨市政府确定将废弃的老江桥改造为中东铁路公园方案。中东铁路公园2015年9月动工，2016年10月竣工，工程被称为"近代工业文化遗产开发利用的范例"，荣获 2016年度全国城市园林规划设计一等奖。老江桥华丽转身，焕发勃勃生机，现游人如织，已成为市民喜爱的休闲娱乐场所。

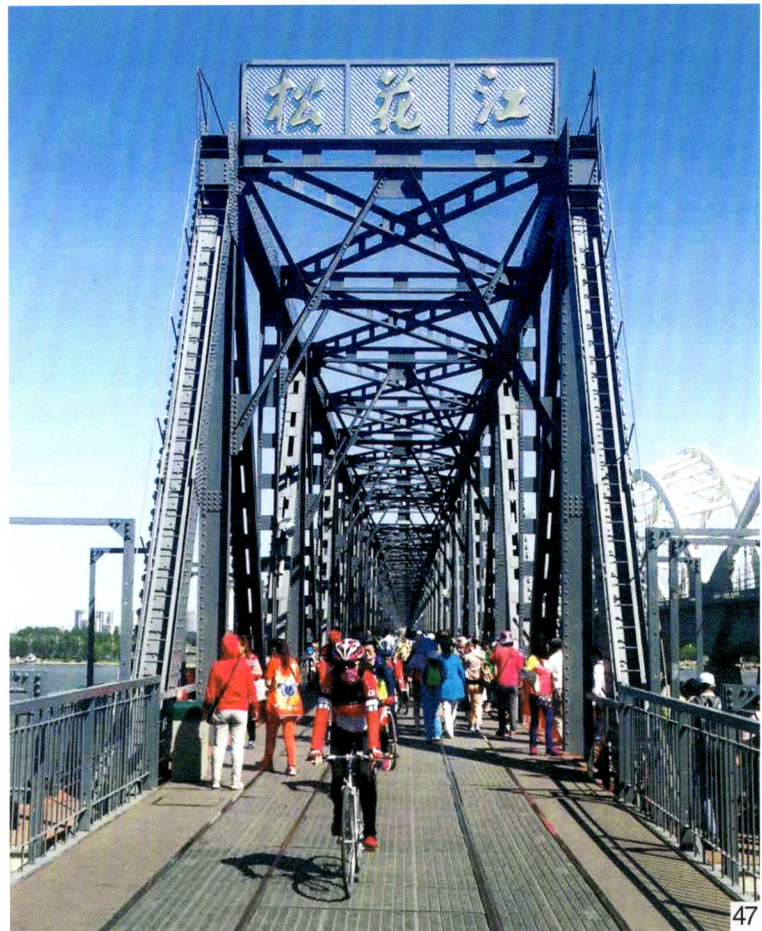

38.侵华日军占领哈尔滨老江桥·1932年
39.第一松花江铁路大桥改建设计图（局部）·1915年
40.20世纪30年代的松花江大桥与右岸桥头堡
41.老江桥南岸东侧桥头堡铭文
42.老江桥北岸东侧桥头堡铭文
43.老江桥南岸西侧桥头堡（哈尔滨市二类保护建筑）·2014年
44.守桥部队官兵对老江桥例行安全检查·20世纪50年代
45.守桥官兵在老江桥桥头集结交接·1976年
46.武警官兵正在执行巡桥任务·1986年
47.中东铁路公园核心主体——老江桥·2017年
48.老江桥与守桥战士· 1995年

异国情调浓郁的铁路跨线桥

中东铁路·哈尔滨霁虹桥

Harbin Jihong Bridge of the CER

　　1898年6月9日，以中东铁路工程局副总工程师依格纳齐乌斯为首的中东铁路工程局人员，乘船沿乌苏里江、黑龙江、松花江到达中东铁路枢纽哈尔滨，宣布中东铁路全线正式开工。为沟通埠头区与新城区之间联系，将松花江上运来的铁路工程器材、生活物资转运到工程局所在地香坊和建筑工地，工程局在哈尔滨站东侧修建了一座木结构的铁路跨线桥。

　　这座横跨中东铁路的跨线桥原名秦家岗大桥，俗称"旱马桥"，即今天霁虹桥的前身。当初这座木结构桥共有8孔，下部由27根立柱支撑，3根一组N形连接，上部是三角形连续梁。桥面铺枕木，撒砂石，有木制栏杆扶手，两侧各设6盏欧式路灯。作为刚刚开埠的哈尔滨来说，这应该是一道颇为引人注目的风景线。

中东铁路的修筑，为哈尔滨从一个小渔村转型发展成中国北方重要的现代大都市带来了契机和初始动力。随着城市的不断扩容，木结构的"旱马桥"已不堪重负。1926年初，哈尔滨自治临时委员会决定拆除旧桥，重建钢筋混凝土结构的新型跨线桥。

市政当局邀请享有较高威望的苏联工程师弗拉基米尔·安德列耶维奇·巴里领衔担任工程总体设计。巴里1922年就在中东铁路管理局技术处任工程师，同时兼任哈尔滨工业大学教授，讲授当时比较前沿的钢筋混凝土课程并指导学生实践操作。巴里的好友，哈尔滨工业大学教授、苏联建筑师彼得·谢尔盖耶维奇·斯维里多夫负责新跨线桥的施工建造。斯维里多夫在哈尔滨城市建设中多有建树，名声显赫，担此重任果然不负众望，成功地完成了施工任务。此项工程总投资30万元。

1.哈尔滨霁虹桥桥柱雄狮雕像装饰·2016年
2.哈尔滨霁虹桥方尖碑塔（局部）·2016年
3.哈尔滨霁虹桥全貌·2000年
4.从木造跨线桥（霁虹桥的前身）看哈尔滨新市街全景·1903年
5.哈尔滨木造跨线桥·1901年
6.哈尔滨木造跨线桥·1901年
7.在木结构跨线桥附近作业的中东铁路机车乘务人员·1905年

新的跨线桥于1926年4月23日开工，同年11月12日竣工，11月28日举行落成典礼。时值哈尔滨特别市成立，中国刚刚收回行政管理权，落成典礼仪式隆重庄严，当时的哈尔滨市政要人、各界名流几乎全部参加。中东铁路公司理事、哈尔滨工业大学校长刘哲为新桥题名——霁虹桥。

何其称之霁虹桥？霁虹，取义《滕王阁序》中"虹销雨霁，彩彻区明，落霞与孤鹜齐飞，秋水共长天一色。"虹销雨霁，意为云消雨停，阳光普照，天空晴朗。在霁虹桥落成典礼仪式上，刘哲校长对题名的意义进行了阐述："此工弓形，比比中高而两下，有如长蛇之势；复参王勃《滕王阁序》'虹销雨霁'之成句而命名，为此并寓意中俄两国由长虹而资贯通云。"

Rainbow-sky-Bridge, Harb

霁虹桥桥长51米、宽27.6米，车行道宽21.4米，两侧人行道各宽3.1米，两墩三孔的拱躯凌空飞架，气势非凡。霁虹桥的设计还很人性化。设计中巧妙地结合地形，随坡就势，使建筑与自然浑然一体，人们漫步其上，优哉游哉，完全没有步履艰难的感觉。

霁虹桥是哈尔滨城市标志性建筑之一。雄踞桥头两侧的方尖碑式桥头塔，塔座四周装饰着花环状浮雕，威严壮美。矗立桥栏中间的四座金属铸造欧式灯饰，秀丽挺拔。灯饰为四朵花苞造型，灯柱装饰与尖塔相仿呼应。桥身两侧等身高的栏杆上，镶嵌着"飞轮"式样的中东铁路路徽，和谐舒适，铸造精美。镂空嵌花的铁栏杆把霁虹桥装点得婀娜多姿。桥下3个桥洞其跨度不大且装饰不繁，但气势雄伟，华丽壮观。桥下混凝土桥柱上塑有四尊狮面浮雕，栩栩如生，呼之欲出，堪称精美艺术品。

最奇特的是桥上公路与桥下的铁路为立体斜交，托举桥梁的两组26根桥柱与铁路线平行，与桥身斜交排列。整座桥梁为一体式浇筑，没有一个铆钉，没有一个螺栓，设计思路匪夷所思，建筑工艺精湛独特，是哈尔滨弥足珍贵的历史文物。

霁虹桥是哈尔滨最早的大型铁路跨线桥。桥上电车叮叮当当地驶过，桥下火车喷云吐雾，呼啸穿行。作为哈尔滨市桥梁史上第一座真正意义上的立交桥，从修建之初到现在，地处要塞的霁虹桥始终起着交通枢纽的作用，在中东铁路建造史上，可以说是独特的。2013年3月，霁虹桥与"老江桥"、香坊火车站、哈尔滨铁路局（大石头房子）一同作为中东铁路建筑群，被国务院列为国家重点文物保护单位。

2018年，因哈尔滨至齐齐哈尔城际高速铁路建设的需要，哈尔滨市政府决定对霁虹桥进行原样式、原材料、原位置的"三原"改造，保留原有基本元素，对其加高加宽。工程于2018年3月开始动工，2018年10月20日改造后的霁虹桥正式通车。

8.霁虹桥的前身——钢木结构跨线桥·1903年
9.霁虹桥设计者——弗拉基米尔·安德列耶维奇·巴里
10.霁虹桥建设者——彼得·谢尔盖郁维奇·斯维里多夫
11.东北沦陷时期的霁虹桥
12.哈尔滨霁虹桥·1940年左右
13.霁虹桥前身——钢木结构跨线桥·1910年左右
14.哈尔滨霁虹桥·1940年左右
15.哈尔滨霁虹桥上的中东铁路"飞轮"标识
16.哈尔滨霁虹桥建造年代标识
17.哈尔滨霁虹桥尖塔与灯饰·2005年

019

04 | 滨绥线具有代表性的石拱桥
中东铁路·一面坡蚂蚁河四孔桥
Yimianpo Mayihe Four-span Bridge of the CER

一面坡蚂蚁河石拱桥是中东铁路东部线（今滨绥线）具有代表性的桥梁。蚂蚁河桥位于中东铁路干线（绥芬河至满洲里）1 123公里、一面坡站至万山站间，即今滨绥线中心里程162.87公里，亦称上行线68号桥。初建时，路基高度为5.56沙绳，即11.9米。蚂蚁河桥为四孔石拱，全长120.1米，桥长94.7米，桥梁每孔

跨度俄制10沙绳，即21.35米；桥孔跨度总长85.4米，桥上线路直线、零坡度，为中东铁路东部线中型石拱桥梁。

一面坡蚂蚁河石拱桥的桥墩基础为呈肉红色的斑状花岗岩。1897年由中东铁路建设局勘测队第五班勘测，1898年6月开工建设；1900年一度停工；1901年蚂蚁河桥工程竣工，同时开始通行临时列车和工程列车。

Т. М. ТИХОМИРОВЪ.

　　中东铁路东部线施工难度较大，需要跨越阿什河、蚂蚁河、牡丹江、穆棱河、小绥芬河等诸多河流，且沿岸大多为丘陵和山区，修建时人烟稀少，劳动力缺乏。中东铁路工程局从山东、河北等地大量招募筑路工人，最初只有1万余人；到1899年（光绪二十五年）已超过2万人；1900年3月时，筑路工人已达7.3万人，其中土工达6.5万人，石匠3 000人，木匠5 000人。另外，从西伯利亚还招来部分俄方技术工人。

　　中东铁路东部线3年施工，共完成土石方21 469 816立方米，平均每公里填方29 544立方米、挖方9 705立方米。建造大中小桥梁362座，其中20米以上的大中桥67座，当然也包括这座跨越蚂蚁河的优雅的大跨度石拱桥。

　　这座4孔石拱桥桥体和谐大方，桥墩坚固厚重，不论其设计理念，还是建造工艺都称得上精工细做，功夫到家。蚂蚁河石拱桥虽历经百年风雨，但经过不断的精心养护今仍在服役，并已成为中东铁路沿线珍贵的历史文化遗存。

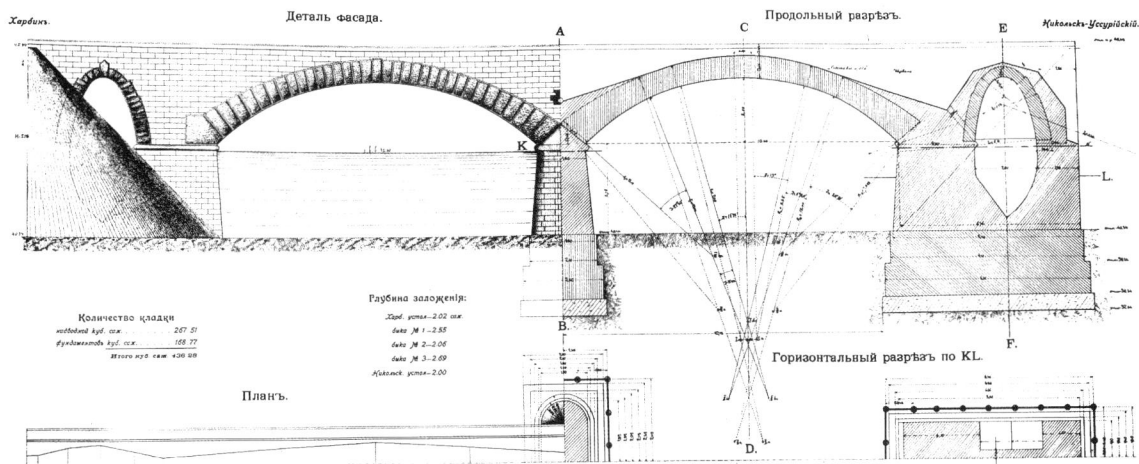

1.一面坡蚂蚁河石拱桥安装拱架时的情景·1901年
2.东线第10工段（一面坡段）负责人Т.М.季霍米罗夫工程师
3.中东铁路一面坡石拱桥遗存·2012年
4.一面坡石拱桥河床断面勘测图·1954年
5.一面坡蚂蚁河石拱桥·1923年
6.刚刚竣工的中东铁路一面坡蚂蚁河石拱桥·1903年
7.一面坡石拱桥设计图（局部）·1898年

05 | 滨绥线海拔最高的桥梁
中东铁路·高岭子石拱桥
Gaolingzi Stone Arch Bridge of the CER

　　高岭子石拱桥是中东铁路高岭子线上的一座典型的小型桥梁，位于高岭子与冷山站之间。高岭子线位于黑龙江省东南部张广才岭山脉的虎峰岭一带，海拔高度638.73米，是中东铁路东部线（今滨绥线）上的最高点。"张广才岭"源于满语"遮根猜"的发音，"吉祥如意"之意。为翻过高岭子，铁路盘山而行，线路坡道、曲线设计均达极限。由于山高坡陡，过岭列车牵引量受限，而且还需双机、三机牵引闯坡。因此，中东铁路当局在高岭子山峰两端的一面坡和横道河子各设一个机务段。

　　当年火车闯坡时，司炉全力投煤，保证水满汽足；司机全神贯注，大开汽门。一时间，蒸汽升腾，浓烟滚滚；机车剧烈的"喘息"声、金属部件的撞击声震荡山谷。下坡时，司机几乎将闸把推到极限，所有闸瓦紧抱车轮制动，闸瓦与车轮密贴处青烟四起。有时因闸瓦摩擦过热，还要停车"晾闸"。因山高路陡，行车事故屡屡发生，素有"鬼门关"之称。

在如此险要地段铺路架桥，其难度可想而知。20世纪80年代，蒸汽机车与内燃机车进入交替使用时期。高岭子线上内燃机车和蒸汽机车共同牵引列车闯坡越岭的奇观，格外吸引人们的眼球。高岭子线虽山高路险，但线路两侧风光旖旎，秀山峻岭美不胜收。特别是夏秋之际，沿线站台上提篮叫卖山货、野果的村姑三五成群，给过往旅客留下难忘的记忆。

1993年8月1日，根据铁道部命令，封闭高岭子线，客货列车全部走行"开道线"。之后，高岭子线路拆除了轨枕等设施。高岭子线虽然成为历史，但沿线老站舍和附属建筑尚存，花岗岩砌筑的老桥依然斑驳不朽。这座主跨8米、两翼小跨度的3孔石拱桥主体结构完好，2016年经过维修加固后，已成为乡镇级公路桥，周边亦辟为旅游景点。

1. 高岭子石拱桥桥面维修中·2016年
2. 中东铁路高岭子石拱桥遗存·2016年
3. 中东铁路干线1 122俄里（1俄里=1.0668公里），
   即1 196公里处的周边环境·1903年
4. 中东铁路穿越横道河子河谷·1903年
5. 高岭子石拱桥附近的高地弯道·1903年
6. 客车行驶在高岭子线上·1940年左右
7. 远眺高岭子石拱桥附近的弯道线路·1903年

06 | 滨绥线历史遗存之一
中东铁路·洗马石拱桥
Xima Stone Arch Bridge of the CER

这座历经百年风雨的桥梁是中东铁路初期建造的最常见的单孔石拱桥。洗马石拱桥位于中东铁路东部线（今滨绥线）高岭子线中部，隶属于原横道河子工务段洗马养路工区。1993年高岭子线封闭停止运营后，一度废弃。

中东铁路东部线桥梁，大多都是这类跨度较小的石拱桥。当时，石拱桥在铁路桥梁中得到广泛使用，特别是此类将小于半圆的弧段作为承重结构的石拱桥，备受建设者的青睐。因为在同等跨度情况下，此类小于半圆拱可以大幅度降低桥梁高度，克服了拱桥的短板和技术障碍，有效地提高桥梁的承载能力。

这座跨度8米的单孔石拱桥，就地取材，造价低廉；桥式简洁明快，外美内实。2016年经当地政府投资加固维修，已改为乡镇级公路桥，古老的石拱桥再一次焕发青春与活力。

洗马养路工区山脚下的这座石拱桥曾是抗击日寇的战场。高岭子支线山高林密，沟堑纵横，曲线多、半径小、坡度大，桥梁涵洞首尾相连。当年东北抗日联军经常在此活动，拆钢轨、割电线，破坏桥梁，颠覆日本军车，给日寇一次次沉重的打击。1935年初秋，在中共吉东局的领导下，高岭子铁路工人幺恩权、丁仁保、林和清等趁着夜色，把车站停留的一辆重载煤车，从这座石拱桥上方的高坡大岭往石头河子站方向溜放。山高坡陡，重载煤车越溜越快，车辆带着风呼呼作响，在半山腰处与日军装甲车迎面相撞，爆发出一阵惊天动地的巨响，敌人损失惨重。

1935年深秋，潜伏于"满铁"哈尔滨铁道局内的中共地下党组织，截获敌人有5趟军火列车将陆续开往滨绥线的秘密情报。在一个破晓时分，就是在这座石拱桥附近的高岭子与横道河子站间，在爱国铁路工人的配合下，抗联部队把300多米铁路线上的道钉拔掉，当敌人装满冬装、汽油、粮食及其他物资的军列抵达时，即当脱轨侧翻。还在梦中的押车日军被全部消灭，我军缴获大量军需物资。日本《东京时报》报道了这次被袭事件，惊呼："这是日本军在中东铁路上最惨重的一次失利！"

1.洗马单孔石拱桥周边风光·2016年
2.改造中的洗马单孔石拱桥·2016年
3.洗马单孔石拱桥·2016年
4.洗马石拱桥附近线路·1903年
5.运行在高岭子线上的筑路工程车·1903年
6.严寒中，高岭子线上的中国筑路工人·1903年
7.中东铁路高岭子线一瞥·1903年
8.停靠在高岭子线上的筑路工程车·1903年

07

滨绥线历史文化遗存之一

中东铁路·冷山石拱桥

Lengshan Stone Arch Bridge of the CER

1897年秋，中东铁路工程局第五勘测班来到完达山脚下，面对陡峭的虎峰岭，一筹莫展。如何穿越虎峰岭？最佳方案就是开凿隧道过岭。由于受施工条件和技术所限，此方案一时难以实施。无奈，勘测人员只好将铁路向南移十余公里，避开虎峰岭，迂回修建了高岭子线。1901年3月，高岭子线竣工通车。高岭子线东起治山站，经高岭子、六道河子（后改称冷山）、石头河子站与虎峰岭脚下的亚布洛尼站（今亚布力站）接轨，全长45.6公里。

1935年，日伪强行占有中东铁路后，为加速掠夺东北资源，在虎峰岭下开凿杜草隧道（今滨绥线下行隧道），修建开道绕行线。隧道1937年7月开工，1942年7月31日竣工，历时5年，全长3 873.5米。至此，连接亚布力与治山站的"开道线"全线开通，设鱼池、开道、虎峰、杜草等6个站，全长47.2公里。杜草隧道通车后，货物列车开始走新的开道绕行线，但客车、零担列车继续走高岭子线，仍需补机协助牵引。1993年8月，高岭子线封闭停止使用，百年的机车推进爬坡历史方告结束。

这座石拱桥位于冷山（六道河子）站与高岭子站之间，共3孔，桥长50米，宽4米。冷山石拱桥在设计上有效地控制了桥体的高度，显著增强了桥身承载力，同时亦不影响拱桥的整体美学效果。拱券由经过加工的长方形花岗岩砌筑而成，3个大圆拱部分采用梯形石块沿垂直于所在弧线的位置相互挤压砌筑。石拱连接部分由青块石填充砌筑，石灰石勾缝，与花岗岩拱券构成和谐柔和的造型效果。桥顶部边缘沿轮廓线被处理成稍有高差的檐口状，用来平衡和修饰桥身两端铁路所在地貌的差异，实现了桥梁与环境的和谐统一。

1901年3月3日，距这座石拱桥几十公里的横道河子站外信号机处，中东铁路当局举行了东部线接轨仪式，同年11月14日开始临时运营。石拱桥被中东铁路广泛应用于小跨度桥梁，这不仅展示出中国能工巧匠们的精湛技艺，同时也渗透着数以万计中国劳工的血汗和辛酸泪水。

1. 中东铁路冷山三孔石拱桥（局部）·2016年
2. 中东铁路冷山三孔石拱桥桥面·2016年
3. 中东铁路冷山三孔石拱桥遗存·2016年
4. 刚刚竣工的中东铁路六道河子（冷山）三孔石拱桥·1902年
5. 弯道处的六道河子（冷山）三孔石拱桥及周边风光·1902年
6. 高岭子线石头河子车站及机车乘务员·1923年
7. 东北沦陷时期的六道河子（冷山）站
8. 六道河子（冷山）石拱桥设计图（局部）·1899年

六道河子駅

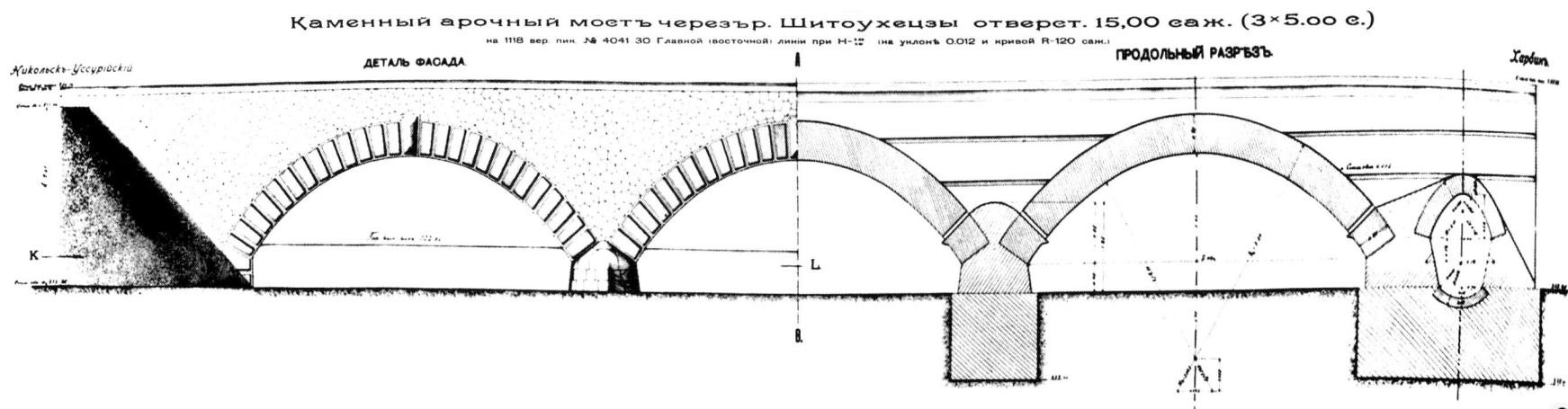

Каменный арочный мостъ черезър. Шитоухецзы отверет. 15.00 саж. (3×5.00 с.)

滨绥线历史文化遗存之一

中东铁路·治山石拱桥
Zhishan Stone Arch Bridge of the CER

治山石拱桥位于中东铁路高岭子支线东起点处，距治山站2公里余。桥高5米余，桥长60余米，4孔实腹拱。石拱桥敦实厚重，简洁明快，反映出中东铁路桥梁朴实无华、实用主义至上的基本特性。

这座石拱桥就地取材，因地制宜，建造成本较低。拱桥由4个尺度匀称的石拱连接组成，跨越于蚂蚁河之上。治山石拱桥的拱券砌筑得细致准确，独具匠心；拱肩则以不规则的花岗岩砌筑而成，外表略显粗糙随意，二者间形成强烈的对比效果，凸显设计者和建筑者既快又省的用心。桥墩上和两侧与河岸连接的桥台共开设5个圆端拱形的竖长盲孔洞，此举，不仅减轻了桥体的自重，而且尽可能地装饰了桥体，使平淡无奇的拱桥增添几分美感。

治山站居张广才岭主脉，是牡丹江通往哈尔滨的高山区门户，周边河溪纵横，铁路桥涵众多，为中东铁路东部线之最。治山1901年建站，原名萨拉河子站，是一个距哈尔滨站261公里、离横道河子站11公里的四等小站。传说，沙俄修筑中东铁路时，负责此段工程的工程师有3个女儿，分别称丽达、萨拉和维拉。铁路建成后，便以工程师的3个女儿的名字给车站命名了。丽达为冷山站、萨拉为治山站、维拉为分岭河站。东北沦陷时期，以附近的治山村改为此站名。

1.治山四孔石拱桥全景·2015年
2.大型纪录片《中东铁路》在治山石拱桥现场拍摄中·2013年
3.大水冲毁的中东铁路东线1 158俄里处路基·1901年
4.中东铁路东线临时通车往沿线运送建筑材料·1899年
5.高岭子线河谷·1899年

石拱桥在铁路桥梁史上地位十分重要，其应用范围十分广泛，可以说是一位资历颇深的老者。石拱桥宛如入涧饮水的一道长虹，形体优美，极富诗情画意；而且结构坚固，几十年、几百年甚至上千年不朽。石拱桥跨越河流之上，雄踞山谷之间，默默无闻，肩负着"空中道路"的重任。治山石拱桥是中东铁路众多石拱桥中的代表之一。

治山石拱桥得到人们的青睐。2013年中央电视台热播的5集大型文献电视纪录片——《中东铁路》，其重头戏就是以这座残桥为外景地拍摄的。该片获得2013年度中国电视纪录片一等奖。镜头中，石拱桥隐映于群山之中，斑驳苍劲；河水清澈见底，潺潺流淌。往事如昨，中东铁路筑路工人挥汗如雨，故事由此而发生……现桥体保存基本完好，只是桥上部分损毁严重，钢轨、枕木残缺不全，线路被片片野花杂草覆盖，几分沧桑，几分凄美。

09 | 滨洲线最长的桥梁
中东铁路·牡丹江大桥
Mudan River Bridge of the CER

　　中东铁路东部线（今滨绥线）最初建造大小桥梁362座，其中最重要、最显赫的当属牡丹江大桥。牡丹江大桥1899年动工建造，1901年竣工建成，全长476.58米，是中东铁路东部线最长的桥梁。

　　牡丹江大桥位于牡丹江站与磙河站之间，中东铁路干线1 231俄里（1 312公里）处，横跨滔滔的牡丹江。牡丹江大桥名列中东铁路哈尔滨松花江大桥、奉天浑河大桥、陶赖昭第二松花江大桥、富拉尔基嫩江大桥之后，其长度居第五位。牡丹江大桥共计13孔，每孔跨度15沙绳，即32米；上承钢结构单线桥梁，跨度之和为195沙绳，即416米。施工负责人为工程局东部线总指挥H.C.斯维雅金工程师。

　　牡丹江，源于满语"穆丹乌拉"，意为弯弯曲曲的河。清王朝建立后很长的一段时间里，统治者对山海关之外的"龙兴之地"实施封禁政策，严禁民众出关垦荒耕作谋生，直到清末才逐渐解禁。19世纪末，牡丹江一带仍是人烟稀少、土地荒芜之地。当时人们称此地"黄花甸子"，因这里夏季黄花漫山遍野而得名。沙俄修筑中东铁路至此，在牡丹江北岸的"黄花甸子"建牡丹江站，时为四等小站。随后，牡丹江铁路大桥应运而生。

　　1934年，日本侵略者修筑图佳（图们—佳木斯）铁路，途径牡丹江建北宁站（今牡丹江站）；1935年改称牡丹江北站，原牡丹江站改称牡丹江南站。1937年"满铁"当局开始修筑滨绥复线牡丹江大桥。大桥位置在中东铁路老桥的下游230米处，桥长549.1米、25孔20米钢板梁及2孔13米钢筋混凝土梁，为下行线。中东铁路老桥为上行线，依旧服役。

　　1945年8月8日，苏联对日宣战后，苏军曾炸断牡丹江铁路大桥。8月14日，国民政府和苏联政府签订《中苏关于中国长春铁路协定》，规定中东铁路和"南满"铁路合并为中国长春铁路，由中苏"共同所有，并共同经营"。1945年9月始，苏联红军将中东铁路，当时称中长铁路干线，即满洲里至绥芬河间的轨距从1 435毫米改为1 524毫米。

1.中东铁路牡丹江大桥遗迹·2014年
2.牡丹江大桥下放沉箱和水上砌筑桥墩底座施工情景·1899年
3.远眺牡丹江大桥建造工地·1899年
4.建造中的牡丹江大桥侧面·1899年
5.中东铁路牡丹江大桥（局部）·1901年
6.刚刚竣工的牡丹江铁路大桥·1901年

ИНЖЕНЕРЪ

Н. С. Свіягинъ.

中东铁路东部线负责人
Н.С.斯维雅金

苏军撤退前，拆除了牡丹江铁路大桥。桥上的钢轨、钢梁及金属部件一并拆除，留下的仅仅是搬不走的石砌墩台和桥头堡。

昔日的中东铁路牡丹江大桥，目前遗存12座老桥墩、2座老桥台和一座桥头堡。可以看出，当年建设者们在设备设施十分简陋的条件下，精心设计建造的六角形石砌桥墩，不仅花岗岩料石质地坚硬，具有破冰分水的作用，而且外观亦和谐大方，美感十足。现存12座花岗岩砌筑的桥墩，一字排开，与对岸相接，整齐矗立在静静的江面上，夕阳斜照，蔚为壮观。石头砌筑的历史遗存，仿佛是一部史书，又好似一位长者，面对着江水述说着陈年往事……

10

033

13

12

11

　　牡丹江大桥的桥台石砌拱洞造型简洁、壮观、舒展。桥台采用块石和石膏白灰砂浆砌筑，咬合紧密，异常坚固。钢桁梁与石拱桥台有机衔接，浑然一体。桥头堡高大敦实，形态上与哈尔滨"老江桥"的桥头堡仿佛"一奶同胞"。桥头堡建筑仿中世纪古堡建筑风格，与大桥风雨同舟。建筑平面呈不规则的曲线状，窗口内小外大，屋顶瞭望台为锯齿形墙垛，居高临下，火力钳制大桥两端和宽阔的江面。

　　桥梁是铁路的关键节点。如果把铁路运输比作一部大联动机的话，那么，线路就是血管，车站就是心脏，桥梁就是动脉。牡丹江大桥当属特大型桥梁，是中国铁路早期桥梁建设的佼佼者。遗憾的是这个动脉仅仅涌动了36年，令人扼腕叹息。远方青山缥缈，足下荒草萋萋；倒映在江水中的老桥墩，默默无语，几分苍凉，几分神秘。

滨绥线历史文化遗存之一

10 | 中东铁路·磨刀石石拱桥
Modaoshi Stone Arch Bridge of the CER

磨刀石石拱桥建成于1903年，位于磨刀石站至代马沟站间，中东铁路干线1 248俄里处，穿越细鳞河。全长47.1米，为3孔石拱桥；桥长40.6米，桥孔跨度之和35.5米；桥上坡度13.4‰，单线通过设计。石拱桥第一孔跨度12米、第二孔跨度11.5米、第三孔跨度12米。石拱桥的路基高7.7米。历史最高水位316.4米，是1991年大洪水通过磨刀石石拱桥的纪录。

中东铁路东部线牡丹江—绥芬河段翻越老爷岭和太平岭两座大山，地势较之哈尔滨至牡丹江段更为复杂。当年，中东铁路工程局在东部线共建成各式铁路桥梁300余座，其中，以小跨度的石拱桥为最多。百年前，由于受技术、成本和工期的限制，当局采取的越岭方法大多是迂回展线，尽量回避隧道的掘进或缩短隧道长度。磨刀石至代马沟站之间，直线距离虽然只有12公里，但线路延展了26公里，高度则爬升了300余米。26公里的路程可谓曲线连着曲线，桥梁衔接着涵洞，工程之险要、建造之艰难，令人惊叹。

磨刀石石拱桥的桥位地处于中生代层，地质状况主要是由砂岩夹杂少量砾岩构成。大桥建设者们从降低成本出发，充分利用当地盛产石材资源和中国能工巧匠的优势，建造了这座石拱桥。磨刀石石拱桥为实腹石拱桥，展现出桥梁原始的坚实、古朴、厚重感。但也有其缺欠之处，主要是由于采用实腹的形式又加之石材的重量大，虽然外观沉稳，但桥体跨越能力较弱，所以这种桥式只能应用于小跨径桥体中。从整体效果上看，磨刀石石拱桥如果采用梁式桥，在此环境中则会显得十分呆板，远不如拱形桥更能融入山峦起伏之中。此举，足见设计者的良苦用心。

与磨刀石石拱桥并列的另一座单线桥，系20世纪30年代所修建，钢筋混凝土结构，与中东铁路百年石拱桥相隔5米余，现已废弃。

1.磨刀石石拱桥（局部）·2015年
2.磨刀石石拱桥（局部）·2015年
3.中东铁路磨刀石石拱桥遗存·2015年
4.中东铁路磨刀石四等车站·1904年
5.磨刀石石拱桥与站区·1904年
6.磨刀石石拱桥·1904年
7.磨刀石石拱桥设计图（局部）·1899年

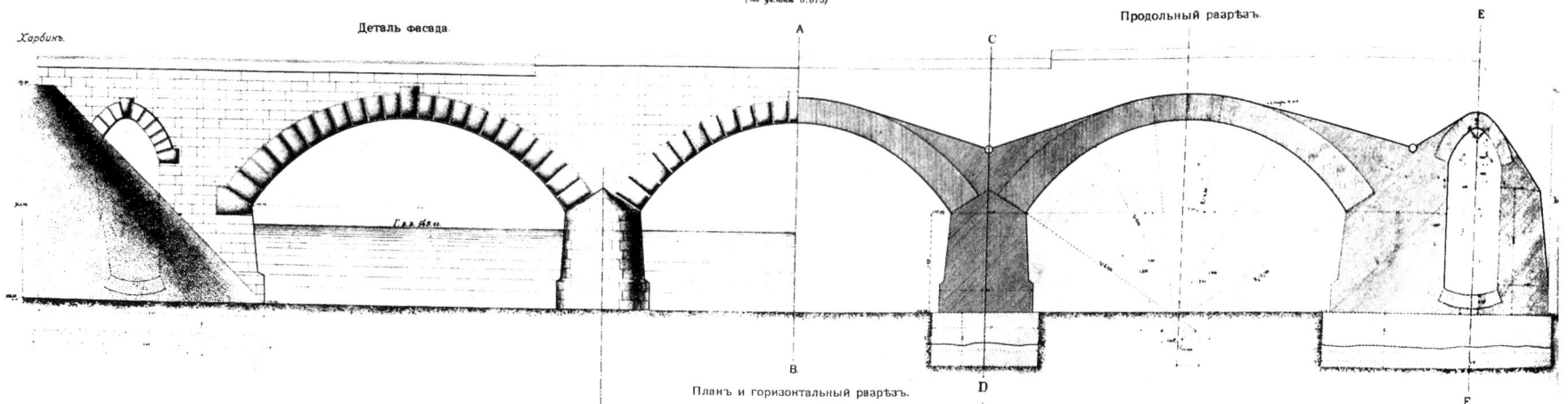

Каменный арочный мостъ черезъ р. Піенза отверстіемъ 15.00 саж. (3×5.00 с.)
на 1249 верстѣ пик. № 2729 45. Главной (восточной) линіи при Н ⁞ саж.
(на уклонь 0.015)

Харбинъ   Деталь фасада.   Продольный разрѣзъ.

Планъ и горизонтальный разрѣзъ.

滨绥线最秀美的单孔桥

11 | 中东铁路·细鳞河石拱桥
Xilinhe Stone Arch Bridge of the CER

1

　　细鳞河单孔石拱桥1898年6月开工，1899年11月竣工，是中东铁路众多石拱桥中最早建成的桥梁之一。石拱桥位于中东铁路干线1 360俄里（1 450公里）、今滨绥线中心里程494公里529米处，亦称第327号桥。石拱桥穿过细鳞河，位于太岭站至细鳞河站之间，全长48.8米，路基高13.6米（俄制6.38沙绳），单孔跨度21.13米（俄制10沙绳）。

　　细鳞河石拱桥造型优美，集功能性和艺术性于一体。桥核心部分是一个尺度巨大的石砌圆拱，跨越在细鳞河道的上空；两侧与河岸连接的引桥桥体上各开设3个椭圆拱的竖长孔洞，在减少桥身自重的同时，有效地增加了河道丰水期的水流通过量，缓解了洪水水流对桥身的冲击。整座桥由经过加工的长方形石块砌筑而成，大圆拱和小椭圆拱部分采用梯形石块沿垂直于所在弧线的位置相互挤压砌筑，既符合建筑力学原理，又显著地增强了桥身形象的美学效果。整座大桥简洁明快，舒展大方，富有韵律，是中东铁路石拱桥建造技术水准的具体展示。

2

3

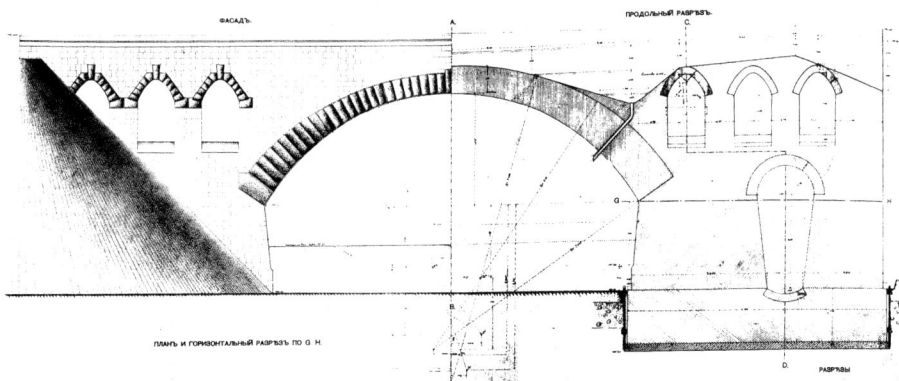

1.细鳞河单孔石拱桥（局部）·2013年
2.细鳞河单孔石拱桥（局部）·2013年
3.客车通过细鳞河单孔石拱桥·2013年
4.刚刚竣工的细鳞河单孔石拱桥·1903年
5.细鳞河单孔石拱桥设计效果图（局部）·1899年
6.中东铁路筑路工人与工棚·1899年
7.中东铁路细鳞河车站·1920年左右
8.中东铁路东部线施工情景·1899年

　　细鳞河石拱桥1959年曾进行过较大维修。1990年后石拱桥连年发生病害，防水层失效，流浆严重，拱券的银面石部分脱落，绥芬河方向下游和牡丹江方向上游拱石受冻害隆起。1997年6月27日，哈尔滨铁路局投资84.6万元，对细鳞河石拱桥进行大修加固工程。工程拆除原桥顶面石0.65~1.1米，拱腹灌注混凝土，新设钢筋混凝土道砟槽。石拱桥改为侧面排水，每隔3米设一道排水孔；同时，增设0.5米宽的人行道并加栏杆。大修加固工程于当年9月26日完成，10月6日正线恢复通车。细鳞河石拱桥一侧残存的混凝土拱桥，系东北沦陷时期"满铁"修筑的下行线桥梁，早已废弃。

　　细鳞河单孔石拱桥圆拱高耸，与周围景物相映成趣，浑然一体。深秋的老爷岭天高气爽，五花山红橙黄绿，多姿多彩；石拱桥群山簇拥，亭亭玉立。老桥历经百年的风雨侵蚀、水流冲刷，至今屹立无损，安如磐石，可谓弥足珍贵。

中国铁路早期具有代表性的石拱桥

12 中东铁路·穆棱河大桥

Mulinghe Bridge of the CER

穆棱河大桥是当时中国铁路最长的石拱桥，也是一座在中东铁路建筑史上被记载较多的石拱桥。穆棱河大桥1898年3月动工，1901年1月建成；位于中东铁路干线1 376公里，即今滨绥线427公里975米处，距穆棱站东1公里余。

穆棱河大桥是中东铁路东部线施工耗时较长的重点工程。桥长174.03米，10孔石拱，每孔净跨度6沙绳，即12.8米；桥体为实腹拱，拱券宽4.9米，路基高9 米，基底地质为坚硬辉长岩石层。拱桥跨越穆棱河。

穆棱河是乌苏里江左岸最大支流，发源于黑龙江境内老爷岭山脉东坡穆棱窝集岭。辽、金时称"毛怜河""暮棱水"，元时称"莫力河"，明时称"麦兰河"，清初称"木伦河""木楞河"，清末改称"穆棱河"。"穆棱"在满语中有"马"或"牧马"之意，穆棱河流域是古代渤海国牧马场，因此得名。穆棱河流向分两路，一路沿穆兴水路注入兴凯湖；一路沿穆棱河原河道继续东流，在虎头以南注入乌苏里江。穆棱河由三岔转向东北流进穆棱镇，此间河谷比三岔狭窄，水流湍急。

1.建造穆棱河大桥时搭建的临时运输便桥·1899年
2.远眺穆棱河大桥建造工地·1899年
3.穆棱河大桥侧面（局部）及施工情景·1901年
4.中东铁路穆棱河大桥遗存·2017年

穆棱河出穆棱镇，河谷豁然展宽，直奔东北流向兴源镇。中东铁路沿穆棱河谷延伸到下城子，再沿马桥河折向东。此段中东铁路沿河而建，曲曲折折，蜿蜒前行，跨河桥梁相对密集。

穆棱地区多丘陵和山地，属中生层，地质构造稳定。当年，大桥建设者们因地制宜，充分利用穆棱盛产石料的优势，继承和发展了中国古老的石拱桥建造传统，造就了这座精美的建筑艺术品。此举，不仅有效地降低了筑路成本，而且显著地提高了工程效率。《中国铁路桥梁史》（1987年版）对这座石拱桥给予记载并高度评价，称之为"中国铁路早期具有代表性的石拱桥"。

穆棱河石拱桥是一座建筑艺术佳作。大桥结构采用石拱砌筑，以石膏石灰砂浆粘结，10孔同等跨度均匀排列，庄重大方，浑厚有力，曲线优美，充分展示出建设者的独具匠心和高超的建筑水准。拱桥花岗岩贴面十分精美，两石之间严丝合缝，平整光滑。为增强桥体的稳定性，墩身迎水面设有1：4斜坡圆棱角破冰棱（分水坝）。两端桥台设计出优美的空洞，既减轻了桥体的重量，又增强了建筑的美感和艺术性。

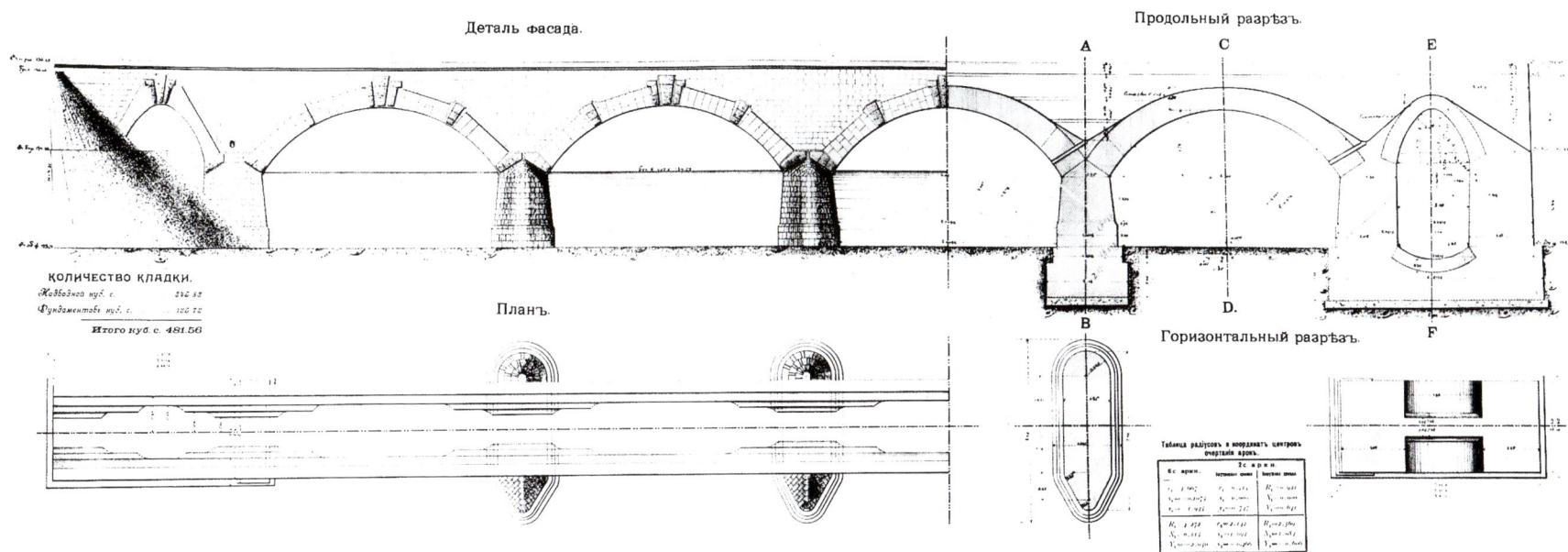

Деталь фасада.

Продольный разрѣзъ.

КОЛИЧЕСТВО КЛАДКИ.

Планъ.

Горизонтальный разрѣзъ.

10

穆棱河大桥经历多次战火与洪水的磨难。1932年开始，大桥拱顶发现横向裂纹，以后逐年增多增大，"满铁"当局简单维修后，列车限速通过。1945年8月9日，苏联红军出兵东北。日军为阻滞苏军推进速度，仓皇逃离时炸毁了石拱桥的第2和第3孔石拱。穆棱解放后，路方对大桥进行了修复，将受损的两孔石拱桥式改为混凝土拱桥。1965年，穆棱遭遇特大洪水，河水肆虐，大桥第6~9石拱外层严重损毁，列车通过再度限速。1968年9月18日，哈尔滨铁路局对该桥进行了全面大修。目前10孔石拱桥中6孔为新改建的跨度12.8米混凝土拱，4孔为保留完好的原跨度12.8米石拱。哈尔滨铁路局勘探设计所负责工程设计，牡丹江线桥工程队具体负责施工。修复工程于1968年12月31日竣工。

1989年，穆棱河新的钢结构铁路大桥建成，中东铁路穆棱河大桥停止使用，随即改为公路桥。这座运用了百年的石拱桥现在行人车辆络绎不绝，仍发挥着余热，其优秀建筑之风采依旧。现已列入中国第一批工业文化遗产保护名录。

041

5.远眺中东铁路穆棱河10孔桥·1901年
6.穆棱河10孔桥的侧面图·1901年
7.穆棱河10孔桥侧面（局部）·1901年
8.穆棱河桥及护桥兵营·1904年
9.远眺穆棱河10孔石拱桥及穆棱镇·1923年
10.穆棱河10孔石拱桥设计图（局部）·1899年
11.改为公路桥后的原中东铁路穆棱河10孔石拱桥·
　2004年

11

13 滨绥线历史文化遗存之一
中东铁路·马桥河石拱桥
Maqiaohe Stone Arch Bridge of the CER

马桥河石拱桥位于中东铁路干线1 326俄里，今滨绥线中心里程458.198公里处。马桥河石拱桥建成于1901年，为7孔石拱桥。桥梁全长113.7米，7孔跨度之和为73.5米，最大单孔跨度12.1米；路基高6.3米（俄制2.98 沙绳），桥台挡渣石墙间距94米；桥上坡度3.2‰，直线通过设计。历史最大洪水年份是1942年，其水位达到322.06米。

马桥河石拱桥跨越穆棱河的支流——马桥河。马桥河乃季节性河流，发源于太平岭西坡，源头海拔540米，流长41.3公里。马桥河上游自西南沟流向东北，支流由狐狸迷河汇入，自红房子始河谷渐宽；下游河谷宽阔，通常宽14米，深0.9米，河水穿城鸡铁路、跨越著名的穆棱石拱桥。中东铁路自下城子经马桥河到红房子路段全长21公里，线路沿着地势相对平缓的马桥河谷修筑。

1.中东铁路马桥河石拱桥（左）遗存（局部）·2013年
2.中东铁路马桥河石拱桥（前）遗存（局部）·2013年
3.客车通过马桥河石拱桥·2013年
4.竣工不久的马桥河石拱桥·1903年

5.马桥河石拱桥设计图（局部）·1899年
6.马桥河石拱桥施工情景·1901年
7.马桥河石拱桥施工图（局部）·1901年
8.刚刚峻工的马桥河七孔石拱桥·1902年

马桥河石拱桥是典型的连续拱、小跨度实腹拱桥。为了适应铁路运输较大的承载力，建设者将桥的高度控制得十分得体，既满足了河流洪水的通过能力，又最大化地保证了桥梁的稳定性。马桥河石拱桥成功地表现出结构上的坚固耐用和连续跨越的性能，而且具备美的形态与内涵，展现出石拱桥的顽强生命力。

实腹加石材能够使桥体沉稳坚实、古朴厚重，但也由此增加了桥体的自重，所以这种形式只限于小跨度桥体的应用。此外，石拱桥也有其"先天不足"：传统拱桥的修建方法是必须搭设拱架施工，无论是木质的或钢铁结构的拱架，不但费工，而且费料；在没有建筑材料搭设拱架或地形不允许搭设拱架时，将会限制石拱桥的修建。马桥河石拱桥目前仍在服役，与其相邻残存的一座钢筋混凝土拱桥，系20世纪30年代建造，已废弃。

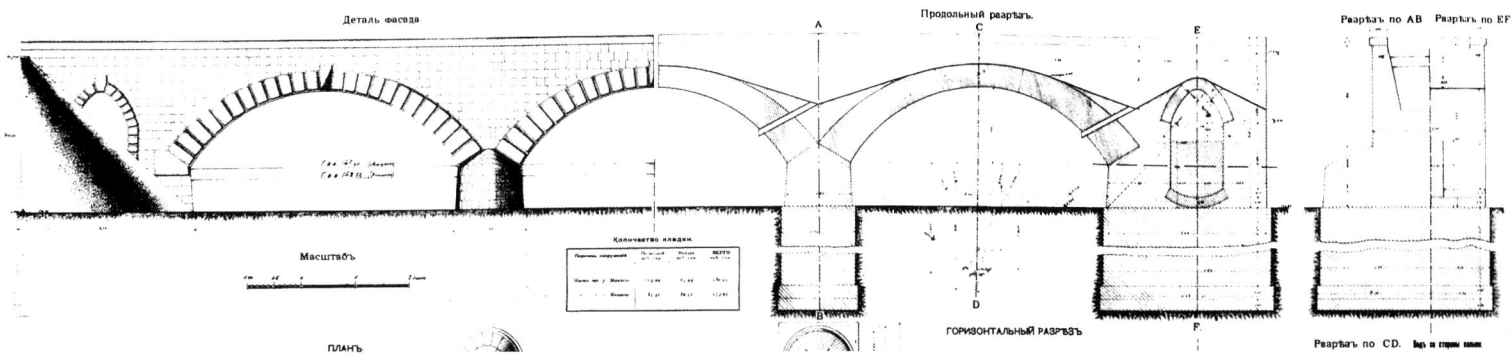

14 | 滨绥线历史文化遗存之一
中东铁路·太平岭石拱桥
Taipingling Stone Arch Bridge of the CER

　　中国的石拱桥历史悠久且绵长。北魏郦道元的《水经注》就提到过石拱桥，文中记载的"旅人桥"建成于公元282年，在洛阳附近，后塌毁，这可能是我国最早文字记载的石拱桥。我国石拱桥的设计施工有着优良传承。拱券结构一经形成，便迅猛发展，成为古老且有生命力的一种桥式。石拱桥技术引入铁路重载桥梁建造之中，在我国应该始于19世纪末。中东铁路的建造给石拱桥的发展提供了平台和契机。

　　中东铁路东部线横贯黑龙江省东南山岳地带，哈尔滨至玉泉站间地势较为平坦，由玉泉站起就逐渐进入山地、丘陵区。线路穿越张广才岭、老爷岭、太平岭等山脉。沿途需跨越阿什河、牡丹江、穆棱河、小绥芬河等较大河流，也要穿越蚂蚁河、马桥河、马家河等小河溪水。东部山高水长，桥涵设计密集，施工难度十分艰巨。

　　中东铁路东部线岩矿资源十分丰富。一面坡至海林段地质多为斑花岗岩,质地呈肉红色;牡丹江至磨刀石站间是中生代层,主要由砂岩夹杂少量砾岩构成;穆棱、小城子、马桥河站一带也是中生层,基底由砾岩、片麻岩、结晶岩、花岗岩、硅岩等组成。太平岭石拱桥就地取材,以花岗岩为建造材料,当属得天独厚、顺乎自然。

　　太平岭石拱桥位于中东铁路东部线太平岭站区,跨越马家河。桥系单孔石拱,跨度15余米;采用的花岗岩质地坚硬,属上等石材。经过工匠们的精凿细磨,精心砌筑,一座桥梁艺术品得以完成。从遗存的石拱桥我们不难看出,太平岭石拱桥用料省、结构巧、强度高,可见当年建设者对造型设计、构造工艺都倾注了极大的智慧与精力。如此大跨度的石拱桥遗存至今完好,当属中东铁路桥梁建筑之佳作。太平岭石拱桥虽然停止运营多年,但风骨依旧,仍在为民服务。

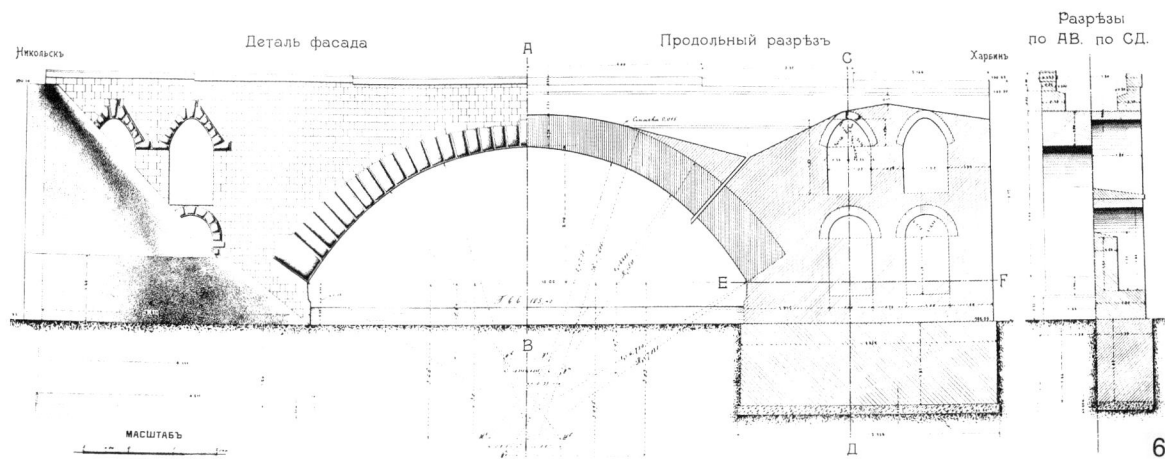

1.中东铁路太平岭单孔石拱桥遗存(局部)·2015年
2.中东铁路太平岭单孔石拱桥遗存·2015年
3.太平岭单孔石拱桥与附近山隘之盘山道·1903年
4.中东铁路干线1 336俄里处单孔石拱桥·1901年
5.中东铁路中国筑路工人·1898年
6.中东铁路东部线单孔石拱桥设计图(局部)·1899年

15 | 三代铁路桥梁集中展示地
中东铁路·山洞石拱桥
Shandong Stone Arch Bridge of the CER

山洞石拱桥是1898—1901年修建中东铁路东部线的产物。当时东部线共建石拱桥23座，计45孔，其中就包括这座位于山洞车站附近的石拱桥。

清末是铁路建设的初期阶段，当时新型建筑材料已经出现，但钢材和水泥主要依赖进口，成本昂贵。所以成本低廉的石拱桥由此得到广泛应用。中东铁路沿线石材资源丰富且质量上乘，这就为工程建设提供了诸多便利条件，故成为"当时全国采用石拱桥技术最盛的一条铁路"。

修建中东铁路东部线时，沿线人烟稀少，缺乏劳动力，沙俄工程局最初从山东、河北等地招募中国筑路工人，另外又从西伯利亚招募少部分的俄国技术工人。这座石拱桥就是出自中国石匠之手的力作，凿凿印痕记录了工匠们的智慧与艰辛。

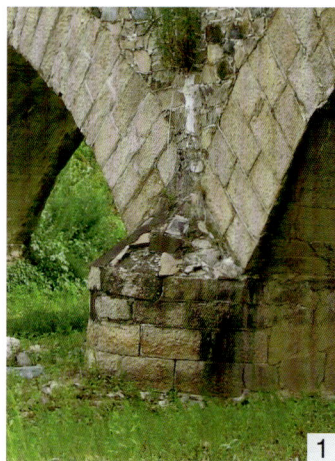

1

2

建设资金的短缺也是中东铁路大量采用石拱桥的原因之一。当时，沙俄财政捉襟见肘，为了筹集建造中东铁路的资金费尽心机。财政大臣维特不得不采取增加税收、狂印钞票方法，筹资维持施工。同时，建设中不断降低设计标准，甚至不惜"偷工减料"。如减少用于铁路路基的道砟、削减枕木数量，至于小型桥梁则大多采用非钢铁的石拱桥，有的甚至使用原木组合搭建。通车时，列车运行速度较低，试运营一段时间后，普通列车运行速度才勉强提高至42.7公里/时。

　　中东铁路时期修建的铁路石拱桥，继承了我国传统石拱桥的修筑技术，也为此后铁路石拱桥的发展奠定了基础。铁路石拱桥有优势，但也有抗拉能力小、跨越能力弱的缺点，故一般多应用于跨度在20米以下的中小型桥梁。

　　滨绥线的山洞车站仿佛是一座铁路桥梁历史博物馆，在这里可以看到19世纪末的石拱桥、20世纪中叶的钢筋混凝土桥、21世纪的高铁高架桥。三代桥梁穿越百年历史长河，同时出现在一个画面上，令人感叹，嘘唏不已。

1.山洞双孔石拱桥遗址（局部）·2015年
2.山洞站不同历史时期的3座铁路桥·2015年
3.中东铁路山洞双孔石拱桥·1901年
4.中东铁路石拱桥设计图（局部）·1899年
5.中东铁路东部线小绥芬附近线路图·1901年
6.中东铁路在桥梁上进行通车实验·1902年

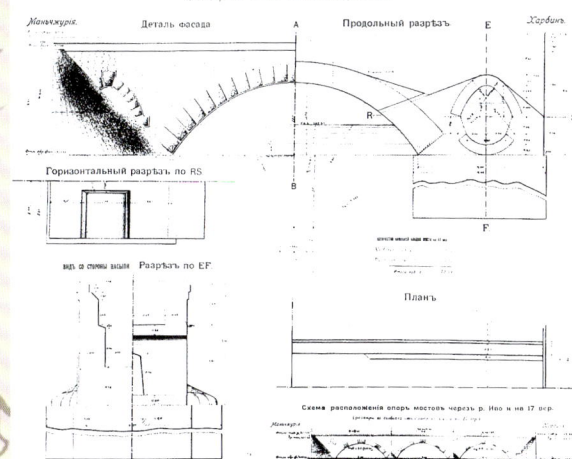

16

时为中国铁路净跨最大的石拱桥

中东铁路·小绥芬河石拱桥
Xiaosuifenhe Stone Arch Bridge of the CER

　　中东铁路所经过地区湿地、河流纵横，因此桥梁与涵洞的比重自然较大。跨越山谷河流是中东铁路建设工程的重中之重。在中东铁路当局1903年出版的《中东铁路大画册》中，桥梁与涵洞内容占据了相当大的篇幅，其中小绥芬河石拱桥曾留下来许多珍贵的照片和文字记载。小绥芬河石拱桥以单孔净跨度21.65米的纪录，一举成为中国铁路"当时净跨最大的石拱桥"（引自《中国铁路桥梁史》，1987年版）。

　　小绥芬河石拱桥，亦称绥西石拱桥、绥芬河石拱桥，位于中东铁路东部线绥西—绥阳站间，中东铁路干线1 474公里（1 378 俄里），今滨绥线514公里27米处。小绥芬河石拱桥1900年3月开工，1901年3月竣工，全长151.7米。石拱桥穿越小绥芬河，由净跨21.65米、5孔均匀排列的石拱组成，设计等级为L−22级。全桥位于平坡直线上，桥高12.4米（俄制5.83沙绳）。

　　小绥芬河石拱桥是中东铁路一座重要的桥梁，堪称建筑艺术之佳作。石拱桥地处太平岭腹地，群山环抱，万木簇拥，以优美的身姿跨越小绥芬河。近观河水潺潺，远眺层峦叠嶂、美不胜收。坚硬的花岗岩被工匠们雕琢得细腻柔滑，质感舒适；拱券砌筑得严丝合缝，难觅瑕疵，其工艺手法令人赞叹。

石拱桥材料的选用，对于桥梁的寿命至关重要。小绥芬河石拱桥内部采用石膏白灰砂浆砌石，外部则以花岗石镶面，坚固、耐用且美观。可以说建造者对此是颇费一番心思的，其科学性、合理性不容小觑。再观墩身迎水面设有圆棱角破冰棱（分水坝），表体光滑流畅，间缝密贴；桥体平整精细，上方置出檐口与钢质护栏，和谐大方。石拱间与两端桥台设有贯穿式拱形空洞，即减轻桥体的自重，又便于泄洪，同时形成大小拱券的造型对比，增添了建筑的美观度。

大桥通车后的百年间，桥上轨距随中东铁路管理权的多次变动而发生改动。初始为宽轨（1 524毫米），1935年3月，日伪强占中东铁路后，1936年8月1日将宽轨改成准轨（1 435毫米）。1945年8月，苏联红军出兵我国东北，因军事运输需要，又将准轨改为宽轨。1946年4月，苏联红军撤退回国，东北民主联军接管后，又将宽轨改为准轨。

1.客车通过小绥芬河（绥阳）五孔石拱桥·2013年
2.小绥芬河石拱桥施工图·1900年
3.小绥芬河石拱桥施工中·1900年
4.小绥芬河石拱桥施工（局部）·1900年

5

石拱桥优点颇多，但也有诸多不足。不足之处不仅仅是桥梁跨度小，承载力弱等功能性的欠缺，还表现在施工的难度上。从小绥芬河石拱桥历史建筑老照片上可以看出，建造石拱桥需要庞大的施工场地，需要先期的石料开采、运输和加工。在没有起重设备的情况下，繁杂笨重的拱架搭设、拱券大型块石的砌筑，都需要大量的人力来完成。劳动强度大、施工周期长、建筑材料损耗多……这些都在一定程度上制约了古老的石拱桥在铁路桥梁上的应用和发展。

小绥芬河石拱桥历史上曾多次遭遇水害侵袭。受当时科技水平因素的制约，基础部分相对孱弱，根部乱砟石堆砌，蓄水量较大。小绥芬河石拱桥最高水位曾达到300.17米，为1942年8月。1959年12月，牡丹江铁路管理局对其进行了大修，工程采取干砌片石护锥，桥墩石笼防护，铺设甲种防水层，提高了列车通过能力。1965年8月7日，石拱桥再次遭遇水害。这场大洪水冲失桥上防护锥，河床石笼防护亦被冲走，下游防水坡局部掏空，特别是1~4号桥墩遭受严重冲刷。哈尔滨铁路局下城子工务段及时组织人力物力奋力抢修，保证了滨绥线的正常通车。

小绥芬河石拱桥是近代中国铁路桥梁史上留有浓墨重彩的一座桥梁，也是中东铁路沿线重要的历史文化遗存。目前大桥的安全稳定性能较好，仍在使用中。

6

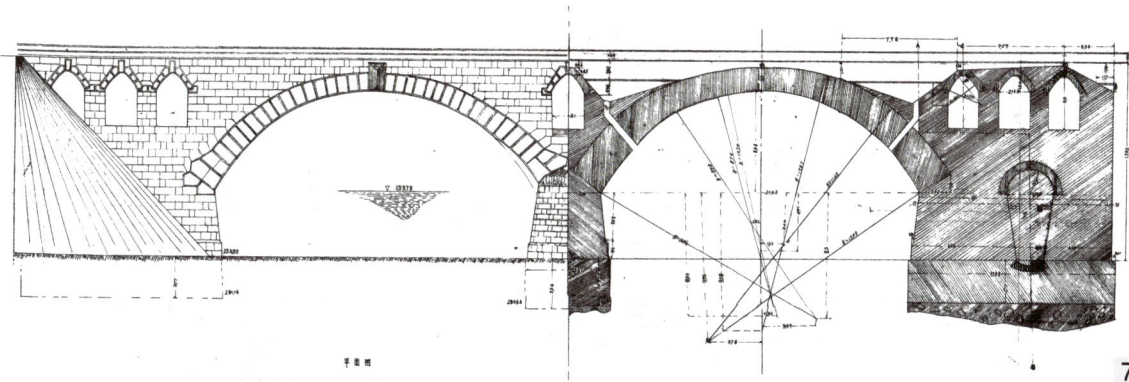

5.穿过小绥芬河的石拱桥·1901年　　8.小绥芬河石拱桥建造（局部）·1900年　　10.中东铁路小绥芬站·1923年

6.小绥芬石拱桥建成通车·1901年　　9.建设中的小绥芬河石拱桥·1900年　　11.列车通过小绥芬河（绥阳）石拱桥·2013年

7.小绥芬石拱桥设计图（局部）·1899年

17 | 曾被誉为"远东第一桥"的历史遗存

中东铁路·绥芬河石拱桥
Suifenhe Stone Arch Bridge of the CER

绥芬河石拱桥，体态优美轻盈，线条流畅；有文人赞曰"宛如佳丽凝眸，婷婷妩媚，楚楚动人"。因其地处中东铁路最东端、桥式俊美且竣工较早，故被誉为"远东第一桥"。

绥芬河石拱桥位于滨绥线543.408公里处、绥北—绥芬河站间。1903年竣工，全长91.3米，桥长69.3米。石拱桥5孔均匀排布，每孔跨度12.10米，其中2孔为道路，3孔为河道。桥墩为花岗岩镶面砌筑，墩台顶至桥面高5.1米，地面与墩台顶间高6米。桥墩基础60%为块石，40%为碎石和沙砾。

石拱桥毗邻绥芬河站。绥芬河站1899年建站，中东铁路时期初称五站，即从俄国符拉迪沃斯托克（海参崴）排序为第五车站而得名。1903年7月14日，中东铁路正式运营之际，定名为绥芬河站。绥芬河站是中东铁路东部线的始发、终点车站，过境与俄国铁路接轨。

绥芬河石拱桥跨越小绥芬河。绥芬河有南北二源，分称大小绥芬河，其中小绥芬河流经市区，在对头砬子附近汇合。在修筑中东铁路以前，绥芬河地处深山密林，渺无人烟。1897年中东铁路工程局勘测队第五班和第六班负责勘测东部线，最初决定在东宁县三岔口出境，并与1897年8月28日在小绥芬河右岸三岔口举行了中东铁路开工典礼。后由于三岔口北部万鹿沟一带地形复杂，不适宜修筑铁路，故改为由此出境，车站即因河而得名——绥芬河站。《盛京通志》记载："绥芬，锥子也"。因绥芬河中生长着大量的锥形河螺，故满语称"绥芬"。

绥芬河石拱桥与绥芬河站遥遥相望。线路穿越站区向东部延伸，一宽一窄套排的两条钢轨即展现在人们的视线之中，这是全国唯一的一段双道铁轨，俗称"骑马线"。所谓"骑马线"，就是中俄两国不同轨距即中方轨距1 435毫米、俄方1 524毫米的两条铁路并用。4条钢轨平行排列，别具特色。沿着骑马线路前行，穿过255.80米深的3号隧道后，不远处即与俄罗斯铁路接轨。

绥芬河五孔石孔桥是中东铁路东部线桥梁的代表作之一，展示出铁路石拱桥的独特魅力。石拱桥具有外形美观，养护简便，使用期限长的优点，而中东铁路沿线石料供应既方便又充足，还有一大批从山东、河北来"闯关东"的熟练石工，修建跨度相对不大的优质铁路石拱桥并非难事。石拱桥与环境和谐一致，经济实惠，又能加快铺轨的速度，故备受建设者的青睐。绥芬河石拱桥现为绥芬河市建筑文物保护单位。

Ф. Н. Дроздовъ.
3

4

5

6

7

1.中东铁路绥芬河5孔石拱桥遗存（局部）·2012年
2.中东铁路绥芬河5孔石拱桥遗存·2012年
3.中东铁路东线第13工段（绥芬河段）负责人Ф.Н.德罗兹多夫工程师
4.中东铁路中国筑路工人·1899年
5.中东铁路东线机车通过木结构桥梁实验·1901年
6.中东铁路绥芬河站区·1923年
7.中东铁路绥芬河站·1925年

18 中东铁路西部线最长的桥梁

中东铁路·富拉尔基嫩江大桥
Fulaerji Nenjiang River Bridge of the CER

　　富拉尔基是达斡尔语"呼兰额日格"的转音，意为红色的江岸。嫩江乃松花江最大的支流，蒙古语为"诺尼木伦"，意为清碧之水。富拉尔基嫩江大桥位于今滨洲线281公里677米处，1901年6月22日开工，1902年3月15日竣工。嫩江大桥全长686.68米，位居中东铁路第四位，为西部线最长的桥梁。大桥周边环境秀美，中东铁路当局曾在此建有避暑疗养院。

　　1900年4月，中东铁路铺轨到昂昂溪。5月，在嫩江架设临时木桥，向西部富拉尔基、扎兰屯等站输送铺轨材料，延展筑路。1901年6月，在取得哈尔滨松花江大桥建造经验的基础上，中东铁路工程局开始架设富拉尔基嫩江大桥。大桥共13孔，其中2孔21.96米上承鱼腹式桁梁，5孔33.54米上承桁梁，6孔76.804米下承曲弦桁梁。桥墩花岗岩料石镶面，内砌片石白灰砂浆，基础为木沉箱。建筑风格和建桥材料与哈尔滨松花江大桥基本相同。

1

2

1.中东铁路富拉尔基嫩江大桥桥墩遗迹・2015年
2.中东铁路富拉尔基嫩江大桥遗迹・2015年
3.中东铁路富拉尔基嫩江大桥桥面・1902年
4.竣工后的富拉尔基嫩江大桥（局部）・1902年
5.横行霸道的中东铁路沙俄护路骑兵・1904年
6.刚刚竣工的富拉尔基嫩江大桥・1902年

　　富拉尔基嫩江大桥桥头堡为第一次世界大战期间增建。桥头堡东岸设2座，西岸设1座，总面积260平方米。东端一座被1998年大洪水冲倒于江中，另一座留有二层残迹；西端桥头堡由于距离岸边较远且居高，幸运地保存了下来，现为齐齐哈尔市级保护建筑。桥头堡墙体厚重坚实，射击孔内小外大；建筑高三层，仿中世纪古堡建筑风格。内部设计合理，木质地板，石砌阶梯，铁艺扶手，不仅可以满足军事需要，而且生活环境良好。顶层的瞭望台墙垛呈锯齿形，居高临下，视野开阔，有效地控制着大桥与江面。

　　富拉尔基嫩江大桥是中东铁路西部线的咽喉要道，也是沙俄护路队重点把守之地。1897年12月，沙俄护路队从符拉迪沃斯托克（海参崴）经陆路进入东北，沿中东铁路分段驻扎。沙俄为了迷惑清朝和减少其他列强的干预，谎称中东铁路护路军不是现役军人，而是以优厚报酬和特殊待遇，从俄国哥萨克兵团预备役中招募的退役军人。对此，昏庸无能的清朝只能采取默认的态度。为了守护富拉尔基嫩江铁路大桥，也为威胁恫吓29公里外的黑龙江将军衙门，沙俄在富拉尔基嫩江大桥附近驻扎重兵，除沙俄步兵外，还有相当数量的骑兵。沙俄骑兵强悍霸道，如狼似虎，观其历史照片和现存嫩江岸边的沙俄兵营及高大马厩遗址，可以想象出其当年肆无忌惮地践踏中国大地的情景。

Желѣзный мостъ черезъ р. Нонни отверстіемъ 305 саженей.
(6 пролет. по 35 саж съ ѣздой по низу, 5 прол. по 15 саж. и 2 прол. по 10 саж. съ ѣздой по верху).　На 631 вер. пик. № 6305 · 10.70 Главной (западной) линіи при Н 7.88 саж

ОБЩІЙ ВИДЪ МОСТА.

富拉尔基嫩江大桥建成通车不久，曾发生一起轰动世界的日本间谍命案，两名日本间谍在此被捕并被俄国人处死于哈尔滨。

1904年初，日俄战争爆发，中东铁路西部线成为俄国向旅顺口前线输送军队和战争补给的"生命线"。满载军队和物资的军列通过富拉尔基嫩江大桥开往旅顺口。为切断俄军后方补给线，日本人精心策划了炸毁富拉尔基嫩江大桥计划。炸桥图谋由日本驻北京公使馆内田大使和武官青木宣纯大佐组织实施。他们网罗一大批日本狂热分子，举办"特备任务培训班"，共有4个班46人。培训目的是潜入俄军后方炸毁桥梁，阻断中东铁路军事运输。实施图谋前，他们举行集体"效忠"仪式，表示甘愿献出生命，然后分头行动。

1904年2月21日，装扮成蒙古喇嘛的冲祯介、横川省三、松崎保一等人从北京出发。他们50天后来虎尔虎拉火车站，这里距嫩江铁路大桥不足10公里，炸桥图谋即将实施。然而这伙亡命之徒一时疏忽，生火做饭的炊烟引来了沙俄哥萨克护路巡逻队。巡逻兵见横川省三、冲祯介等人形迹可疑，立即上前盘问，并在他们身上搜出爆破器材、武器和军用地图。

7.沙俄护路队严密把守的富拉尔基嫩江大桥·1904年
8.富拉尔基嫩江大桥〔局部〕·1902年
9.富拉尔基站·1923年
10.坐落在嫩江大桥附近的中东铁路富拉尔基疗养院·1923年
11.富拉尔基嫩江大桥设计图〔局部〕·1898年
12.刚刚竣工的富拉尔基嫩江大桥·1902年
13.列车通过富拉尔基嫩江大桥·1923年
14.远眺富拉尔基嫩江大桥与桥头堡·1923年

冲祯介一行见事情败露，便四处奔逃，冲祯介、横川省三两人逃脱未果被生擒。侥幸逃脱的松崎保一等4名日本间谍，虽没被沙俄护路军捕获，却在仓皇逃亡途中被蒙古牧民当作土匪痛殴致死。

1904年4月12日，冲祯介、横川省三被押解到哈尔滨。后经中东铁路公司与沙俄营务处审讯，以间谍破坏罪判处死刑。考虑到两人的乞求和军人身份，沙俄司令官克鲁鲍特金没有把两人送上绞刑架，决定用枪毙方式给予日本"武士"一个"体面"的死法。1904年4月21日，两人被押至今哈尔滨王兆屯和平路一带的空地上执行枪决。

富拉尔基地处嫩江中下游，河谷宽阔，水流平缓，中高水位时，最大水面宽450~8 000米，最大水深1.6~7.2米，地质构造良好，比较适合架设特大型桥梁。早在1900年5月，中东铁路工程局就在富拉尔基架设嫩江临时木桥，向修筑中东铁路西部线的各工区运输器材。1900年6月爆发义和团运动，中东铁路一度停工。1901年夏，嫩江大桥开工建造。

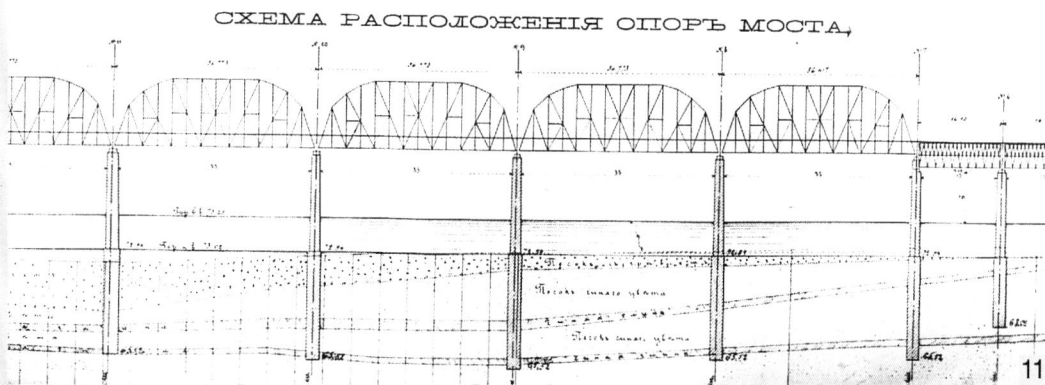

嫩江是松花江支流，全长1 370公里，是黑龙江水系最长的一条支流，流域面积为29.7万平方公里。嫩江干流最后在吉林省扶余县（今松原市）伯都讷与第二松花江汇合为松花江。伯都讷，曾经是沙俄修筑中东铁路时，勘测选择干支交汇点的方案之一。后来发现伯都讷地势低洼，常有水患，且松花江段水浅，大型船只无法通过，故放弃而选择了哈尔滨。

嫩江大桥轨距最初采用俄罗斯通用的宽轨（1 524毫米）。1936年7月，"满铁"将其改为标准轨（1 435毫米）；1945年8月，桥梁上原铺设的每米32公斤钢轨改为每米40公斤钢轨。

受当时技术水平的限制，嫩江大桥建造"先天不足"。1914年开始，中东铁路当局发现大桥钢梁出现裂纹，以后逐渐增多，9号桥墩历经洪水冲击亦发生倾斜。1943年，日本侵略者废弃此桥重建。所建新桥位于嫩江老桥下游300米处，全长681.8米，共10孔。上部为8孔30米上承桁梁、2孔60米下承桁梁，桥梁载重等级L-22；下部是钢筋混凝土桥墩，高11米，基础为沉箱，深15~20米。

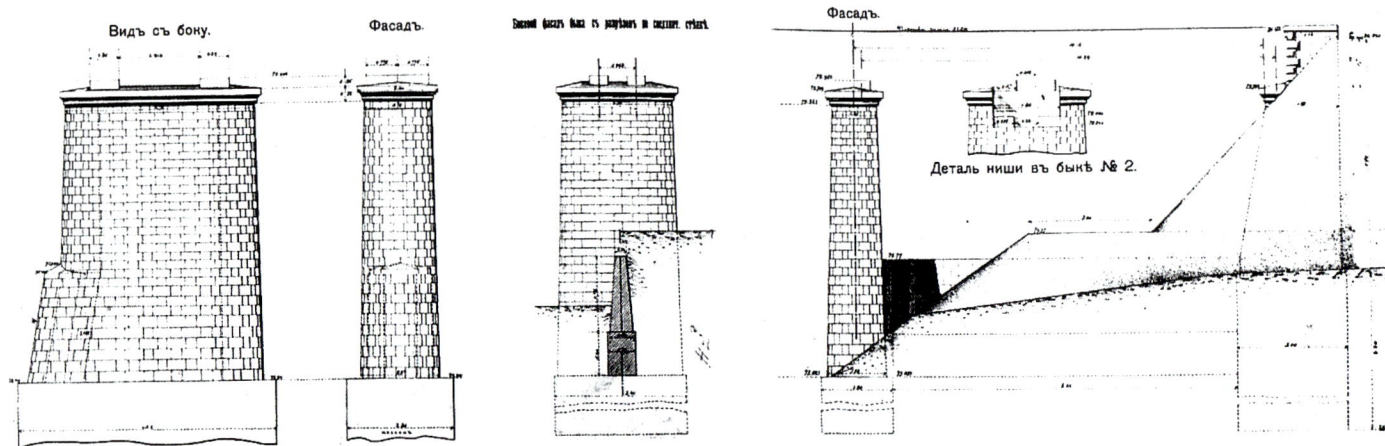

东北沦陷时期，日本人虽然在下游又建一新桥，但原桥仍限速使用。1952年中长铁路时期，嫩江大桥有2孔76.804米桁梁移用于哈长线第二松花江甲线桥修复工程。1992年，因日本人所建的那座大桥泄洪能力不足，且超过50年服役期限，被铁道部宣布废弃。重建的新桥为双线铁路桥，1992年5月开工，全长857.6米，24孔，1995年竣工。

江水滔滔，岁月更迭，当年的中东铁路嫩江大桥已成一片废墟。如今，宽阔而平静的嫩江水面江鸥飞翔，老桥遗迹斑驳可辨，不时有游人垂钓野炊，寻觅古迹。江畔残存的桥墩和桥头堡孤身凸立，居高临下，面对滔滔江水仿佛向人们述说着那陈年旧事……2010年1月18日，齐齐哈尔市政府将"嫩江铁路大桥要塞"公布为市级保护文物。

15.东北沦陷时期的富拉尔基嫩江铁路大桥
16.从齐齐哈尔方向拍摄富拉尔基嫩江大桥·1902年
17.俄军把守的富拉尔基嫩江大桥·1915年
18.从富拉尔基方向拍摄嫩江大桥·1902年
19.富拉尔基嫩江大桥桥墩设计效果图·1899年
20.东北沦陷时期日军把守的富拉尔基嫩江大桥
21.严冬中，被日寇侵占的富拉尔基嫩江大桥·1940年左右
22.从齐齐哈尔方向拍摄富拉尔基嫩江大桥桥面·1903年
23.中东铁路富拉尔基嫩江大桥遗址·2015年
24.中东铁路嫩江大桥桥头堡遗迹·2015年

19

滨洲线历史文化遗存之一

中东铁路·兴安岭石拱桥

Xing'anling Stone Arch Bridge of the CER

　　兴安岭石拱桥地处大兴安岭腹地，毗邻中东铁路关键性工程——兴安岭隧道。由于隧道东坡山岩陡峭，东口至雅鲁河谷落差较大，建设者在此修筑了一条长2公里余、坡度15‰的线路，迂回绕行山麓，与3 078米的兴安岭隧道对接。此段线路形似螺旋状，故名"螺旋展线"。兴安岭石拱桥就是在螺旋展线上的一座小型桥梁。

　　桥梁是跨河越谷的空中道路，其功能性决定了其必以山水为邻。兴安岭石拱桥犹如恬静的淑女，悠然静卧于莽莽的大兴安岭之怀抱，茂密的植被覆盖其身，天人合一，和谐优雅，与天地构成了一幅美丽的画卷。

1.中东铁路兴安岭单孔石拱桥桥面遗迹·2015年
2.中东铁路兴安岭单孔石拱桥遗迹·2015年
3.中东铁路兴安岭螺旋展线施工情景·1901年
4.中东铁路第四工段（西部线和兴安隧道）负责人
  H.H.博恰罗夫工程师
5.中东铁路西部线兴安岭隧道修筑情景·1903年
6.中东铁路西部线拱桥施工中·1901年

建造石拱桥在我国历史悠久。将石拱桥技术应用到铁路建设上，应该是19世纪末期的事情。清末民初，铁路建造材料和施工能力还比较薄弱，跨越小河流和溪水的桥型主要是石拱桥。石拱桥经久耐用，不需要大量投资养护维修，而且成本低廉，实用性较强，故得到广泛采用。但是石拱桥的石料开采加工需要大量人力，施工时要搭建笨重的支架和土方。一般都选在地形合适、地基良好，并可就近取材的地方。而且还要选在枯水期开挖基坑、打桩架、备齐料石和搭建拱架的木料，所以铁路石拱桥一般在跨径小、桥梁低矮、场地适宜的情况下采用。

兴安岭石拱桥系由褐黄色花岗岩石筑砌，石灰浆勾缝。拱高6米，跨度8米，单孔跨越小溪。由于使用年代久远，桥体拱顶部分出现裂纹和松动现象，故采取钢梁加固措施。兴安岭石拱桥保持中东铁路建造初期的原始状态，是研究中东铁路桥梁建筑的重要实物资料。

20 | 滨洲线唯存的百米石拱桥
中东铁路·免渡河石拱桥
Mianduhe Stone Arch Bridge of the CER

中东铁路西部线（今滨洲线）所经大兴安岭雅鲁河谷之地，多山、多水、多沼泽，故建造的桥梁、涵洞和隧道较为密集。1901年，免渡河站附近曾建造一座跨越免渡河的临时性木结构桥梁。中东铁路通车后不久，由于运输量的不断增加，当局决定拆除木结构桥，在其原址，即今滨洲线630公里314米处建造了免渡河石拱桥。

免渡河石拱桥1905年建成竣工，桥长145.6米，10孔均匀排布，单孔跨度10.66米。桥体白灰石膏砂浆砌片石，花岗岩料石镶面。免渡河石拱桥独特之处是破冰棱（分水坝）敦实厚重，体量较大，外部流畅光滑，毫无惧色直面由东向西的湍急河流。

由于使用年久，加之全桥无伸缩缝，冻害频繁发生，致使第2~6拱孔和第9拱孔实体桥面及边墙镶面石横断发生裂纹，防水层亦有受损；特别是破冰棱基础石料风化松动，有的已经脱落，桥基稳固受到影响。1958年，齐齐哈尔铁路局鉴定委员会认定此桥已危及行车安全，要求加固并限速使用。1983年10月，齐齐哈尔铁路局在免渡河石拱桥下游60米处另建一座4孔×32米T形钢筋混凝土新桥，称之免渡河2号桥，将这座石拱桥取而代之。原桥随即改为公路桥。目前，这座饱经风霜的老桥已成为中东铁路西部线唯一超百米的石拱桥遗存。

063

1.免渡河10孔石拱桥破冰棱·2015年
2.勘测中东铁路西部线时的中国人护卫队·1898年
3.耀武扬威的中东铁路沙俄护路队·1904年
4.中东铁路西部线风光·1903年
5.中东铁路免渡河10孔石拱桥遗存·2015年
6.免渡河10孔石拱桥竣工年代标识·2015年

21

红色国际秘密交通线遗址

中东铁路·满洲里边境宽轨桥

Manzhouli Border Wide-rail Bridge of the CER

满洲里边境宽轨桥位于滨洲线中心里程944公里256米处，距满洲里国门148米，距中俄边境线224米。原为中东铁路宽轨小型桥梁；现为俄制宽轨（轨距1 524毫米）桥，桥长5.4米，高1.9米，宽1.6米。满洲里边境宽轨桥为季节性溪水桥梁，人畜可从桥下通行。现由中国铁路哈尔滨局集团有限公司海拉尔工务段管辖养护。

五四运动后，为加强与共产国际和苏共的联系，曾开辟多条红色国际秘密交通线，其中依托中东铁路由哈尔滨经满洲里前往苏俄（苏联）的交通线，是形成时间较早、持续时间较长、发挥作用较大的一条。从1920年至1937年，这条国际秘密交通线共存在了18年。

全国100个红色旅游经典景区之一

满洲里红色国际秘密交通线

教育基地

中共满洲里市委党校
满洲里市人民政府
一安委山年委员会

自觉文明出行 成就最美风景

这座小桥貌似平常，然而却是当年满洲里红色国际秘密交通线的重要节点，也是秘密交通线的国内终端和由苏俄（苏联）进入中国境内的始端。这座桥以独特的地理位置发挥了极其重要的作用，被称作中国革命的"红色桥梁"。当年，中共早期领导人和众多革命青年都是冒险穿过这座小桥，从这里偷越中俄（中苏）边境前往苏俄（苏联）的。共产国际许多代表、军事顾问也是穿越此桥，由满洲里进入中国内地的。

1928年，许多中共代表就是由此出境前往莫斯科参加"中共六大"的。代表们由哈尔滨出发，通过中东铁路抵达满洲里。满洲里车站前总有两辆马车在等待，车灯的号码分别是67号、69号。代表手中的号码和车上的号码对上后，就可以上车，在苏联马车夫的帮助下，于夜幕中穿越这座小桥，进入苏联境内。我党早期的领导人瞿秋白、李立三、周恩来、蔡和森、王若飞、伍修权等均在此处留下光辉足迹。

20世纪20年代，东北军阀张作霖曾封锁中苏边界，还在满洲里四周掘壕为界，并派重兵把守，不许随便出入，来往于中苏之间的革命同志随时都有被发现或遭逮捕的危险。1931年，日本侵略者占领满洲里，加紧了对中苏边境的封锁。1937年满洲里秘密交通站遭敌人破坏，此秘密交通线被迫中止。

2006年9月，满洲里红色国际秘密交通线遗址被内蒙古自治区人民政府公布为重点文物保护单位；2008年12月，内蒙古自治区党委将其列为爱国主义教育基地。现为全国100个红色旅游经典景区之一。

1.满洲里红色国际秘密交通线教育基地标记碑·2017年
2.中东铁路满洲里边境宽轨桥旧址·2017年
3.中东铁路满洲里段与俄罗斯铁路交界处·1903年
4.满洲里车站·1929年
5.满洲里国门与红色国际秘密交通线旧址——满洲里边境宽轨桥（右下）·2008年

22 哈大线历史文化遗存之一

中东铁路·五家石拱桥
Wujia Stone Arch Bridge of the CER

五家石拱桥位于中东铁路南支线沈家王岗（今王岗）—五家站间，距哈尔滨站23公里，毗邻这座石拱桥的运营正线标记：涵1 226+125，即京哈线（从北京站零公里算起）1 226公里125米处。

这座石拱桥建于中东铁路筑路初期。拱桥共4孔，其中大孔2个、小孔2个。2017年5月1日，笔者与哈尔滨工务段桥梁专家一起，对这座石拱桥进行了实际勘测，基本数据是：拱桥全长23米，桥宽4.75米；大拱跨度2.2米，拱高3.5米。1954年，哈尔滨铁路局曾经对其进行过大修，桥体上镌刻的"1954 大修"字样清晰可见。大修时采取钢筋混凝土拱券加固方法，拱券底部厚度0.6米，上部最顶端厚度0.45米。这座残桥处在运输繁忙且历史上多次改造的哈大（哈尔滨—大连）线上，100多年保存基本完好。

1. 五家石拱桥维修年代标识·2017年
2. 中东铁路五家石拱桥遗存·2017年
3. 中东铁路南支线单孔跨度2沙绳拱桥
   之一·1901年
4. 中东铁路筑路石匠辛苦劳作中·
   1899年
5. 中东铁路南支线单孔跨度2沙绳拱桥
   之二·1901年
6. 中东铁路南支线单孔跨度2沙绳拱桥
   之三·1901年
7. 中东铁路南支线单孔跨度2沙绳拱桥
   之四·1901年

这座石拱桥地处松嫩平原，海拔高度150余米，周边百里方圆地势平坦，不见山峦石峰。那么拱桥的建筑石材出自哪里呢？据考证：中东铁路东部线阿什河附近的玉泉、小岭一带群山起伏，石材质地好且产量高。五家石拱桥位于南支线距哈尔滨站仅20余公里，而哈尔滨站距东部线玉泉站61.8公里、距小岭站也不过78.3公里。1899年3月4日，中东铁路哈尔滨至阿什河（今阿城）间已率先开通，并临时运营，此间已具备矿山开采和石材运输的条件。另外，五家石拱桥的石材选用，与同期建设的中东铁路管理局大楼（大石头房子）基本相同，都是橄榄绿色虎皮石，工艺均采用建筑贴面方法，无灰缝密接。如无意外，二者应该是采用了同山之石。

中东铁路南支线首先是由哈尔滨向南建造的。1900年，中东铁路建设一度停工，后复建。1901年7月，南支线哈尔滨至宽城子间临时通车。据此推断，这座石拱桥应该是在1899年内就已完工。南支线开始运营时，列车运行速度仅为42公里/时；1917年，达到53公里/时。1941年，完成复线工程，列车速度为90公里/时。1945年8月，苏联红军进驻时期，只保留单线行车。1946年5月，为阻止国民党军向解放区进攻，东北民主联军将双城堡至陶赖昭站间的线路、桥梁全部拆毁。五家石拱桥距双城堡站以北30公里，得以幸存。

1973年，哈大线建成自动闭塞区间，列车密度增加，运行速度有所提高。同时，线路整修弯改直，曲线半径加大，线路质量大幅提升。从此，这座石拱桥停止运营，废弃至今。

中东铁路第三长大桥梁

23 中东铁路·陶赖昭第二松花江大桥

Taolaizhao Second Songhua River Bridge of the CER

第二松花江发源于长白山天池，横贯吉林全省，由东南至西北流到今松原市与嫩江汇流后称松花江。历史上，第二松花江上曾建造过两座铁路大桥。一座是中东铁路时期修建的甲线大桥，即哈大线上行桥；另一座是东北沦陷时期"满铁"1940年修建的乙线大桥，即哈大线下行桥。甲线（上行）大桥在第二松花江上游，与乙线（下行）大桥相距3.4公里，遥遥相望。

这座中东铁路南支线大桥，位于哈大线老少沟—陶赖昭站间，距长春站110公里998米处。这里曾是哈尔滨铁路局和沈阳铁路局的分界点。1901年4月22日中东铁路工程局组织开工建造陶赖昭第二松花江大桥，1902年3月28日建成通车，桥长781.5米。陶赖昭第二松花江大桥是新中国成立前中国铁路特大桥梁之一，仅次于中东铁路哈尔滨松花江大桥和浑河大桥，名列第三长桥。同时，也是跨越第二松花江的第一座单线铁路桥。

1.陶赖昭第二松花江大桥址下游松花江·1901年
2.建造陶赖昭第二松花江大桥在哈尔滨方向段下置木制沉箱·1901年
3.建造陶赖昭第二松花江大桥右岸的建筑材料场·1901年
4.陶赖昭第二松花江大桥建桥时情景·1901年
5.停止运营的陶赖昭第二松花江大桥·2017年

069

6.建桥时在通往哈尔滨方向段下置木制沉箱·1901年
7.建造中东铁路的中国工人在锯木加工·1901年
8.在通往旅顺口方向下置木制沉箱时的情景·1901年
9.中东铁路陶赖昭第二松花江大桥建造工地·1901年

10.大桥下置木制沉箱时的情景·1901年
11.大桥铆焊桁架上部圈梁和连接部分·1902年
12.大桥架设桁梁时的情景·1902年
13.从上游望去刚刚竣工的大桥全貌·1902年

　　建造陶赖昭第二松花江大桥时，哈尔滨松花江铁路大桥即将完工。大桥建设者总结和汲取前者的经验教训，组织工作更加缜密，建桥速度亦显著提高，从开工到竣工仅仅用11个月的时间。本桥共设计了17孔，其桥梁上部构造：第1和第17孔为跨度21.96米上承鱼腹桁梁，第2~6孔为跨度76.804米曲弦下承桁梁，第7~16孔为跨度33.5米上承桁梁。设计载重E-40级。桥梁下部构造：桥墩1~6号为大墩，设有防冰棱，最高墩身17米；第7~16号为小墩，沉井基础，埋式桥台。桥上线路为直线平坡。哈尔滨一端桥头北方向为9.68‰下坡道，长春一端桥头南方向为9.54‰上坡道。

　　由于受当时建造桥梁技术、工艺水准的限制，大桥曾出现过许多技术问题。桥上的钢桁梁由波兰华沙铁工厂制造，但钢料材质不佳，1914年跨度76.804米的曲线下承桁梁开始发生杆件裂纹，并逐年增多。1928—1936年，经中东铁路和"满铁"当局先后换梁加固，桥梁载重勉强达到了L-22级，即相当于中-21级，桥梁的承载通过能力有一定的局限性。

桥梁的承重部分——桥墩，是陶赖昭第二松花江大桥较为成功之处。在施工做法和建造用料上，可以说都称得上精细致。桥墩采用石膏白灰浆砌石，密贴严缝；花岗岩石镶面，敦厚坚固；结构设计科学合理，外部美观大方。大桥铺设的钢轨是当时世界上最新型的每米32公斤轨。陶赖昭第二松花江大桥的竣工备受人们的关注。在中东铁路历史文献，特别是1903年出版的《中东铁路大画册》中有过详细的记载，予以较高的评价。

桥头堡是大桥有机组成部分。陶赖昭第二松花江大桥的桥头堡仿中世纪古堡建筑风格，墙体厚重坚固，东西两座桥头堡之间有几十米跨越线路的地下通道相连接，二者可以相互策应，实施火力支援。遗憾的是桥头堡在2006年被人为损毁，只留有残垣断壁，废墟一片。

1946年5月，国民党军队向"南满"解放区大举进攻，占领四平后沿中长铁路继续北犯。东北民主联军根据党中央"变阵地战为运动战"的指示精神，主动放弃长春、吉林、四平等几座大城市，撤至第二松花江以北设防。5月25日，东北民主联军最后一趟列车过江后，在护路军司令员苏进的指挥下，我军自行炸毁第二松花江上、下行两座铁路大桥。这座中东铁路时期修建的大桥破坏得尤其严重，墩身大部被炸毁，甚至有的沉井基础也遭到损坏，桁梁坠落于江中。

1948年3月，我军由战略防御转入战略进攻，长滨（长春—哈尔滨）线除长春和这座大桥的桥头堡外，均已成为解放区。桥头堡被国民党军鼓噪为钉在国共战场前线的一颗"钉子"。桥头堡内的国民党军残部几十人苟延残喘，虽然被我军团团包围，但自恃桥头堡体坚墙厚，弹药给养充足，与120公里之外同样被围困的省城长春守敌遥相呼应，扬言固守一两年没有问题。我军避其锋芒，采取围而不打、欲擒故纵的策略，使敌人不知所措，龟缩在桥头堡内惶惶不可终日。当残敌在得知长春和平解放的消息后，终于在一个伸手不见五指的大雪之夜，抛弃了辎重，沿着封冻的松花江狼狈逃窜，最终在德惠县大房身村附近被全部活捉。

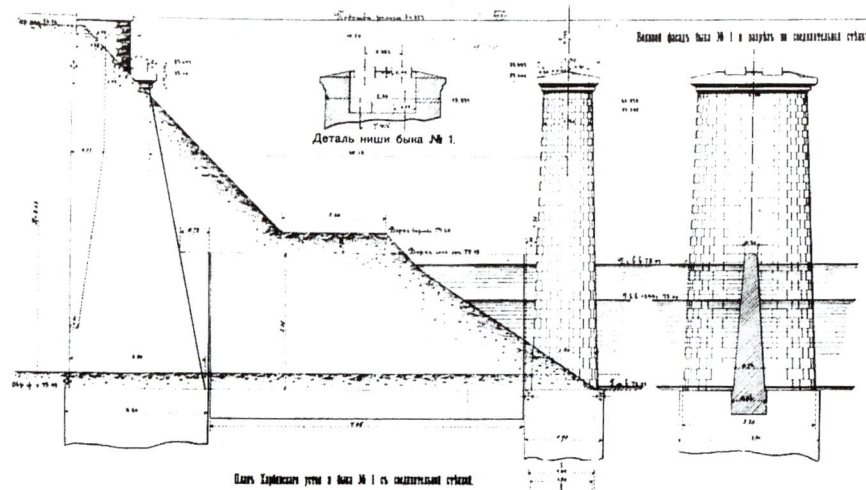

1948年7月，中共中央东北局组建铁道纵队，拟修复第二松花江上的两座铁路大桥。当时战事紧迫，铁道纵队经反复研究，认为中东铁路时期修筑的这座上行线桥梁破坏较严重，桥墩多处损毁，桥梁残缺不全，短时期很难修复。故确定先抢修损毁相对较小的下行线大桥，尽快打通大军南下的运输通道。1948年8月1日修复工程开始，10月23日大桥竣工。次日，陈云同志在通车典礼上发表了热情洋溢的讲话。中东铁路时期修建的这座大桥（上行线）由于修复材料短缺、抢修力量不足等因素，一直推迟至1950年11月才开始修复。经过一年的奋战，1951年10月大桥终于修复竣工，通过验交后投入使用。

中东铁路第二松花江大桥曾遭遇两次大洪水。一次是在1939年8月，洪水位达154.67米，相应流量为7 320米³/秒。另一次是1942年8月5日，洪水位达153.97米。大洪水对大桥冲击较大，两次都是险象环生，侥幸地躲过了劫难。

这座饱经风霜的桥梁曾经过多次大修和养护。1953—1976年，沈阳铁路局组织力量，先后设置导流堤坝，整治河道，柴排护基，更换钢梁等，延长了桥梁的使用周期，保证了铁路运输的安全与畅通。

陶赖昭第二松花江大桥1990年停止使用，2004年宣布废弃。今日大桥的钢轨、桥枕虽已拆除，但残桥傲立，风骨犹存。毫无疑问，这座百年老桥无论是历史价值、科技价值，还是文化价值都是十分珍贵的。保护和利用近代工业文化遗产迫在眉睫。

14.架设35沙绳和15沙绳桁梁时情景·1901年
15.架设35沙绳和15沙绳桁梁时情景·1901年
16.刚刚竣工的陶赖昭第二松花江大桥·1902年
17.陶赖昭第二松花江大桥桥墩建造完成后，准备架设桁梁·1901年
18..陶赖昭第二松花江大桥建筑设计图（局部）·1899年
19.中东铁路第二松花江大桥遗存（局部）·2006年
20.中东铁路第二松花江大桥遗存（局部）·2006年
21.中东铁路第二松花江大桥遗存（局部）·2010年
22.中东铁路第二松花江大桥遗存·2006年

24 哈大线历史文化遗存之一
中东铁路·郝家单孔铁桥
Haojia Single-span Iron Bridge of the CER

郝家单孔铁桥是1901年中东铁路修筑时最为普遍、最为典型的小型钢构桥梁。铁桥系单孔、跨度5沙绳即10.67米，上承钢桁梁。郝家单孔铁桥位于哈大线老少沟站区、吉林省德惠市郝家村西侧。老少沟站是中东铁路南支线跨过第二松花江南岸的第一座火车站，距第二松花江码头2公里余。老少沟码头当年是水陆转运站，第二松花江沿岸的粮食、农副产品、木材、油料等物资通过船只运抵老少沟码头集结，再通过铁路转运各地，当年铁路专用线一直铺设到第二松花江岸边，运输业一度繁荣。1898年中东铁路工程局南支线第二工区就设在这里。

　　郝家单孔铁桥墩台系花岗岩块石砌筑，工程质量上乘。桥跨结构采用钢质材料，连接方式为铆接。钢材作为抗拉、抗压和抗剪强度均高的匀质材料，被近代桥梁广泛使用。钢桥具有较大的跨越能力，构件适宜工业化制造，同时便于运输，工地安装速度快，而且钢桥在受到破坏后，易于修复和更换。中东铁路中小型桥梁以石拱桥居多，但也有选择地采用部分钢桥，从而显著提高了建设速度。

　　1995年哈长线电气化改造时，线路走向进行了调整，老少沟站停止运营，郝家单孔铁桥也随之废弃。目前残桥遗存，桥体上工厂制造铭牌依稀可见"山海关桥厂造"字样。由此可见百年前中国桥梁制造技术已参与中东铁路的建造。

　　这里所记载的山海关桥厂，指的就是山海关桥梁工厂，为我国最早建立的铁路器材（钢梁）的生产基地。建厂时间可追溯到1893年。当时清政府拨银48万两，在山海关城南董庄设立山海关工厂，后扩建为山海关造桥厂，即后来的山海关桥梁厂，今天的中铁山桥集团公司的前身。这也是中国第一个铁路桥梁制造工厂。1898—1900年，工厂从英国、日本购置一批先进的机械设备，逐步形成机械加工钢梁的生产能力。此时，中东铁路正在大规模修筑，近水楼台，建设当局采用中国制造的优质桥梁亦属顺理成章之事。

1.中东铁路郝家单孔铁桥遗存（局部）·2016年
2.中东铁路郝家单孔铁桥遗存（局部）·2016年
3.中东铁路郝家单孔铁桥遗迹·2016年
4.中东铁路南支线694俄里处跨度3俄丈（1俄丈=2.134米）铁桥·1901年
5.中东铁路铁桥拼装情景·1901年
6.中东铁路南支线816俄里处桥孔跨度5俄丈铁桥·1901年
7.与中东铁路相连的老少沟第二松花江南岸码头·1925年
8.铁桥上的桥梁制造铭牌·2016年

中东铁路第二长桥梁

中东铁路·浑河大桥（中线）

Hunhe Bridge (midline) of the CER

　　1898—1903年，中东铁路修建了若干桥梁，可谓林林总总。具有代表意义的桥梁工程是：干线上的哈尔滨松花江大桥、牡丹江大桥、富拉尔基嫩江大桥，以及南支线的陶赖昭第二松花江大桥、奉天浑河大桥（中线）、太子河大桥、青河大桥。这些桥梁建造工艺精湛，设计科学合理，是当时世界少有的特大型铁路桥。可以说，这些桥是当时运用先进铁路桥梁技术的典范工程。

　　浑河大桥（中线）是跨越浑河的第一座铁路桥梁，也是中东铁路南支线最长的桥梁，为中东铁路第二长桥。浑河，因水流湍急，水色混浊而得名，为辽宁省的主要河流之一。浑河发源于抚顺市清原县湾甸子镇长白山支脉的滚马岭西侧。源头区山高林密，水清见底，在三岔河与太子河汇流入大辽河。浑河全长415公里，流域面积1.15万平方公里。浑河为不对称水系，西侧支流稀疏，而东侧支流密集，坡陡谷深，水量丰富。当年在此修筑全长超过800米长度的特大桥梁，堪称中东铁路关键性工程之一。

1.列车通过中东铁路奉天浑河大
　桥旧址·2006年
2.浑河铁路大桥修筑桥墩·
　1901年
3.浑河大桥建造时搭设的浮桥·
　1899年
4.建造浑河大桥桥台拱券的拱架·
　1901年
5.建造浑河铁路大桥时遭遇洪水
　侵袭·1899年
6.即将通车的浑河大桥·1903年

7.即将竣工的浑河大桥·1903年
8.浑河大桥桥台（局部）·1903年
9.即将通车的浑河大桥·1903年
10.南支线第六段和第七段负责人
　 B.O.吉尔施曼工程师
11.日俄战争期间，被沙俄军队破
　 坏的浑河铁路大桥·1905年
12."满铁"浑河复线桥梁工程与
　 施工人员·1920年
13.中东铁路浑河大桥全景·1903年

浑河大桥（中线）是目前仍在服役的中东铁路遗存的唯一特大桥梁。大桥位于今长大线浑河—沈阳站间390公里247米处。桥长794.66米，全长819.18米。大桥1899年开工，1903年建成通车。中东铁路工程局在建造浑河大桥（中线）时，各墩台基础全部采用浆砌块石沉井基础，两侧桥台为料石镶面带洞桥台，1~22号桥墩为料石镶面圆端形桥墩，最高墩身8.9米。桥式为23孔33.52米简支上承桁梁。中东铁路南支线经营期间，这座桥为单线桥梁。

1904年日俄战争在中国领土上爆发。1905年，沙俄战败。沿着中东铁路南支线向北溃退的沙俄军队，一路上炸毁旅顺至奉天（今沈阳）段诸多桥梁，浑河铁路大桥也未能幸免。浑河大桥在隆隆的爆炸声中面目皆非。桁梁扭曲变形坠入河中；墩台和桥墩裂缝严重，料石脱落。至此中东铁路南支线完全中断。1905年9月5日，俄日两国在美国签订了重新划分在华势力范围的《朴茨茅斯合约》，日本攫取了中东铁路南支线宽城子以南至旅顺口的铁路线及其附属权益。

为了适应军事需要，负责"南满"铁路事务的日军野战铁道提理部先后对"南满"铁路进行了改轨、扩轨工程，对日俄战争破坏的沿线铁路桥梁进行加固与修复，特别是对"南满"铁路咽喉要道——浑河铁路大桥进行重点维修。

为了经营"南满"铁路及铁路沿线附属地，1907年3月5日，日本将在东京建立的"南满洲铁道株式会社"（简称"满铁"）的总部迁至大连。"满铁"是日本帝国主义为吞并中国东北而派生出的殖民侵略机构。1907年4月1日，日军野战铁道提理部将"南满"铁路事务移交给"满铁"。"满铁"按照日本政府的指示，制定了实施修建"南满"铁路复线工程计划。

θ. O. Гиршманъ. 10

11

12

13

Устой моста черезъ р. Тайдзы.

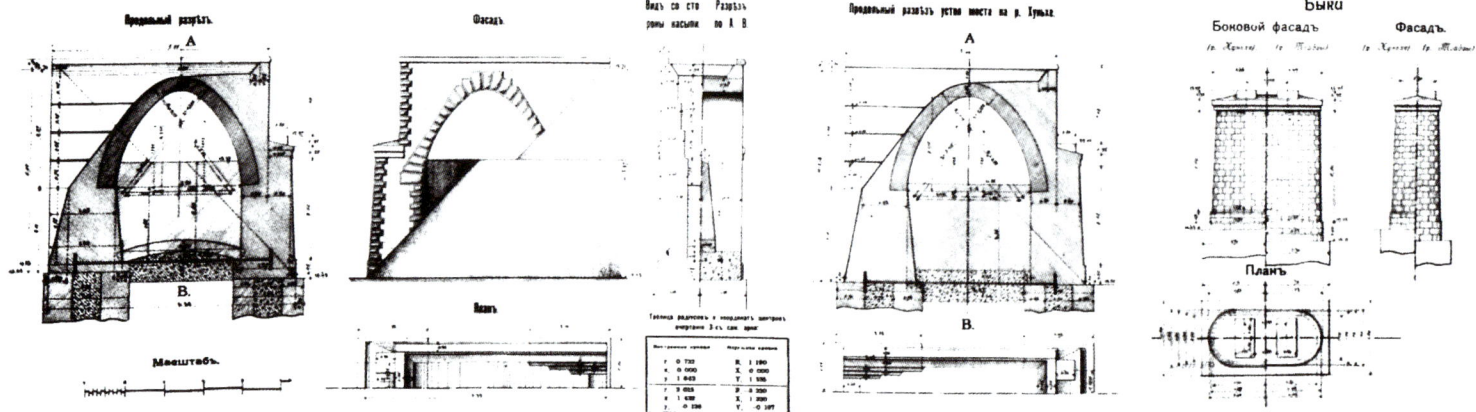

THE KONKA IRON BRIDGE IN THE SUBURB OF MUKDEN.
浑河铁桥，外郊天奉（天奉）

14.15.被义和团捣毁的中东铁路桥梁·1900年
16.中东铁路浑河大桥设计图（局部）·1899年
17.奉天郊外西望浑河铁桥；左为中东铁路时期桥，
　　右为"满铁"时期所建的新桥·1920年
18.中东铁路时期的浑河老铁桥（图左）与"满铁"
　　所建的新桥（图右）·1920年左右
19.修复后的浑河老铁桥·1908年
20.列车通过原中东铁路浑河大桥（图右二）·
　　2006年
21.原中东铁路浑河大桥（图左）·2006年
22.东北沦陷时期遗留下的浑河大桥桥头堡·2006年

　　为了永久控制我国东北，日本人紧锣密鼓地组织修建南满铁路复线，包括浑河复线桥梁。浑河复线桥梁址选在距中东铁路浑河老桥的东侧20余米处。1915年6月25日，"满铁"正式开挖复线桥梁基础。新的浑河大桥工程进展缓慢，到了1917年11月20日只完成桥台及桥墩工程。由于浑河大桥施工期正处于第一次世界大战时期，日本从美国订购的制造钢梁的钢板不再供货，致使新的浑河大桥工程停工两年半，直至1920年5月才开始架梁。1920年10月25日，新的浑河大桥全部完工，成为南满铁路上行线桥梁。饱经战争创伤的原中东铁路浑河大桥（中线），随即改为下行线桥梁。

　　1952年12月31日，中长铁路移交我国后，重建的哈尔滨铁路管理局下辖满洲里、哈尔滨、牡丹江、长春、沈阳、大连、安东7个分局，为当时全国管辖范围最大的铁路管理局。1954年，为提高运输能力，哈局决定恢复浑河—沈阳第三线铁路，将1939年南满铁路时期已修建的长大线下行390公里249米处的钢构桥梁作为新的下行线桥梁；中东铁路老桥即原南支线下行桥梁，改为浑河至沈阳间中线桥梁。经检定，中线桥梁载重等级检定为中—23级。

　　浑河铁路大桥（中线）百年来得到较好的维修和养护。建造时，桥墩基础入土深度仅仅12米，基底高程25.84米。进入人民铁路时代后，路方不断大量投石护墩；1954年，当时的哈尔滨铁路管理局更换了23孔上盖板。1964年，沈阳铁路局更换大桥全部桥枕；1967年和1970年，分别加盖油漆；1975年，增设1~11孔的下弦槽，扩大泄水孔330个；1977年，全部更换完辊轴，从而使百年老桥保持了青春活力。目前浑河铁路大桥工作状态良好，并成为珍贵的历史遗存。

26

哈大线历史文化遗存之一

中东铁路·普兰店双孔石拱桥

Pulandian Two-span Stone Arch Bridge of the CER

　　普兰店双孔石拱桥位于原中东铁路南支线824俄里（882公里）、三十里堡站—普兰店站上行线处，1901年建成。双孔实腹拱，单孔跨度3沙绳，即6.4米的石拱桥。这座石拱桥由经过加工的长方形石块砌筑而成，稳重大方，是仍在使用的中东铁路历史文化遗存。

　　为记载和展示中东铁路的建造过程和成就，1903年，中东铁路当局曾在莫斯科编辑出版了一部《中东铁路大画册》。画册汇集近千幅历史图片，其中包括许多中东铁路通车时的各式桥梁照片，主要是钢梁桥、木桥和石拱桥，其中以石拱桥居多。一座座造型各异的石拱桥鲜活别致、让人感到熟悉，其主要原因在于中国是石拱桥发源地之一，雕琢砌筑之间凝聚了千百年中国人的智慧和力量。

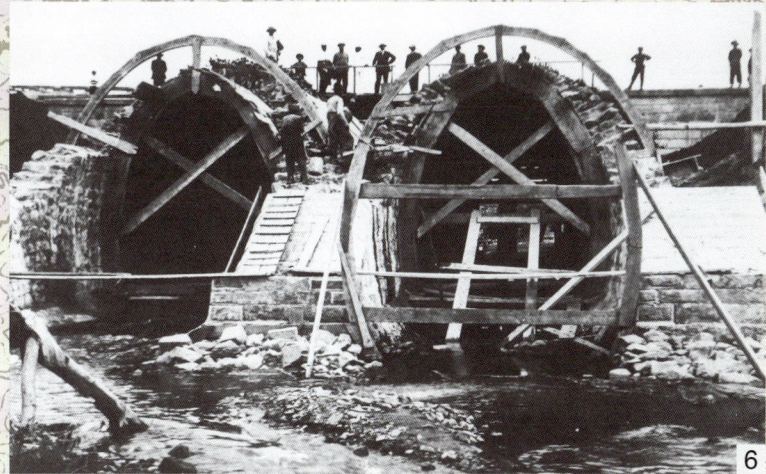

1.中东铁路普兰店双孔桥遗存（局部）·2015年
2.列车行驶在原中东铁路普兰店双孔石拱桥上·2015年
3.中东铁路南支线891俄里处线路·1901年
4.中东铁路南支线桥涵施工情景·1899年
5.机车通过南支线824俄里处普兰店双孔石拱桥·1901年
6.中东铁路石拱桥建造施工现场·1899年
7.中东铁路总工程师А.О.尤戈维奇

27 哈大线唯一遗存年标的石拱桥

中东铁路·三十里堡三孔桥
Sanshilipu Three-span Bridge of the CER

桥梁，是人类利用自然、改造自然的重要标志。建造桥梁跨越障碍，是人类不懈的追求与梦想。从最原始的抛石入河流或小溪形成的跨步桥，到当今现代化的大跨度桥梁，几千年来，人类建造了无以数计的桥梁，但石拱桥在桥梁史上有着不可或缺的重要地位。

中国的石拱桥历史悠久。3 000年前我国劳动人民就以自己的勤劳和智慧，创建了木梁桥、浮桥、后来又有了石梁桥、铁索桥和石拱桥。桥梁多种多样，特色鲜明，可谓千姿百态，美轮美奂。我国石拱桥结构严谨、造型优美，其建筑技艺在世界桥梁史上享有盛名。其中尤以隋代李春主持修建的赵州安济石拱桥为最，迄今已逾1 300年仍在使用，风采依旧。

铁路桥梁是伴随着铁路的兴建而诞生的，继承和发展古代桥梁建筑技术是历史的必然。古代桥梁和现代桥梁的目的、用途有着明显区别，所以两者对荷载和安全度的要求亦有较大的差异。以通行机车车辆为目的的铁路桥梁的出现和发展，标志着桥梁建筑技术的飞跃，体现着人类征服江河能力的不断突破。

1. 中东铁路三十里堡三孔桥（局部）·2015年
2. 中东铁路三十里堡三孔桥遗存·2015年
3. 中东铁路南支线779俄里线路施工图·1901年
4. 中东铁路南支线623俄里处跨护城河桥正在修
　 筑该桥桥墩沉井·1899年
5. 中东铁路三十里堡站·1903年
6. 中东铁路三十里堡站局宅·1903年
7. 中东铁路三十里堡三孔桥遗存的石刻
　 标识·2015年

清末时期铁路石拱桥的修筑，开创了铁路桥梁建设的新领域。这时期全国共建铁路石拱桥1 170座，总延长24.5公里，其中中东铁路修建的石拱桥最多。

中东铁路建造于1898年至1903年，此间正值混凝土建筑材料刚刚萌生，国内的水泥生产能力低下，少量所需主要依赖进口，但价格十分昂贵。石拱桥坚固耐久，维修简洁，建造技术和工艺完善成熟，而且建造成本低廉，虽然其跨越能力有限、负载能力较弱、施工难度大，但却受到建设者的青睐。中东铁路沿线山峦大部分为岩石构成，当地花岗岩资源丰富，储量大，品种繁多，这就为中东铁路工程大量采用创造了条件。

这座石拱桥位于普兰店至三十里堡之间，小跨实腹，拱券小于半圆，桥体设计较低，厚重沉稳，承载力增强。三十里堡三孔桥难能可贵的是桥拱顶部尚遗存百年石刻铭文4块，俄文雕琢，花饰点缀。虽然字迹依稀难辨，但每块铭文记载的竣工时间："1899年2月"仍清晰如昨。这是目前为止发现的中东铁路时期最早的，也是唯一的有文字记载的石拱桥，可谓弥足珍贵。

085

28

哈大线历史文化遗存之一

中东铁路·南河三孔石拱桥
Nanhe Three-span Stone Arch Bridge of the CER

　　南河三孔石拱桥位于中东铁路南支线金州站至三十里堡站间，中心里程832俄里，即887公里处。南河三孔石拱桥跨越南河，桥式为3孔石拱桥，单孔跨度20米，1901年竣工。经过百年精心呵护维修，目前仍在使用中；现为哈大线的上行线桥梁。

　　百年前建造如此庞大的工程不仅需要众多人力劳作，而且更需要精细的设计和完成烦琐的施工程序。当确定石拱桥方案后，首先要选择质地优良的荒料块石，运抵工地，经人工粗加工，制得所需规格尺寸的块材和板材；然后通过人工斩凿细岩状纹，有的还要打磨、抛光，使表面平整光滑，最后按序砌筑。

　　砌筑过程异常精细。首先根据拱券跨径、矢高、厚度及拱架的情况，设计拱券砌筑程序。砌筑时，设置变形观测缝，随时注意观测拱架的变形情况，及时对砌筑程序进行调整，控制拱券的状态。跨径小于10米的拱券，以满布式拱架砌筑，一般从两端拱脚起顺序向拱顶方向对称、均衡地砌筑，最后砌拱顶石，即可宣告成功。当跨径在10~20米时，一般采用每半跨分成三段砌筑的方法，先砌拱脚段和拱顶段，后砌1/4跨径段，两半跨同时对称地进行。当跨径大于20米时，一般采用分段砌筑或分环分段相结合的方法砌筑，必要时还要对拱架预加一定的压力。可以说，石拱桥的砌筑反映了当时科学进步水平，是能工巧匠智慧的充分体现。

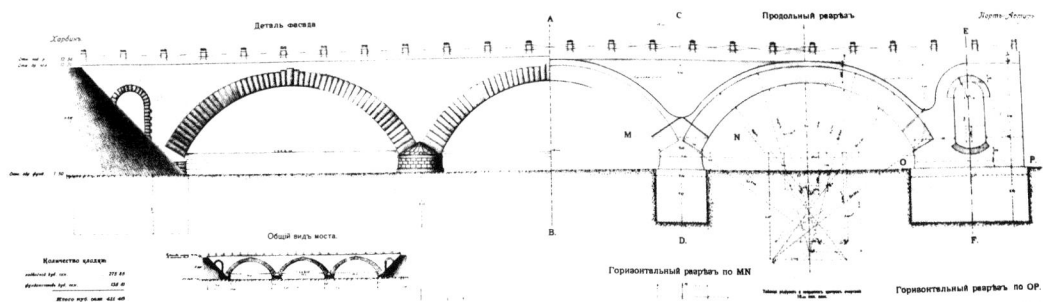

1.中东铁路南支线南河三孔石拱桥遗存·2015年
2.南河三孔石拱桥砌筑拱门情景·1901年
3.南河三孔石拱桥设计图（局部）·1899年
4.南河三孔石拱桥拱券（局部）·1901年
5.南河三孔石拱桥立面设计图（局部）·1899年
6.南河三孔石拱桥竣工图·1901年

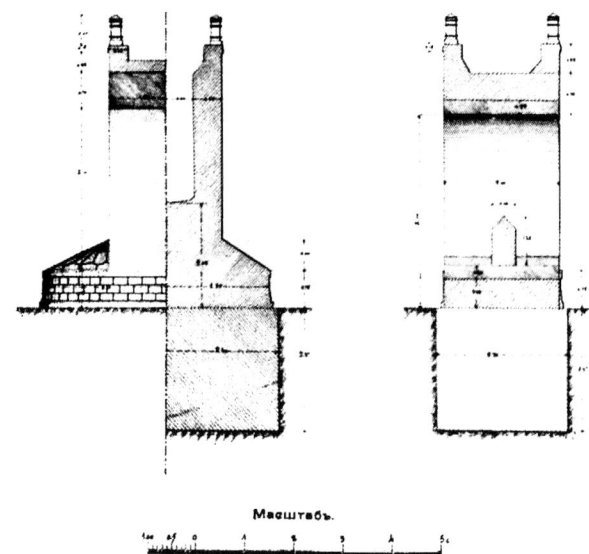

29

哈大线最长的百年石拱桥

中东铁路·龙口河六孔桥
Longkouhe Six-span Bridge of the CER

　　龙口河六孔石拱桥位于中东铁路南支线826俄里，即今哈大线880公里处。石拱桥共6孔，等距离跨度，单孔跨度5沙绳，即10.67米；桥高3.61沙绳，合7.7米；扩大基础，1901年建成。桥长88.92米，为南支线石拱桥长度之最。

　　中东铁路南支线铺设的地理环境以平原为主，河流溪水纵横，有部分丘陵和小山区地貌，但山峦并非险峻陡峭，故无长大隧道。穿越险阻主要是采取架设桥梁的方法。桥梁主要为钢梁和石拱桥两种。钢梁桥除第二松花江大桥、浑河大桥、太子河大桥、清河大桥等大型桥梁外，多数为单孔石墩台小型钢桥。而广泛采用的则是古老的石拱桥，一般为半圆形拱和小于半圆形拱，其中连续等跨度的多孔石拱桥为最多。

1

1

2

1. 龙口河六孔石拱桥（局部）·2014年
2. 列车通过龙口河六孔石拱桥·2014年
3. 建造中龙口河六孔桥拱券情景·
   1901年
4. 刚刚竣工的中东铁路南支线826俄里
   龙口河六孔石拱桥·1901年
5. 龙口河六孔石拱桥（局部）·1901年
6. 龙口河六孔石拱桥设计效果示意图·
   1899年

龙口河六孔石拱桥是南支线中小型桥梁的代表作之一。拱桥稳重大方，形体优美；桥的两端各开设一个泄洪拱洞，既减轻了桥体的自重，又增强了拱桥的"艺术表现力"。另外，这座桥梁的独特之处还在于最初建造了石质护栏（后拆除）。12段等距离护栏，高1米有余，花岗岩石砌，每段护栏均开设了10个拱形空洞，伴有高超的砌筑艺术，韵律感油然而生，化枯燥单调为优美雅趣，改呆板僵硬为楚楚动人。龙口河石拱桥不失为一座优秀的建筑艺术品。

建造石拱桥的过程是艰苦且繁杂的。从历史照片上可以清楚地看到：当年至少有百名以上的中国能工巧匠参加了这座石拱桥的施工建设。高高的拱券、密集的脚手架、长长的跳板、笨重的拱架、修凿完好等待砌筑的花岗岩块石、密集的劳工群体……百年前的施工场面可以说是庞大有序的。

历史验证了桥工们的精湛技艺，仍在服役的石拱桥讲述着什么是百年大计。龙口河六孔石拱桥的建造，其功能性和艺术性均为上乘，完全可以也应该肯定地说，这座桥是中国能工巧匠用辛勤汗水与聪明智慧筑成的。

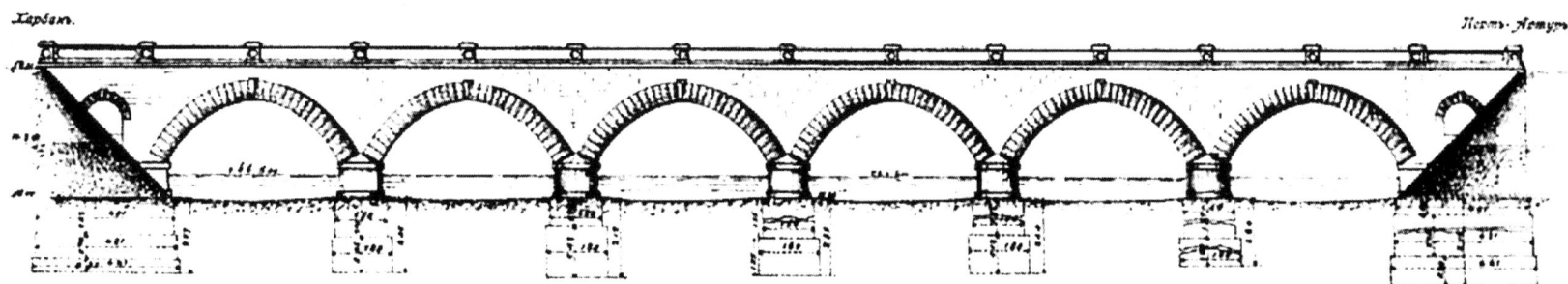

ОБЩIЙ ВИДЪ МОСТА

30

中东铁路·金州三孔石拱桥

Jinzhou Three-span Stone Arch Bridge of the CER

　　金州三孔石拱桥是中东铁路南支线独具风格的桥梁，位于原中东铁路南支线856俄里（912.5公里）处，现哈大线金州站至三十里堡站之间。单线3孔拱桥，其中两端1孔和3孔为竖长型石拱结构，仍保存建造之初风貌，中间主孔原为钢梁跨越，后改为钢筋混凝土半圆形拱结构。1993年因哈长线电气化改造线路调整变化，金州三孔石拱桥随之废弃。

　　金州三孔石拱桥选择的主要料石为花岗岩。花岗岩在我国分布广泛，品种丰富，岩体约占国土面积的9%，达80多万平方公里。东北的大小兴安岭，以及中东铁路南支线周边的辽宁千山、凤凰山等，几乎悉数或大部为花岗岩构成，这就为中东铁路石拱桥的取材和建造带来了便利。

　　花岗岩是建造铁路石拱桥的理想建材，天然花岗岩是火成岩，也叫酸性结晶深成岩，属于硬石材，由长石、石英及少量云母组成。花岗岩取材于地下优质的岩石层，经过亿万年自然时效，具有构造致密、结晶细密、质地坚硬、无磁性反应、无塑性变形、精度保持性好的特性。由于形态极为稳定，抗严寒性能力强，不会因常规温差而发生变形，加之成本低廉，故被广泛采用。

1

　　中东铁路石拱桥是宝贵的工业文化遗产。应该看到，建筑实体作为工业文化遗产的重要内容，比生产技术、档案资料等其他历史遗存更能代表时代特征，更能反映出当时科学技术和社会发展的历史进程。随着现代化发展进程的加速，铁路线路改造不断求新求快，许多历史性的重要设施和标志性建筑损毁严重，附属建筑环境空间被不断挤压，作为近代工业文化遗产的铁路石拱桥，正面临着前所未有的生存危机。石拱桥是石头造就的建筑艺术，建筑自身就具有稀缺性和不可再生性。

　　金州三孔石拱桥如同一个弃儿，孤独地在荒郊野外呆立已经几十年。几多残缺，几多凄凉。然而，石拱桥风骨犹存，仿佛在向人们深沉倾诉：珍贵的历史遗存不朽，无声的史书不应被人们遗忘。

1.中东铁路金州三孔石拱桥遗存·2015年
2.刚刚建成的南支线金州至三十里堡间小跨度桥梁·1901年
3.在南支线891俄里处辛苦筑路的中国劳工·1901年
4.中东铁路南支线891俄里处山道施工的情景·1901年
5.南支线627俄里建造大桥沉井·1899年
6.验收中东铁路南支线891俄里处线路·1901年

31

中东铁路南支线最高的石拱桥

中东铁路·金州河大桥

Jinzhouhe Bridge of the CER

金州河大桥位于原中东铁路南支线858俄里（915公里）处，金州站—普兰店站间。大桥穿过金州河，1901年建成，扩大基础，两大孔跨度之和为 20 沙绳，即42.7米，桥高7.84沙绳，即16.7米，是中东铁路南支线最高的石拱桥。

这座拱桥堪称优美之建筑。两大四小拱洞与墩台浑然一体，拱桥自身的形体优雅得体，落落大方，可谓"秾纤得衷，修短合度"，拱与墩达到完美的结合。在局部艺术处理上，恰如其分，既不画蛇添足，也不厚此薄彼，均匀和谐，视觉感舒适怡人，真正达到功能性与艺术性的高度统一。

金州河大桥历经风吹雨打，车轮碾压，甚至洪水、地震、战争破坏……然而，老桥有幸。经过几代铁路人的不懈努力，精心呵护和保养，特别是对桥体进行了钢筋混凝土抱箍处理，承载能力得到持续保持和增强。目前，大桥还在有效地发挥着运输载体作用。

1.中东铁路金州河双孔石拱桥遗存（局部）·2013年
2.列车通过原中东铁路金州河双孔石拱桥·2013年
3.刚刚竣工的穿过金州河的双孔石拱桥·1901年
4.金州河石拱桥附近的施工工地·1899年
5.中东铁路858俄里处穿过金州河的双孔石拱桥完工·1901年
6.中东铁路858俄里处穿过金州河的双孔石拱桥砌筑拱券情景·1901年

金州河大桥敞肩圆弧石拱是其一大特色。此类桥型首创于中国，敞肩的出现，给予拱桥的发展提供了巨大的生命力。所谓敞肩，就是指拱上建筑由实腹演进为空腹，以一系列小拱垒架于大拱之上。一方面，这样可以显著减轻石拱桥的自重，缩小拱券厚度和墩台尺寸；另一方面，又可以增大桥梁的泄洪能力，从而使拱桥的功能性得到提升。此桥型发展并应用到近代铁路桥梁上，应该说是一个大胆的尝试和成功之举。

建筑高度和单孔大跨度是金州河大桥的另一特色。桥高16.7米，为中东铁路南支线拱桥高度之最；两孔跨度之和达42.7米，为当时单孔跨度较大的石拱桥之一。实现如此高的技术指标，与科技进步、建材和机械制造业的发展密不可分。由此也可以看出，当年中东铁路施工队伍的技术能力和施工效率已经达到相当高的水准。

人类学会建造拱桥最初得益于自然界大量存在的天然拱的启发。在数不清的大小拱桥中，有的历史印记斑斓，有的民族与地方乡土特色浓重，有的充满现代气息。拱桥形式多样，构造各异，按所使用的建筑材料可分为圬工（砖、石、混凝土）拱桥、钢筋混凝土拱桥、木拱桥及钢拱桥。在众多的拱桥中，存世量居高、建筑艺术佼佼者的当属石拱桥。

石拱桥取材以石料为主，石料又以花岗岩居多。我国自产的花岗岩具有美丽、耐久、质地坚硬特性，是建造铁路中小型石拱桥的首选。花岗岩因含有其他矿物质，如角闪石和云母，故呈现各种颜色，包括褐色、绿色、红色和常见的黑色等。除了质地坚硬外，而且具有不掉碎屑，不易刮伤，不怕高温，几乎不受污染，抛光后表面光泽度很高，各种天气带来的杂质几乎都不能黏附的优点。花岗岩因开采方法简单、生产效率高，而受到建设者的广泛应用。

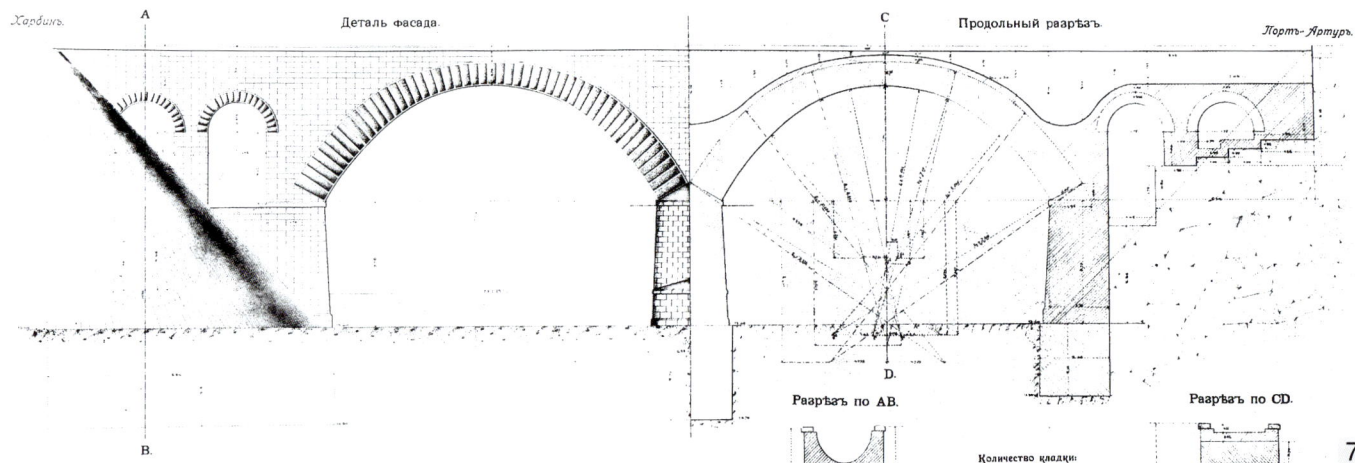

7

8

7. 金州河双孔石拱桥设计图（局部）·1899年
8. 列车通过刚刚竣工的金州河双孔石拱桥·1901年
9. 金州河双孔石拱桥即将完工时情景·1901年
10. 跨过金州河的双孔石拱桥·1901年
11. 金州河双孔石拱桥复线施工现场·1908年
12. 金州河双孔石拱桥新设复线桥梁·1909年

　　石拱桥，是千百万座中国桥梁中的杰出代表。如果说，雨后彩虹是"人间天上的桥"，那么道道拱桥便是跨越河流的"飞虹"，而"飞虹"来自人民大众的创造力。

　　石拱桥作为五大桥型之一，至今仍然保持着旺盛的活力。拱式桥是一种既古老又年轻的桥梁形式。如果说古代拱桥的千姿百态，风姿绰约，主要表现在拱轴曲线造型上的变化，那么当代拱桥式样的绚丽多姿，繁花似锦，更表现在结构形式与构筑方法的丰富多彩上。清末时期中东铁路的修筑，给古老的石拱桥提供了难得的发展机遇。石拱桥精彩纷呈，竞相开放。此间，仅宽城子（长春）至大连段就修筑各式石拱桥17座，计42孔。金州河大桥是其代表作之一。

　　铁路石拱桥是中国独一无二的完整体现20世纪初东北早期工业化、近代化进程的实物例证之一。中东铁路南支线众多的石拱桥遗存，具有宝贵的完整性和系统性。然而，也应该看到，铁路石拱桥正面临着功能"弱化"，结构老化、缺乏现代设施保护，甚至闲置、遗弃、损毁等问题。做好中东铁路沿线历史文化遗存的研究和抢救性保护，应该是一项刻不容缓的工作。

32 大连历史上最早的跨线桥

中东铁路·大连俄罗斯桥（胜利桥）

Dalian Russia Bridge (Victory Bridge) of the CER

今日的大连胜利桥是原中东铁路南支线的一座市区跨线桥。跨线桥址位于中东铁路南支线末端，即今西岗区胜利街与上海路交会处，毗邻大连火车站。这座跨线桥最初是一座木质桥梁，1899年由修筑中东铁路的俄罗斯人设计建造，故人们称之为俄罗斯桥。

1907年，日俄战争获胜方日本对木质桥梁进行了重建，改名日本桥。1945年日本投降后，大连市民改称胜利桥。这座百年历史的老桥，堪称三重桥，从其侧面可以看出俄罗斯修建、日本人重建、中国人改建的痕迹。老桥历经世纪风雨，目睹大连百年变迁，它是这座城市建设的起点，也是这座城市历史发展的目睹者。

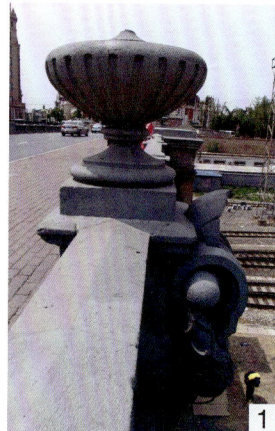

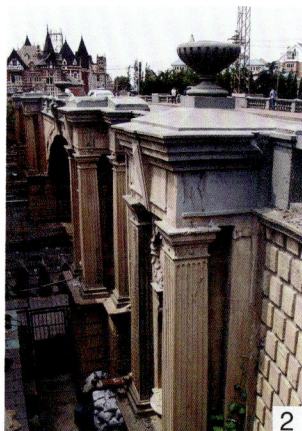

　　1898年6月9日，中东铁路全线正式开工。沙俄把现胜利桥北民乐街道全部划为行政区，作为殖民统治机构的所在地。1899年末，为了将城市的南北连接起来，加之急需运输石料、木材修建官邸，中东铁路工程局在俄罗斯大街（今上海路）与铁路交叉处修建了这座跨越中东铁路木质桥梁，桥下通行火车，桥上供车辆行人通行。经过一年的建造，跨线桥竣工，当时的沙俄市长沙哈罗夫为其命名为俄罗斯桥。大桥周边是城市的文化行政中心，北面是沙俄大连市政厅（今大连自然博物馆址）和其他重要行政机关的所在地——行政区，同时也是大连地区最早的市民居住区；桥南则辟为欧洲人的居住区。中东铁路许多重要管理部门都以这座跨线桥为中心争相建造。

　　这座木桥是大连历史上最早的铁路跨线桥。桥长27米、宽3.6米，俄罗斯建筑风格，是沙俄统治时期在大连市内修建的唯一的一座跨线桥。跨线桥不仅疏通了市内南北交通，同时对城市建设也起到链接和推动作用。桥梁设计结构和施工工艺与同时期在哈尔滨火车站附近的跨线桥（今霁虹桥前身）如出一辙，堪称姊妹桥。1905年日俄战争时，大连俄罗斯桥被撤退的俄军部分毁坏。

1.中东铁路大连俄罗斯桥遗存（局部）·2015年
2.中东铁路大连俄罗斯桥遗存（局部）·2015年
3.中东铁路大连俄罗斯桥遗存·2015年
4.远眺大连俄罗斯木质跨线桥·1903年
5.日本铁道提理部与未改造前的大连俄罗斯跨线桥·1906年
6.大连俄罗斯木质跨线桥上车水马龙·1906年
7.大连俄罗斯跨线桥·1903年
8."满铁"时期的大连停车场

1905年大连被日本侵略者占领后，日本人将这座木桥称之露西亚桥。1907年，露西亚桥被日本人拆除重建。改建后的跨线桥由德国建筑设计师设计，为米兰式钢筋混凝土连续五跨的实腹无铰拱桥，桥长108.6米，宽16.4米，设计荷载15吨，这是大连市内建造最早的钢筋混凝土结构桥梁，也是当时中国为数不多的钢筋混凝土桥梁。

日本人重建的这座跨线桥名曰"日本桥"，是通往大连北站、黑嘴子码头和东部港口的必经之路。大桥南端有日本铁道提理部（今大连铁路工务段址）和大连邮便局（今胜利桥邮局址）。著名的《泰东日报》社坐落在桥南东侧。

这座钢筋混凝土结构跨线桥体现出建造者的先进建筑理念。20世纪初，全世界的钢筋混凝土工艺和技术还处于初级探索阶段，特别是在中国还很不完善、不成熟。不仅钢筋和水泥建筑材料十分短缺，而且钢筋混凝土桥梁现场施工工作量较大，必须有成熟的工程技术人员组织和控制，技术工艺水平要求非常高。德国设计师把先进的钢筋混凝土技术应用到这座桥梁之中，应该说建筑设计思想是领先和大胆的。这座桥梁跨度之大，宽度之阔，质量上乘，反映出当时世界桥梁建造的先进水准，是可以载入近代桥梁建造史的典范之作。

9.大连俄罗斯桥改造施工时场景·1907年
10.远眺大连日本桥·1910年左右
11.大连日本桥桥面·1910年左右
12.日本枢密院院长伊藤博文在哈尔滨火车站被朝鲜义士安重根刺杀
　 毙命后，灵柩通过大连日本桥运回国内·1909年10月26日
13.建成不久的大连日本桥·1910年左右
14.列车穿过大连日本跨线桥·1940年左右
15.大连日本跨线桥·1930年左右
16.大连日本桥桥面图·1940年左右
17."满铁"列车通过大连日本跨线桥·1937年
18.大连日本桥面（局部）·1940年左右
19."满铁"大连日本跨线桥·1940年左右
20.大连日本桥桥面·1930年左右
21.行人通过大连日本桥·1940年左右

　　这座跨线桥历经百年风雨，斑驳沧桑中依稀可以看到当年建筑艺术的高超。建筑的细部装饰是建筑中最能表达风格特征的，特别是立面构件的装饰符号，正是建筑师们的画龙点睛之笔。老桥极具艺术表现力的构件和符号，造就桥体整体和谐统一，美感十足。桥上护栏颇具折中主义风格，排列得体的花瓶栏杆；优雅的花坛装饰，漂亮的灯饰，充满了异国情调。桥面宽阔坚固，功能性强；桥墩艺术性表现力很强，外侧方形浮雕壁柱形体优美大方，圆涡卷状和下垂的线条自然流畅；花环雕饰细腻生动，栩栩如生。可以说，这座跨线桥功能性与艺术性有机结合，协调宜人，相得益彰，是一处难得的优秀建筑艺术作品和历史文化遗产。

　　1945年日本投降后，为庆祝大连人民的解放，日本桥改名为胜利桥。市政府组织人力将桥上桥下装饰一新，栏杆也涂成白色。改革开放以来，大连经济迅猛发展，胜利桥运输能力难以适应交通的需要，经常出现塞车拥堵现象。1992年，大连市政府在胜利桥两侧建造了两条钢结构人行道，并重新铺筑沥青混凝土路面，使人车分流，各行其道，交通堵塞的问题得到缓解。2006年，市政府在胜利桥西侧又增建了一座大桥，塞车的问题基本得到解决。

33 京张线工业文化遗存之一
京张铁路·青龙桥站38号桥
Bridge No.38, Qinglongqiao Station of the Jingzhang Railway (Beijing-Zhangjiakou)

青龙桥站38号桥（原称涵洞）位于原京张铁路青龙桥站区内，中心里程69公里918米处，是京张铁路著名的"人字形"线路组成部分。建于1905年，为混凝土双孔拱桥，1960年复线改造时曾加宽加固。

京张铁路的起点在北京丰台柳村，与京汉铁路接轨；终点在河北重镇张家口，全长201.2公里。京张铁路分三段建设。第一段由广安门到南口，第三段是从八达岭到张家口，这两段地势比较平坦。京张铁路中最险峻的是第二段——南口到八达岭一带，俗称"关沟段"。关沟段重峦叠嶂，沟壑纵横，20公里的线路高程升高了600余米，坡度33‰，难度之高为世界罕见。

1. 1905年修筑的京张铁路涵洞
Railway Culvert constructed in 1905

面临难题，总工程师詹天佑采用"人字形"线路设计来减缓坡度。两台机车前后推拉，共同爬坡。当列车经过"人字形"的交叉点——青龙桥车站时，机车换个方向，由后推改为牵引，前拉机车改为推送，列车就向西北方向直接开入隧道，穿过八达岭，从而实现短时间爬坡的目的。这样的设计也将原线路长度1 800米缩短到1 091米。

詹天佑不但注重工程关键环节，还特别重视机车类型的选择。针对关沟段33‰的大坡道，精细选购国外大功率机车，创造性地采用双机牵引。同时，专门开办了鸡鸣山煤矿，解决机车用煤问题。为保证下坡道行车安全，在关沟段设置保险岔道线12处。同时选用当时最重型的85磅（1磅=0.454公斤）钢轨，并于每根钢轨中部加钉一块接头夹板，固定于枕木，以防钢轨移位。

青龙桥站双孔拱桥现已列为京张铁路重点文物名单，并挂牌明示予以保护。

京张线最大跨度拱桥

34 京张铁路·居庸关拱桥

Juyongguan Arch Bridge of the Jingzhang Railway

居庸关拱桥位于长城居庸关脚下，京张铁路中心里程61公里255米处，是居庸关隧道南口外的27号桥，即现在的34号桥。这是一座混凝土浇筑的长28.3米、单孔跨度12.2米的圬工拱桥，此段线路曲线半径210米。居庸关拱桥是京张铁路工业文化遗存代表作之一，也是京张铁路建造"尽量修筑拱桥和减少钢梁购置开支"的节约原则的具体体现。

1905年5月，京张铁路总局正式成立，詹天佑出任会办兼总工程师。摆在他面前的第一个难题就是资金匮乏。500万两白银的预算，与实际估算出的729万两相距甚远。京张铁路的建设资金主要来自关内外铁路盈利。1902年，中英双方曾有协议，盈利需存入英国汇丰银行作为借款的保证金。经过多次交涉，英方才同意"先拨存备付6个月的借款本息的款项、余可按年提拨余利"的办法。这样，每年可为京张铁路提供白银100万两。1909年，京张铁路提前建成，实际耗银693万两，造价之低令外国媒体惊呼"奇迹"。

1905年10月2日，京张铁路开工建造。詹天佑以大无畏的民族气节和敬业精神，凭借渊博的知识和丰富的实践经验，领导中国工程师及筑路同仁勇担重任。面对京张铁路地形复杂、工程艰险、沿途人口密集的实际情况，詹公高瞻远瞩，既想到工程进展所需，又兼顾通车之后运营所需，提出当时最适宜的修筑方案，使京张铁路成为质量好、工期短、成本最低的世界著名铁路工程之一。

1909年9月24日，中国第一条自主设计与施工的铁路——京张铁路竣工，比原定计划足足提前两年。作为当时中国质量较好的铁路干线，在国内率先选用1 435毫米的国际标准轨距，成为中国近代铁路发展史上的里程碑。

居庸关拱桥是京张铁路代表作之一，由京张铁路副总工程师俞人凤和颜德庆主持勘测设计并负责指导施工。经过长期运营，拱桥运用情况尚好。新中国成立后，曾发现桥梁拱券有数道裂纹和漏水问题。经过北京铁路局多年的精心养护，桥梁等级不断提升，现仍在服役之中。

1.居庸关隧道·2015年
2.远眺万里长城居庸关·2015年
3.京张铁路居庸关27号拱桥遗存·2015年
4.居庸关27号桥，背景是万里长城·1909年
5.京张铁路员工乘坐人力轨道车巡道·1909年
6.居庸关隧道南口，上方是万里长城·1909年
7.居庸关新添车站道岔施工中·1909年

35

京张线工业文化遗存之一

京张铁路·四桥子单孔拱桥

Siqiaozi Single-span Arch Bridge of the Jingzhang Railway

建设桥梁尽量选择拱桥，以减少钢梁购置开支，力求最大限度地节约，是詹天佑修筑京张铁路的基本理念。拱桥不仅造价成本低，而且还有其坚固耐久、外形美观、色泽自然、载重潜力大、维修费用省等优点。1905—1909年，京张铁路共建石拱桥40座，178延长米，占桥梁总数的33%。足可见詹天佑的详细勘测、因地制宜、精打细算的爱国主义情操。

京张铁路兴建之际，混凝土应用日益广泛。这座临近居庸关四桥子村的29号单孔拱桥，就是京张铁路混凝土拱桥的代表作之一。四桥子拱桥拱券以混凝土代替石料，就地搭设拱架，搅拌均匀浇筑而成。此举，不仅解决了开采、运送和加工石料的繁杂困难，节省了劳力，而且显著提高了施工效率。

詹天佑为京张铁路呕心沥血。1905年5月，袁世凯获准开办京张铁路。同月，詹天佑出任新成立的京张铁路局会办兼总工程师，具体筹备筑路事宜。在詹天佑看来："我国地大物博，而于一路之工，必须借重外人，引以为耻！"他以大无畏的民族气节和敬业精神，统筹全局，多方调查，权衡费用，注重进度，精心设计，精密组织，引进先进技术，因地制宜施工，制定规章制度，培养优秀人才。终于，用4年时间提前建成京张铁路。

京张铁路竣工后，邮传部奏请验收。1909年9月15日，奉准奏谕旨。9月19日，邮传部部堂徐世昌率京张铁路总办兼总工程司詹天佑、会办关冕钧等，自丰台乘火车前往张家口验收京张铁路。一行逐段视察路基、桥梁、隧道、段径、坡度、机厂、材料、车辆等项，喜悦溢于言表。抵达张家口后，各界人士盛赞京张铁路之修筑："他日中外游客历数此邦之巨工，会将以京张铁路与万里长城并称为吾国大建筑之一事乎！"

1.京张铁路四桥子混凝土拱桥遗存·2016年
2.四桥子混凝土拱桥桥面线路·2016年
3.在京张铁路线上运行的列车·1909年
4.京张铁路建成时，筑路人员在验道专车前合影·1909年9月
5.刚刚竣工的四桥子29号单孔拱桥（自东向西拍摄）·1909年
6.刚刚竣工的四桥子29号单孔拱桥（自西向东拍摄）·1909年

36

京张线拱桥代表作之一

京张铁路·上关三孔拱桥

Shangguan Three-span Arch Bridge of the Jingzhang Railway

上关拱桥毗邻京张铁路居庸关上关，中心里程65公里1.86米，为3孔混凝土拱桥。桥体舒展大方，承载能力强；桥墩两翼修筑石砌的半圆形护墩，厚重坚固，美观适宜，是京张铁路工业文化遗存代表性建筑之一。上关拱桥经过不断加固维修后，现仍在服役之中。

修筑京张铁路历经坎坷。1904年，直隶总督袁世凯上书清政府，提出修建京张铁路的奏议。消息一经传出，立即引来西方各国对京张路权的普遍"关切"。为了争夺修建权，英俄两国相持不下，清政府被逼无奈，索性两边都不得罪，决定"筹款自造"，"亦不用洋工程师"。故此，曾成功主持修建过谒陵专线的詹天佑工程师成为不二人选。

居庸關南隔嶺望火車全景

南口茶會專車

張家口車站觀成

1905年京张铁路动工时，英俄等国的报纸便多有讥讽，声称"中国造此路之工程师尚未诞生"。面对质疑和嘲讽，詹天佑和同仁们迎难而上，经科学勘测和考察，拿出3套选线方案，并最终确定由丰台至南口、关沟、八达岭这条最佳线路。

京张铁路"全路里程按驿站计四百二十里，以测量路程计三百六十里"。全线完工后，于1909年10月2日在南口举行隆重的通车典礼。总工程师詹天佑发表了热情洋溢的致辞，之后，"一条黑色巨龙喷着浓烟，咆哮着向前滑动"。举世闻名的京张铁路，是20世纪初由中国人自行主持、自行勘察、自行设计、自行施工和自行管理的第一条铁路，是当时旧中国已建成的铁路中施工最艰巨，但建设成本最低、技术质量最佳的工程。京张铁路的建成，在国内外引起强烈的轰动，其意义远远超出铁路工程技术领域。著名科学家李四光曾指出，詹天佑先生"领导修建京张铁路的卓越成就，为深受侮辱的当时中国人民争了一口大气，表现了我国人民伟大的精神和智慧，昭示着我国人民伟大的将来"。

1.京张铁路上关三孔拱桥遗存（局部）·2016年
2.京张铁路上关三孔拱桥遗存·2016年
3.一辆人工操纵的施工送料车行驶在居庸关的南隧道附近·1909年
4.民国初年的京张铁路青龙桥车站
5.京张铁路南口茶会（通车典礼）专车徐徐进站·1909年
6.张家口车站落成典礼·1909年

37 京张铁路重要钢梁桥之一

京张铁路·三堡32号斜桥

Skew Bridge No.32, Sanpu of the Jingzhang Railway

京张铁路始于北京丰台柳村终至河北张家口，全长201.1公里。线路要穿过燕山山脉关沟地段，地形及其险峻。这条铁路桥梁设计载重除南口至康庄因需要双机牵引，设计为古柏氏E-50外，其他大小桥梁均为E-35。京张铁路共建桥梁164座，2 160.5延长米，桥长占线路总长1.09%。其中铁桥121座，1 951.03延长米；圬工桥40座，177.85延长米；木桥3座，31.7延长米。圬工桥大多为石拱桥，有一部分为混凝土拱桥。

这座桥梁初称32号斜桥（因桥与线路斜交而得名），位于京张铁路最险要的关沟地段的三堡站区，即现中心里程66公里769米处。斜桥原为8孔上承钢构桥梁，桥墩为圆柱形混凝土结构；后改为5孔钢梁桥。目前，这座改建后的大桥仍在使用中。

又快又好地修筑京张铁路，是詹天佑筑路思想和工作方针。开工之前，詹天佑在一份给清廷奏折中就提出："此次勘路所过大小集镇均不寂寞，沿途民户亦繁，口外货车更源源不绝。此路早成一日，公家即早获一日之利，商旅亦早享一日之便安，外人亦可早杜一日之觊觎。"（摘自《詹天佑传略》）。字里行间，渗透着詹公拳拳爱国之心。

又快又好筑路的关键在于桥隧建设。如何使工程优质低耗？詹天佑和他的同仁们可谓费尽了心思。京张铁路桥梁除大量采用拱桥，尽力节约从国外购买钢材的资金外，在施工方法上，还普遍采取扩大基础，即俗称的明挖基础。扩大基础的结构和施工方法比较简捷，一般不需要特殊机具设备，故在无水或少水的地基上普遍采用。京张铁路沿线符合桥梁扩大基础的技术条件。詹天佑因地制宜，科学施工，有效地解决了扩大基础存在的基底土层处理、坑壁防护和防水措施等方面问题，从而使桥梁造价显著降低。三堡32号斜桥之初即为标准的扩大基础，是减少施工难度、降低成本的一个范例。通过一系列的精心设计，精细组织，京张铁路不仅提前完工，而且还节约白银28万两，全部费用仅为外国承包商索价的1/5。

109

1.改造后的三堡32号斜桥桥面·2016年
2.改造后的三堡32号斜桥·2016年
3.阜成门外京张铁路工程局·1909年
4.京张铁路起点丰台柳村桥·1909年
5."中国铁路之父"——詹天佑·1913年
6.一列货运列车正通过三堡32号斜桥·1909年

38 | 中国早期建造的铁路钢桥之一
胶济铁路·杨家庄铁桥
Yangjiazhuang Iron Bridge of the Jiaoji Railway (Jiaozhou-Jinan)

　　胶济铁路杨家庄铁桥又名胶济铁路弥河大桥，全长296米，桥宽7米，高10.2米。初建时为9孔下承钢桁桥。1932年改为下承板梁桥，梁体总重777.6吨。杨家庄铁桥始建于1899年，1902年竣工，1904年正式通车。

　　胶济铁路是山东省第一条铁路，系德国人为了军事、政治、经济侵略目的而修筑的。19世纪末，统一后的德国为掠夺"阳光下的地盘"，开始在东亚谋求势力范围。经过精心谋划，1897年11月14日，德国借口"巨野教案"武力强占青岛。1898年3月6日，中德签订《胶澳租借条约》。条约第二端第一款规定："（中国）允准德国在山东境内盖造铁路两道，其一由胶澳经过潍县、青州、博山、淄川、邹平等处往济南及山东界；其二由胶澳往沂州及由此处经过莱芜县至济南府……"前者即为胶济铁路。

1.胶济铁路杨家庄铁桥桥面残部·2014年
2.胶济铁路杨家庄铁桥遗存·2015年
3.已成为断桥的杨家庄大桥·2015年
4.胶济铁路桥梁与沿线村民·1910年
5.胶济铁路工程技术人员在修复后的桥梁上合影·1923年
6.解放战争时期正在修复中的胶济铁路桥梁
7.当地民兵严守胶济铁路桥梁·1950年

杨家庄铁桥是胶济铁路一座较大型桥梁。1923年北洋政府接收胶济铁路前和抗日战争、解放战争期间,杨家庄铁桥曾遭到多次破坏。1948年,解放军对铁路桥进行了抢修,因缺少钢梁更换,就把两端用土石各堵一孔,上铺枕木、钢轨,暂时维持使用。解放后杨家庄铁桥进行了全面修复,列车通过能力显著提高。1980年,胶济铁路线路改造,在杨家庄铁桥东侧新建了一座铁路大桥,老铁桥停止使用随之废弃。

杨家庄铁桥在解放战争和社会主义经济建设中发挥了重要作用。2008年,胶济线电气化铁路建成后,杨家庄铁桥曾被列入全部拆除项目。2008年秋天,文物部门在第三次文物普查过程中,发现这座具有历史意义的百年残桥,并及时与有关部门进行沟通,拆桥工作中止,部分残桥得以幸运保留。

今日连接杨家庄铁桥的线路已被杂草覆盖,砟石散落,路基难以辨认,唯有老铁桥半个桥身保存比较完整。百米宽的弥河水自西向东缓缓流过,残桥遗存10座高约7米、宽约6米的桥墩,其中北岸的6座桥墩在水面上稳稳托住残存的钢铁桥身。杨家庄铁桥现为山东省重点文物保护单位。

39

张八支线最长的铁路桥

胶济铁路·博山孝妇河大桥

Boshan Xiaofuhe Bridge of the Jiaoji Railway

博山孝妇河大桥，位于胶济铁路张博支线终点站——博山站东南约200米处。桥梁设计载重为轴重13吨标准的华伦式桁梁；4孔钢结构梁，其中两孔上承梁，两孔下承梁；现中间两孔为孝妇河航道，两端各一孔为市区马路。现桥长104.7米，为胶济铁路张店（今淄博）至八陡支线上最长的桥梁。

1904年6月1日，胶济铁路张店至博山段建成通车。博山地区煤炭资源丰富，当地富豪士绅长期谋划修筑一条博山至煤炭矿区—八陡间的支线铁路，以期与胶济铁路干线接轨。1920年7月，从日本留学归来的马官和等人筹资40万元（银元），开始动工修筑，1921年冬建成轨距为两英尺的窄轨轻便铁路，线路全长12公里，为山东省第一条民营修筑的铁路。

1.胶济铁路孝妇河大桥桥面·2015年
2.胶济铁路孝妇河大桥遗存·2015年
3.20世纪30年代的博山车站内情景
4.北洋政府接收胶济铁路后,开始对被毁坏的桥梁进行大修·1923年
5.胶济铁路青岛至青州段通车·1903年
6.胶济铁路铺设铁轨情景·1903年

这段铁路的修筑与经营充满坎坷。踌躇满志的马官和等人历经千辛万苦,1921年建成了这条窄轨轻便铁路。由于经营不善,到了1925年后轻便铁路连年亏损;1936年10月,不得已作价78万元(银元)卖给胶济铁路管理局。胶济铁路管理局接手后,于1936年底至翌年6月,对其按胶济铁路正线的轨距、路基线路、桥梁标准进行了改造扩建。孝妇河大桥施工中,使用原胶济铁路马尚孝妇河大桥更换下来的跨度为15.875米和31.25米各两孔轻便旧桁梁改建而成。基础采用混凝土U形桥台,尖端形桥墩,扩大型基础。

1945年8月,博山地区暴雨成灾,树枝蓆泊等漂浮物堵塞桥孔,洪水一度浸过轨面13厘米,桥梁严重受损。1947年,鲁中战场炮火连天,第二孔梁体被炸弹炸断。1948年3月淄博地区解放后,孝妇河大桥予以修复。修复时,在第二孔桥梁下增加桥墩,利用第2孔残梁截为1孔,另一孔用工字钢补充,并在各梁下增加4柱木排架,限速15公里/时维持通车。

新中国成立后,胶济铁路获得新生。孝妇河大桥分别于1954年、1958年、1976年进行了3次较大规模的整修改造。现桥梁底垂直距公路面高5.3米,垂直距河底高9.83米,负荷标准为22级,使用状态良好。

113

40

胶济线最长的铁路桥梁

胶济铁路·淄河大桥
Zihe Bridge of the Jiaoji Railway

淄河是山东重要河流之一，为季节性河流。因齐故城临近淄水，由此而得名临淄。淄河也是临淄人民的母亲河。淄河大桥位于胶济铁路上行线247公里257米处，全长458.4米，共11孔，为上承式华伦桁梁，是胶济线最长的桥梁，在中国铁路桥梁史中占有一定的位置。

当年，德国人建造胶济铁路是按照轻便铁路的技术标准来设计和施工的，投资少，筑路快，工程质量相对较低。全线虽多为平原，但坡道线路却占58%，最大坡道为6.67‰，曲线半径最小者为300米。路基施工，除石质路堑地段采用爆破方法外，均用人工挑抬，填土不打夯，而是用预留沉落量来保持高程。全线的桥梁基础普遍较浅，载重量仅定为轴重13吨，只能通过小型机车。1923年，北洋政府接收胶济铁路后，对沿线桥梁普遍进行了大修，质量等级有所提升，但仍长期限速运行。

1.日本侵略者在淄河大桥建造的
   桥头堡
2.胶济铁路淄河大桥遗存·2015年
3.胶济铁路实地勘测·1898年
4.胶济铁路建造初期的桥梁之一
5.被八路军爆破后的淄河铁路
   大桥（局部）·1938年
6.日德战争期间被毁的胶济线
   铁路大桥
7.胶济铁路最长的桥梁
   ——淄河大桥（1949年前）

　　1902年初建时淄河大桥为铆接桁梁桥。1923年1月1日，北洋政府正式收回胶济铁路及其支线的主权，交通部在青岛设胶济铁路管理局。1936年本桥按E-50级标准改建，同年6月，完成较大规模的换梁改建工程，并举行了通车典礼。解放战争期间大桥遭到破坏。1949年抢修时利用原受损钢梁拼接架成；1986年改换1~2孔和5~8孔钢梁。现为9孔41.22米和2孔36.20米上承桁梁组成。

　　淄河铁路大桥曾长期被日本人侵占。1914年第一次世界大战爆发后，日本乘机取代德国霸占胶济铁路。同年冬，日本将胶济铁路改名为山东铁道，淄河大桥亦由日本临时铁道联队把控。七七事变后，日本再次侵占胶济铁路，并利用这座桥向东掠夺胶东半岛的煤炭和铁矿资源，向西从青岛港输送侵略战争所需的武器弹药。八路军曾进行过夜袭淄河大桥的战斗，切断了日寇的补给交通线，沉重打击了日寇的嚣张气焰。

　　解放后，淄河铁路大桥经济南铁路局的换梁加固和多年精心养护维修，目前仍在服役。大桥现为淄博市级重点文物保护单位。如今，淄河铁路大桥犹如钢铁战士般矗立在齐鲁大地上，动情地诉说着当年在胶济线上发生的那些历史故事……

41 青岛近代工业文化遗存之一

胶济铁路·青岛海岸路铁桥

Qingdao Coast Road Iron Bridge of the Jiaoji Railway

胶济铁路，是贯穿山东半岛的交通大动脉，是中国近代史上最早的铁路之一。德国地质地理学家费迪南·冯·李希霍芬，是胶济铁路最早的构想者。1898年，德国人通过不平等的《胶澳租界条约》，攫取了在山东修筑铁路及沿线附近的矿山开采权。之后，便迫不及待地谋划了以青岛为中心，通达内陆的铁路网。

1899年9月23日，德国海因里希亲王主持胶济铁路开工仪式。1904年6月1日，胶济铁路干、支线共计440.7公里的线路，全部建成通车。之后，德国侵占青岛17年，直接把控了胶济铁路10年。1914年第一次世界大战爆发后，日本趁机占领青岛及胶济铁路。1923年1月1日，北洋政府从日本人手中接收胶济铁路。1937年七七事变后，日本再度占领胶济铁路，直到抗战胜利，胶济铁路才真正回到中国人民手中。

117

1.青岛海岸路铁桥桥洞·2015年
2.青岛海岸路铁桥桥墩·2015年
3.胶济铁路青岛海岸路铁桥遗存·2015年
4.胶济铁路从青岛修筑到胶州·1901年4月1日
5.修筑胶济铁路的部分德中施工人员·1903年左右
6.为便于筑路运输，德国人在青岛码头修筑轻便铁路·1899年
7.胶济铁路青岛车站·1910年左右
8.青岛车站内情景·20世纪30年代

　　胶济铁路沿途所经之地多为平原，工程难度相对较小，但河流纵横，且多为短程河流，雨季时水面宽，水量大，给桥梁的施工造成许多困难。建设者们历经艰难困苦，耗时5个春秋，工程得以告竣。胶济铁路通车后，乘坐火车旅行和通过铁路运输货物逐步被中国民众所接受，客货运量不断提升。

　　青岛海岸路铁桥系单孔上承钢桁梁，花岗岩桥墩，工艺精湛，砌筑严丝合缝。铁桥钢结构桁梁由当年能工巧匠用坚实厚重的精钢材料拼贴成三角形、菱形、矩形等力学几何图形，精心地焊接了支架、铁孔、触点等力学结构元素，巧妙地运用黄金分割比率打造出这部重金属结构力作。

　　100多年前的胶济铁路，仅在青岛市区就建造铁桥10座之多，其中有南村路桥、河北路桥、大窑沟桥、普集路桥、海泊河桥、流亭桥、海岸路桥……这些均为钢结构桥梁。历经百年风雨，海岸路铁桥依然完好，现已成为青岛市珍贵的近代工业文化遗存。

42 新中国成立前最长的铁路桥

芦汉铁路·郑州黄河大桥

Zhengzhou Yellow River Bridge of the Luhan Railway

芦汉铁路郑州黄河大桥亦称郑州黄河铁路老桥，是中国第一座横跨黄河南北的钢体结构铁路大桥。本桥由比利时工程公司承建，工程负责人为沙多。1903年9月开工建设，1905年11月15日竣工，1906年4月1日正式通车。郑州黄河大桥全长3 015米，是新中国成立前最长的铁路桥。

在黄河上可否修建一座大桥，在当时清朝政府内有过一场持续多年的激烈争论，清廷力主修桥派对能否必成也心怀忐忑。由于黄河的安危关系实在太大，故在桥址的选择上，当事人沙多也十分审慎。前后组织专家历时4年往返于洛阳、孟津、郑州和开封等地作勘测比选。1900年确定了桥址，其依据是：北岸从沁河到桥址有大坝防护，南岸邙山头土质坚硬，乃河道的天然屏障；桥址处河槽宽3公里，较他处为窄，河道也较稳定。桥址选定后，清廷大臣盛宣怀又曾先后聘请德、美、意等国工程师进行了现场再度查勘，其意见与沙多基本一致。郑州黄河大桥1901年完成定测，1902年开始设计。

郑州黄河大桥的桥式设计颇费心思。在桥跨布置上，因河水分南北两槽，中间为一滩地，故设计两侧各为25孔跨度31.5米的下承钢桁梁（施工时改为北端26孔，南段24孔），中间为52孔跨度21.5米德国上承钢板梁。桥址地质经钻深约50米未见岩层，河床均为砂质土壤，上部较细，下部稍粗，间有薄层黏土或伴有卵石，承载力较低，故全桥设计墩台多达103个，其中承托钢桁梁的为大墩，共50个，各由10根管桩组成；承托钢板梁的为小墩，共51个，各由8根管桩组成；在桁梁与板梁之间为过渡墩，共2个，各由14根管桩组成。桥面线路设计为直线平坡。

郑州黄河大桥经过两年筹备，1903年正式动工。建桥所需材料、机具均通过汉口用马车、牛车甚至人背肩扛转运到工地。基础施工先在滩地进行，水中墩安排在枯水季节，并采取开沟引水和利用河道多变的特点，尽可能避免在水中施工。管桩下沉采用木绞磨，每盘绞磨用30个工人推动。桥上钢梁系就地拼铆架设。

在基础施工中曾遇到困难。特大洪水冲刷非常猛烈，一夜之间竟冲歪了8个桥墩，这是设计中所未预料到的。原拟加深管桩入土深度，但施工手段无力达到。为此，开始先在桥墩基础周围抛投片石防护，但抛下的片石迅速被流沙所淹没而告失败。转而采取抛投石笼的办法，石笼用柳枝编扎，内填片石或特造大砖，成立方体后集中投入。同时，为了保护已建成的桩基，在迎水面均加成排三角形的木桩。如此一系列措施，大桥得以顺利施工。

郑州黄河大桥桥墩由于先天不足，故其后迭遭水害损坏。1918年33号墩被洪水冲歪，向下游倾斜50厘米；1933年特大洪水，13~43号墩均发生摇晃，轨道明显弯曲，第25号墩向下游移动约40厘米。大桥自1933年后，每年均在桥墩周围抛投大量片石，截至1949年，累计抛石约达30万立方米。虽然维修养护不断，但大桥也只能是通行小机车，列车通过还必须分解过桥，并限速5公里/时。

119

1.郑州黄河铁路大桥南岸的炎黄二帝雕像·2015年
2.移置到公园内的郑州黄河铁路老桥遗存·2015年
3.从黄河北岸看正在建设的黄河铁路大桥（一）·1905年
4.从黄河北岸看正在建设的黄河铁路大桥（二）·1905年
5.即将竣工的郑州黄河铁路大桥·1905年
6.当年詹天佑拍摄的郑州黄河铁路大桥·1907年

郑州黄河大桥地处中原，乃兵家必争，故屡遭战争破坏。1927年，在战争中张作霖部炸毁了第10孔梁，后修复时将北端第1孔堵塞，钢梁移架于第10孔。1929年蒋冯混战中，冯部炸毁了第16孔，修复时又将第2孔堵塞，钢梁移架于第16孔。1938年抗日战争中，国民党军队炸毁了部分桥墩，并将南端的42孔钢梁运往湘桂及黔桂铁路使用。沦陷时期，曾对郑州黄河大桥进行草率修理，挖开了北端第2孔，堵塞了南端第102孔，全桥维持100孔，钢梁除少数未受损害的留用外，其余均更换为日本99式军用梁。1944年10月修复通车后，美军飞机即开始轰炸，部分桥墩被炸毁、炸伤。日军用临时木排架支撑，勉强维持军运，汛期只得中断。1946年国民政府接管后，也只是进行了一些修补，维持原状行车。

1948年郑州解放后，人民铁路先后组织了5次加固改造，使其桥梁承载能力提高30%，过桥速度提高到30公里/时。1952年10月31日清晨，毛泽东主席在铁道部部长滕代远陪同下，视察了郑州黄河大桥。1958年7月17日，黄河发生特大洪水。黄河铁路大桥第11号桥墩被洪水冲倒，两孔钢梁落水。周恩来总理两次到工地视察，指导抢修；铁道部副部长余光生日夜守在工地指挥抢险。抢修人员冒着暴雨奋战，大桥于1958年8月2日恢复通车。

7.芦汉铁路郑州黄河大桥·1910年左右
8.施工人员对黄河铁路大桥进行加固作业·1958年
9.时任铁道部副部长的余光生·1956年
10.黄河铁路大桥恢复通车·1958 年
11.改为公路桥时的郑州黄河大桥·20世纪70年代
12.郑州黄河大桥桥梁被拆除·1988年
13.移置在公园内的郑州黄河铁路大桥遗存·2015年
14.郑州黄河铁路大桥遗存（局部一）·2015年
15.郑州黄河铁路大桥遗存（局部二）·2015年

　　1960年郑州黄河铁路新桥（2号桥）建成通车，老桥转为备用。1966年应河南省人民政府的要求，在大桥两头设立转运站，用轨道车牵引平板车装运汽车过桥。1969年10月，开始在桥面上加铺了钢筋混凝土板，使汽车在桥上直接通行。

　　1986年9月，郑州黄河公路大桥（3号桥）建成后。为防止老桥阻水，便于泄洪，1987年7月，国务院批准将郑州黄河铁路大桥上部钢梁拆除。经河南省协商水利部同意，将老桥南端5孔160米钢梁，移置黄河岸边公园内，作为"中国黄河第一铁路桥"遗存保留了下来，现为郑州市第二批文物保护单位。2018年1月27日，被列为中国工业遗产保护名录。

　　百年前，在举世闻名的"悬河"之上，以2年2个月的工期，建成了当时中国最长的铁路桥梁，应该说是一个重大突破。郑州黄河大桥充分运用了当时的科技发展成果，展示出较高的建筑工艺水准，无论在中国近代科技发展史上，还是在中国铁路发展史上，郑州黄河大桥都占有十分重要的地位。

43 | 江西省第一座跨河铁路长桥
株萍铁路·萍乡湘东大桥
Pingxiang Xiangdong Steel Bridge of the Zhuping Railway (zhuzhou-Pingxiang)

株萍铁路湘东大桥原为木质结构桥梁，桥长140.2米。大桥位于渌水上游江西省萍乡县境内。1903年由我国铁路工程师詹天佑主持修建。

依照我国传统的木梁结构，湘东大桥在桥墩顶部增设木斗拱及支撑，以减小桥梁跨度，增强负荷能力。湘东大桥为6孔木悬臂梁桥，桥梁用木料一层层垒架起来，中间一段搁上短梁，还有八字支撑架，墩台用砖石砌筑。据萍乡县志记载："詹天佑在萍醴湘东大桥工程中，调用小船数只，配备足够的沙袋和草袋，在桥墩周围围坑。用脚车车水、打桩、砌墩、架梁，昼夜不停。不到3个月，湘东木桥就铺上钢轨。"

株萍铁路湘东木桥通车使用年限较短，只用了8年。1911年木桥改建成5孔25.1米上承钢板桥梁。由于河水流量逐年减少，现渌水河已不能通航，早年的码头和船只荡然无存。湘东大桥位于浙赣线姚家洲站灯芯岔线上，距萍乡站9公里，距株洲站73公里。

1

2

1.株萍铁路湘东大桥（局部）·2015年
2.株萍铁路湘东大桥遗存·2015年
3.株萍铁路湘东木桥·20世纪初
4.株萍铁路管理局址·1919年
5.株萍铁路使用的ET4型机车·1916年
6.身着朝服的詹天佑·1908年

　　株萍铁路自江西萍乡安源煤矿矿区连至湖南株洲，全长约89公里，为江西省境内第一条铁路。清光绪二十五年（1899年）7月开工，1905年12月竣工，通车至株洲站。今属浙赣铁路一段，为南昌铁路局主要管辖。

　　1901年7月，铁路工程师詹天佑受清政府铁路总公司督办盛宣怀委派，前来萍乡协助美国铁路工程师李治、马克来修建株萍铁路萍乡至醴陵段。詹天佑到任后，提出萍醴铁路要使用1 435毫米的标准轨距，但美国工程师李治和马克来极力主张使用美国非标准铁路轨距，双方为此展开了激烈的争论。詹天佑认为，采用美国铁路非标准轨距，无法与已修建好的萍安路段接轨。

　　在詹天佑等中国人的强烈要求下，李治和马克来不得不做出让步，被迫同意改用中国的1 435毫米标准轨距。但却轻蔑放言：詹天佑修不好这条铁路，萍水湘东河段水面宽、水流急，到头来还得请他们建造。于是，他们带着施工图纸撤走。詹天佑断然拒绝盛宣怀再请二人的妥协做法，主动承担全部工程任务。

　　在无施工图纸的情况下，詹天佑利用一个多月的时间，重新进行勘测和设计，并调集人马立即动工。株萍铁路萍醴段三跨萍水（在醴陵境内称渌水），分别在萍乡、峡山口、湘东设有大桥，其中湘东大桥横跨萍水处水面宽130多米，水流湍急，施工难度最大。詹天佑不畏艰难，群策群力，采用土洋结合的办法，不到3个月的时间，湘东大桥便建成铺轨通车。

123

跨越太子河的钢构桥梁

44 安奉铁路·本溪太子河桥

Benxi Taizihe Bridge of the Anfeng Railway (Andong-Fengtian)

本溪太子河铁路桥（甲线），位于安奉铁路（今沈丹铁路）火连寨—本溪湖站间，中心里程62公里937米处。本溪太子河桥于1909年始建，1911年1月15日竣工通车。桥全长562.9米，桥长546.2米，桥宽4米，桥高22.16米，桥面两侧各设有1米宽的人行道。桥共20孔，第1孔和第12~20孔为19.08米跨长的上承铆接钢板梁，第2~11孔为33.12米跨长的下承铆接桁架梁。

最早的安奉铁路是日本人修筑的一条战时轻便铁路，自安东（今丹东）至奉天（今沈阳）的苏家屯，全长261.1公里。1904年8月，日俄战争期间，日本以军事需要为由，擅筑2.5英尺（762毫米）轨距的安奉铁路和鸭绿江铁路大桥，在朝鲜新义州与之接轨。这条轻便铁路起自叆河流入鸭绿江处的安东，在叆河西岸北上经金山湾、一面山至凤凰城进入千山山区，经鸡冠山、刘家河前越草河支流到草河口，从摩天岭东侧到本溪，越太子河，过石桥子，经陈相屯至苏家屯与南满铁路相接。安奉轻便铁路的修筑，为日本人在战争中击败沙俄帮了大忙，同时也刺激了日本的侵略野心和扩张欲望。

1909年1月31日，正值清末政局危机，日本向清政府提出改造安奉轻便铁路的无理要求。1909年8月20日，清政府不顾沿线人民的强烈反对，在日本人的胁迫下，同意将安奉窄轨铁路改建成标准轨距（1 435毫米）的铁路。随即，日本掌控的"南满铁道株式会社"对安奉铁路实施了改扩建工程。实际上，在中国政府还没有正式同意前的1909年8月6日，"满铁"就急不可耐，开始动手对安奉铁路上的重点工程——本溪太子河大桥进行施工了。

本溪太子河桥在设计建造上，可以说是颇动脑筋、下了一番功夫的。墩台均采用先进的扩大基础，块石白灰砂浆砌毛方石镶面U形桥台，1~19号桥墩为圆端形，注重分水效果，其材质亦与桥台用料相同。钢梁构件采用日本制造的优质钢材，铆接工艺精细到位；桥梁整体平稳健硕，桥式优美。从建筑艺术角度看，本溪太子河桥不失为一座上乘桥梁建筑。

1960年本溪太子河桥遭受水害，大洪水将12~19号墩身冲毁。修复时，全桥按原桥式接高3米，最高墩身16.9米，10孔板梁改成10孔19.3米跨长的钢筋混凝土T形梁，第11孔下承桁梁改成33.2米跨长的简支下承板梁，其他8孔为33.12米下承桁梁未变。改造后的钢梁载重为中-24.9级，桥梁承载能力和抗洪能力得到加强。现大桥每日通过列车63列，其中客车9列。

1.本溪太子河大桥桥面·2015年
2.沈丹铁路本溪太子河大桥遗存·2015年
3.本溪太子河大桥（甲线）·1935年
4.被洪水冲毁的本溪太子河铁路大桥·1960年
5.刚刚建成的本溪太子河大桥（甲线）·1911年

45 | 中国铁路最早的混凝土拱桥之一
安奉铁路·第十四鸡黑沟桥
Jiheigou Fourteenth Bridge of the Anfeng Railway

　　第十四鸡黑沟桥是安奉铁路初始建造的一座老桥，即今沈丹铁路甲线231号桥，中心里程164公里889米，距秋木庄车站凤凰城方向800米。第十四鸡黑沟桥虽然外表平淡无奇，但在中国桥梁史中却有着浓重的一笔，因为这座桥是我国铁路桥梁发展的一个重要节点。

　　第十四鸡黑沟桥长42米，净跨6.10米，为3孔连拱桥。拱桥为混凝土结构，桥面为填土路基，填土高度12.70米。内部混凝土浇筑，外部浆砌料石。混凝土浇筑在拱架上施工，一次成型。第十四鸡黑沟桥1905年12月3日完工，翌年2月15日正式通车。《中国铁路桥梁史》（中国铁道出版社，1987年版）记载：第十四鸡黑沟桥为中国铁路最早的混凝土拱桥之一。

127

20世纪初，我国开始生产水泥，混凝土的应用日益广泛。铁路工程在开采与加工石料遇有困难或工期紧迫时，偶尔以混凝土代替石料，尝试到混凝土的便捷和高效。自1905年安奉线修建起，中国铁路开始使用混凝土修筑拱桥。修建混凝土拱桥，因地制宜，就地灌筑拱券，显著节省了劳动力，缩短了工期，一时成为拱桥建造的首选。安奉线应用混凝土这一新材料以后，铁路桥梁建筑根据需要和可能条件，修筑各种拱桥桥式和工艺取得了较大进展。

然而，随着时代的进步，混凝土拱桥的短板也很快暴露出来——跨越能力小，承载力弱，结构不合理。故在以后的铁路上很少采用，并逐步被钢筋混凝土结构所替代。

第十四鸡黑沟桥位于安奉（沈丹）线地质最为复杂地段，山势险要，沟壑纵横。拱桥上方线路与长60米、高22米的西黑坑隧道相连。西黑坑隧道是安奉铁路甲线24个隧道中的第六隧道，花岗岩砌筑，从山峰穿过。第十四鸡黑沟桥目前仍在服役，其中两孔常年小溪流水；另一孔已改为乡间道路，泄洪备用。

1.第十四鸡黑沟桥内部·2015年
2.连接第十四鸡黑沟桥的第六号隧道·2015年
3.第十四鸡黑沟桥遗存·2015年
4.运用中的第十四鸡黑沟桥·1910年
5.第十四鸡黑沟桥附近的秋木庄车站·1910年
6."满铁"在安奉线开行的旅客列车·1935年左右
7.远眺第十四鸡黑沟桥·2015年

46 | 沈丹线历史遗迹之一
安奉铁路·秋木庄钢梁桥
Qiumuzhuang Steel Girder Bridge of the Anfeng Railway

安奉铁路最初是一条临时军用轻便铁路。1905年9月，日本在日俄战争中获胜后，继续以运送作战物资为名，强行修筑安东至奉天间的军用轻便铁路。1905年12月15日，安奉线军用窄轨轻便铁路全线建成通车，全长303.7公里，全线设25个停车站。

日本人的侵略野心不断膨胀。在日方的胁迫下，清政府与之签订了《日清满洲善后协约及附属条约》，同意日方将所修筑的安奉线轻便窄轨临时军用铁道，改建为标准轨距永久性的商业铁路。1907年4月，"满铁"经营并承担改建任务，轨距改为标准轨距1 435毫米；轻型钢轨换为每米40公斤A型和40公斤B型钢轨。1911年10月31日，改建工程完成，线路经抚安信号所在浑河站与南满铁道接轨，同年11月1日正式通车运营。安奉铁路标准轨改建共投资2 470万日元，使用劳力1 300万个，平均每日出工15 000人，其中80%以上是中国劳工。

这座桥现为沈丹线232号桥，位于中心里程165公里545米处，毗邻秋木庄车站。桥梁全长45米，为上承钢桁梁结构小型铁路桥；桥梁共2孔，其中1孔为河道，1孔为乡村便道。墩台内部为混凝土浇筑，外砌花岗岩石料；桥墩底部厚重坚实，形体收分较大，中部采取台阶分段，显著增强了桥墩的支撑力。

安奉铁路初建时全线共有大小桥梁423座，除少数为石拱桥及混凝土桥外，其余为木桥，总长度3 595延长米。1909年安奉铁路改为标准轨距，同时修筑安东鸭绿江大桥。改建后的安奉铁路共有桥梁205座，总长度6 935延长米；石拱桥和混凝土桥13座，总长度483.4延长米；临时木桥98座，总长度2 107延长米；其余均为钢结构桥式。桥长占线路长度3.46%。钢梁为美国、英国、日本制造，工字钢或上承板梁，随铺轨而架设。枕木就地采伐，绝大部分由日军组成伐木队深入赛马集、田师傅等地滥采滥伐获取，通过水系流送到加工地，防腐处置后使用。

1945年日本无条件投降后，苏联红军同时也发布了对日本留在东北所有的日资资产视为战利品，由苏军全面接收的命令。令人遗憾的是，安奉铁路复线中的一条设备设施也被当年苏军视为战利品拆卸下来，装车运往苏联。

1. 沈丹铁路232号钢梁桥（局部）·2015年
2. 沈丹铁路232号钢梁桥·2015年
3. 安奉铁路改轨施工中（图右为轻便窄轨，图左为改轨后的标准轨）·1911年
4. 安奉铁路改轨施工现场·1911年
5. 安奉铁路秋木庄桥梁修建现场·1911年
6. 安奉铁路秋木庄车站·1911年

47

鸭绿江上第一座铁路桥

安奉铁路·安东鸭绿江大桥

Andong Yalu River Bridge of the Anfeng Railway

安奉铁路鸭绿江大桥位于中国安东（今丹东）和朝鲜新义州间，是第一座跨越鸭绿江、连接中朝两国的单线铁路桥梁。大桥1907年7月动工，1911年10月31日建成通车。桥梁为12孔曲弦下承钢桁梁，全长916.8米、宽11米。由当时殖民机构——日本驻朝鲜总督府铁道局承建。鉴于鸭绿江水运发达，桥梁采用"开闭梁"式设计，即从中方一侧第4孔为开闭梁，以4号圆形桥墩为轴，可旋转90°，定时开合。这样既能保证铁路畅通，又可以便于大型船只航行，由此成为本桥的一大特色。

1943年，日本修建安奉铁路复线，在鸭绿江大桥上游74米处建成第二座铁路大桥（今中朝友谊桥），遂将鸭绿江大桥改为公路桥。1950年11月抗美援朝战争期间，鸭绿江大桥被美军飞机多次轰炸遂成为废桥。朝方一侧仅存几个伤痕累累的桥墩，中方一侧所剩4孔残桥保留至今，后人称之为"鸭绿江断桥"。

　　1904年，日俄战争开始后，日本强行抢建了安东至奉天的窄轨轻便铁路。1905年日本获胜后，遂对轻便铁路进行了改轨。同时，日本人计划在鸭绿江上架设一座铁路大桥，以便与之控制的朝鲜铁路接轨。1909年8月19日，清政府被迫与日本签订《安奉铁路节略》八条；1910年4月4日，与日本签订《鸭绿江架设铁桥协定》，同意修建鸭绿江铁路大桥。实际上在协定签署之前，日本在1907年就开始了大桥的修建。在朝方工程过半的情况下，迫于日本人的压力，昏庸无能的清政府不得不同意日本人在中国一侧建桥，同年5月安东一侧开始施工。

　　鸭绿江发源于长白山脉白头山天池，向西南沿中朝边界流至安东，后注入黄海，是中朝两国的一条界河，全长795公里，两岸多山。上游谷深流急，下游进入平原，河道渐宽，坡度减缓。鸭绿江大桥桥址处河床稳定，两岸很少冲刷，江面宽约900米，波平无澜。

1.丹东鸭绿江断桥（局部）·2014年
2.安东鸭绿江大桥施工中·1910年
3.施工中的安东鸭绿江大桥·1910年
4.安奉铁路安东鸭绿江大桥遗存·2014年
5.安东鸭绿江大桥铁桁梁架设情景·1910年
6.建造中的鸭绿江铁路大桥·1910年

鸭绿江大桥为曲弦下承桁梁，共12孔。由安东一侧起第1~3孔跨度93.0米，第4孔为跨度93.7米的旋转式开启梁，第5、6孔跨度93.0米，第7~12孔跨度62.23米。桥梁第1~6孔每孔10个节间，桥上净宽4.65米。桁梁最高（从现在公路桥面至上弦杆下缘）13.2米，最低7.3米。鸭绿江大桥为单线铁路桥，两侧为人行步道，桥面为钢梁及木板铺设，桥台为U形石砌桥台，桥墩为石砌，料石镶面，圆端形，沉箱基础。建成后的鸭绿江大桥横跨中朝两岸，成为鸭绿江上第一桥。

鸭绿江大桥为单线铁路桥，两侧为人行步道，桥建有独特的开闭梁。开闭梁是适应大型船舶江面航行而修建的。在世界诸多桥梁中开闭式很多，但大多为提拉式结构，而本桥的平行旋转式极为罕见。开闭梁以中方一侧第4号圆形桥墩为轴，平行旋转90°，使大桥打开。开闭梁设4支机械锁闭机关，旋梁启动前先将伸缩臂提起，船舶通过旋梁还原后，再将伸缩臂放下锁闭，确保火车通过安全。开闭梁每转动一次需要20分钟，当大型船只通过时拉响汽笛，以示安全通过。

1943年4月，上游建成新的复线铁路桥（今中朝友谊桥）后，鸭绿江上第一桥遂改为公路桥。

1950年6月25日，抗美援朝战争爆发，战火迅速蔓延至鸭绿江边。1950年11月8日上午9时，侵朝美军首次派出百余架B-29型轰炸机对鸭绿江大桥进行狂轰滥炸，鸭绿江大桥为单线铁路桥，两侧为人行步道，桥被拦腰炸断，部分桥梁落入江中。同年11月14日，美军再施轰炸，朝方一侧的3座桥墩被炸塌，鸭绿江第一桥彻底瘫痪，成为断桥。

1953年7月27日，美国侵略者无奈地在朝鲜停战协议上签字。至此，历时两年零九个月的抗美援朝战争胜利结束。朝鲜人民欢送中国人民志愿军归国。在断桥桥头，丹东市人民举行了盛大的仪式，热烈欢迎凯旋的英雄。

1993年6月，"鸭绿江断桥"整修工程全面展开。经过一年的施工建设，1994年6月28日，昔日的废桥终于揭开神秘的面纱，鸭绿江断桥实现华丽转身，成为旅游景区正式对外接待游客。

鸭绿江第一桥是一座历史的丰碑。如今，桥头上悬挂着"鸭绿江断桥"金字牌匾，系中央军委原副主席、国防部老部长迟浩田同志题书。牌匾高1.7米，宽6米，底面采用紫铜板，经仿古处理，字为白钢字，外镶嵌24K金铂。2006年5月，国务院将"鸭绿江断桥"列为全国重点文物保护单位。

7.远眺安东鸭绿江大桥·1915年
8.安东鸭绿江大桥开闭梁启动情景·1911年
9.10.安东鸭绿江大桥开闭梁启动结构
11.安东鸭绿江大桥·1920年
12.安东鸭绿江大桥开启，船只通过情景·1911年
13.列车通过刚刚竣工的安东鸭绿江大桥·1911年
14.行人通过安东鸭绿江大桥·1915年
15.布满弹痕的丹东鸭绿江断桥桥墩·2000年
16.在断桥中方一侧眺望朝鲜新义州·2015年

133

48 | 钢梁与石拱混合桥梁代表作

滇越铁路·狗街南盘江大桥

Goujie Nanpan River Bridge of the Dianyue Railway (Kunming-Haifang)

狗街南盘江大桥亦称滇越铁路24号桥，位于云南省宜良县狗街镇南3公里余，今昆河铁路83公里630米处，横跨南盘江，居狗街子站至滴水站之间。本桥是滇越铁路典型的穿式平桁架钢梁与石拱混合桥梁。

狗街南盘江大桥造型美观，风格独特，钢梁和拱桥衔接和谐。1909年11月13日建成，全长119.2米，钢梁结构主跨51.5米，桥梁总重109吨；钢桁梁高5.15米，宽4.25米，两端均与石拱桥墩相连。北端即云南府（今昆明）方向为3孔，南端即河口方向为单孔，孔跨10米，为下承多腹杆结构，上部和下部横向杆内一座四格网状桁架连接，桁架每5米有间隔垂直支柱，南端桥梁与隧道相连。桥梁曲线半径100米，桥上曲线长65.22米。

狗街南盘江大桥主要采用石拱、钢梁两种结构。纵观滇越铁路桥梁建筑，石拱桥的桥拱多为半圆形，孔跨分为5米、6米、10米、15米4种；钢桥一般采用8米、10米、30米、51.5米4种孔跨，其中8米孔跨的箱式钣梁配钢塔架桥墩，用于多孔高架桥；10米、30米、51.5米孔跨钢梁一般用于单孔石砌墩台桥。滇越铁路跨越南盘江有小龙潭、狗街等4座钢梁与石拱混合大桥，主跨均为51.5米钢桁梁及两端连接10米的石拱桥。

滇越铁路桥梁除结构独树一帜外，桥上的轨道铺设亦与众不同，体现出桥梁设计师设计科学独到。滇越铁路钢轨采用的是法国制造的Vignle型，每米重25公斤，标准长度为9.58米，前后两根钢轨接头为相对式，便于运输、成本较低。轨枕全部采用钢枕，长1.8米，最小厚度7毫米，轨座部位设有1/18倾斜度；每节钢轨下铺12根钢枕，两端下弯嵌入道床石砟内。钢轨与轨枕的联结使用3种型号的扣件，以利调整曲线地段轨距的加宽。钢枕具有重量轻、防爬性强、轨距不易变化、防虫蛀、使用寿命长的特点，与木枕相比，钢枕更适用于曲线半径小、亚热带多雨湿润、白蚂蚁繁殖旺盛的滇南地区。

135

1.狗街南盘江大桥与隧道相连接·2017年
2.滇越铁路狗街南盘江大桥遗存·2017年
3.滇越铁路狗街南盘江大桥遗存·2017年
4.从隧道口观狗街南盘江大桥·2017年

　　滇越铁路沿线山高林密，沟壑纵横，雨水丰沛，要实现跨越畅通，桥涵众多理所当然。据统计，滇越铁路修建桥涵多达3 422座，平均每公里7.35座，堪称世界上桥梁（涵）密度最高的铁路。滇越铁路桥梁不仅展示出建造水准和建筑艺术，而且反映出滇越铁路建造的艰巨性，突出滇越铁路的地方特色，创造了铁路建设的伟大奇迹。

　　穿越南盘江的狗街大桥的竣工，意味着打通了滇越铁路终点站——云南府的咽喉要道。大桥建成后的1909年11月25日，距狗街南盘江大桥15公里的宜良车站铺轨亦完成；之后工程进展神速，两个月后的1910年1月30日，铺轨即达终点云南府车站。

　　滇越铁路的修筑，实际是一场人与自然的搏斗，是改变云南数千年来原始、落后面貌的一场较量。在这些艰苦的岁月里，每一个工程技术人员、每一个参与施工的工人，都付出智慧和汗水，付出巨大的牺牲。狗街南盘江大桥与大自然浑然天成，精湛的工程设计与施工实现有机结合，展示出当时工业科技水准，无疑是滇越铁路标志性建筑之一。

137

狗街南盘江大桥战略地位十分重要，在国内解放战争中曾一度毁于战火。1949年12月22日，沿着滇越铁路南逃的国民党第二十六军，为阻止解放大军的追击，炸断了狗街南盘江大桥。毁桥现场惨不忍睹，有7节钢架梁坠入河中，3节被完全炸碎，滇越铁路中断。为支援解放大军进入滇南作战，昆明区铁路管理局成立了修桥委员会和抢修队，于1950年2月8日动工抢修。中共云南党组织号召各公私工程部门捐献铁路器材，支援狗街南盘江大桥的修复，有关厂矿单位积极选派技工参加抢修。1950年4月25日大桥修复通车。人民解放军一路急行，直扑河口，堵住了国民党军队残部欲逃越南之路，敌人犹如瓮中之鳖，只得束手待毙。

江水悠悠，老桥如画；蓝天凝碧，艳阳似锦。经昆明铁路局干部职工半个多世纪的精心维修和保养，大桥目前状况良好，正在使用之中。

49

米轨铁路下承式钢桥代表作之一

滇越铁路·开远木花果大花桥

Kaiyuan Muhuaguo the Big Flower Bridge of the Dianyue Railway

　　滇越铁路木花果大花桥亦称105号桥，位于云南开远市乐百道镇仁者村委会木花果村西南，即今昆河铁路中心里程246公里666米处，地处海拔高度1 053米。因大桥毗邻木花果村，且桥体呈栅格状几何纹，清新俊秀，老百姓亲切地称呼之"木花果大花桥"。

　　木花果大花桥为下承式多腹杆桁架钢桥，建成于1909年3月，为法国巴底纽勒（BatIgnoller）公司设计建造。木花果大花桥南北一跨飞越泸江河，全长58米。梁桁架长52.75米，宽4.8米，高5.5米。桥体上部和下部横向联杆都是由一座四格网状桁架连接，桥体呈钢铁栅格状几何纹造型。轨距1 000毫米（简称"米轨"）。

1

1.木花果大花桥桥面·2017年
2.下承桁梁木花果大花桥·民国初
3.开远车站·民国初
4.滇越铁路木花果大花桥遗存·2017年
5.木花果大花桥工程设计图

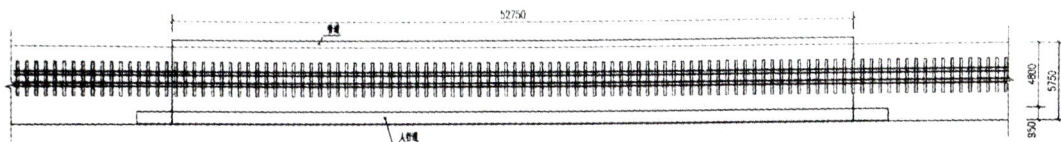

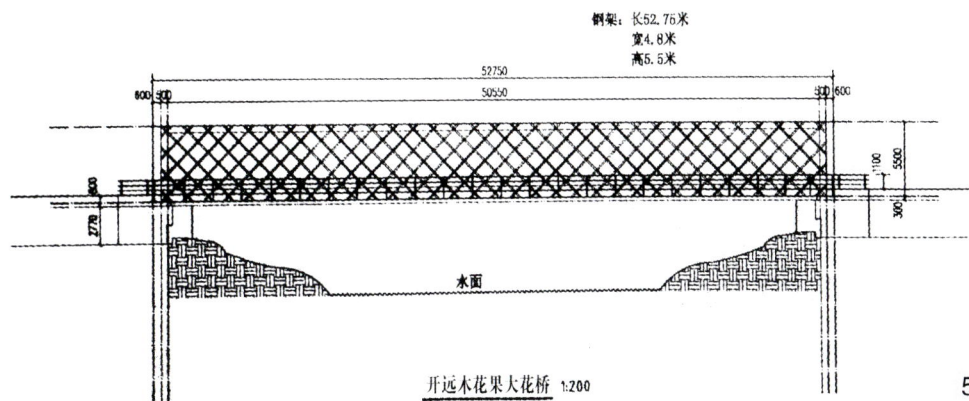

钢架　长52.75米
宽4.8米
高5.5米

水面

开远木花果大花桥 1:200

　　木花果大花桥是滇越铁路上较为典型的下承式多腹杆桁架结构钢桥，具有一定的代表意义。木花果大花桥的桥台建造坚固，桥梁一跨过河；近观桥体钉铆精细，过渡配合紧密；桥体平整光滑，坚实稳定，深灰色的保护漆朴素无华；远眺木花果大花桥，群山簇拥，更显得轻盈纤巧，妩媚动人，令人见景生情，不免产生一丝惜香怜玉之感。抚摸古老且年轻的"花桥"，敬意油然而生，先人们精益求精的工匠品质着实让人赞叹。

　　滇越铁路是人类一项伟大的工程，桥梁是其标志性建筑。在云南开远市内，木花果大花桥与小龙潭花桥遥相呼应，堪称米轨铁路的"姊妹桥"。两座"花桥"都完好保留了滇越铁路初期时钢桥的基本结构和建筑风貌，是研究滇越铁路桥梁历史的重要实物资料。目前木花果大花桥保存状况良好，仍在服役。2015年12月22日，木花果大花桥被开远市政府公布为第四批市级文物保护单位。

50

米轨铁路拱桥代表作之一

滇越铁路·110号三孔拱桥

No.110 Three-span Arch Bridge of the Dianyue Railway

滇越铁路110号三孔拱桥位于云南蒙自市文澜镇多法勒村委会多勒村东，今昆河线291公里946米处。本桥为实腹3孔拱桥，建成于1909年，由法国工程师设计。拱桥长64.5米，宽3.7米，单孔跨度10米。本桥的桥位较高，最高处达15米；桥体呈曲线形，线路坡度平缓，海拔高度为1 387米。

110号三孔拱桥立于群山峻岭之中，是典型的连接自然空间的跨谷桥梁，为等跨连续拱，小跨径实腹拱桥。从整体上看，桥梁建筑成功地表现出了结构上的挺拔稳定、强劲有力和连续跨越的性能，而且具备了美的形态与内涵，是力与美的有机结合，可以说110号三孔拱桥是滇越铁路小型桥梁的代表作之一。

拱桥形态的美学特征在于拱所产生的曲线美。110号三孔拱桥连续的拱跨，更加强调了曲线的形式，并且与大自然互为映衬。在山地起伏的自然地形下，选择拱式桥是符合自然特征的造型，属于山区"融合设计法"。从美学特征上看，本桥纤细、挺拔，拱券拱起幅度与周围山体的起伏度，以及拱桥与隧道的连接都显得非常得体与协调。

自20世纪60年代起，110号三孔拱桥桥体逐渐出现松动。当年建造滇越铁路使用的是红土灰浆砌缝，经过几十年的风雨冲刷不断外淘侵蚀，严重危及运输安全。昆明铁路局多次对桥进行较大的维修养护，采取全桥钢筋混凝土套包措施，同时，对昆明方向一侧的桥体进行帮衬护坡加固，大大增强了桥体的稳固性。

110号三孔拱桥以其百岁高龄，优美的造型，精湛的技艺，成就了优秀建筑之美名。目前大桥状态良好，不时间有东风DF21型内燃机车牵引着货物列车缓缓通过。从山脚下翘首东望，一座淡黄色的3孔桥仿佛挂在半山腰上，点缀着夕阳下碧绿的山峦，好一幅无墨深秋山水画。

1. 列车通过110号拱桥和79号隧
   道·2017年
2. 滇越铁路110号三孔石拱桥
   遗存·2017年
3. 滇越铁路三孔石拱桥·清末
4. 滇越铁路曲线上的石拱桥·
   民国初
5. 隧道与桥梁首尾相连的滇越
   铁路·清末
6. 110号三孔石拱桥（局部）·
   2017年

桥-110
291 946
全长 64.5 m

51 | 米轨铁路上的优美桥梁建筑

滇越铁路·111号四孔拱桥
No.111 Four-span Arch Bridge of the Dianyue Railway

　　滇越铁路111号桥是滇越铁路上的一座中型桥梁，位于云南省蒙自市文澜镇多法勒村委会多勒村东，今昆河线293公里278米处，为4孔连续均匀的等跨拱桥。

　　111号拱桥海拔高度为1 420米，建成于1909年，为法国工程师设计。拱桥南北向跨越两山之间，桥长75.6米，宽4.5米，各孔跨度10米；桥体呈曲线形，线路坡度平缓。111号桥桥位最高处达21米，桥体造型优美，与144.4米长的滇越铁路80号隧道首尾相联。在曲线半径100米的弯道上，拱桥与隧道委婉对接，自然流畅，优雅别致。

滇越铁路采用为数颇多的中小跨度拱桥，其中不乏佼佼者。目前列入滇越铁路文物登记的118处桥梁建筑中，拱桥就有49座，本桥是其代表作之一。石拱桥优点颇多：就地取材，坚固耐用，维修简便，桥型美观，与环境的融合度较高；另外可以节约当时昂贵的进口钢材和水泥。不足之处是石料加工和拱架搭建耗费劳动力较多，工期较长，跨度有局限性，承载能力相对较弱。

111号拱桥采用毛石砌筑，水泥白灰浆勾缝，整体色彩与大自然的色调和谐一致，整体尺寸与周边空间环境协调，体量适宜。桥梁设计者还充分考虑了地形特征，尽可能减少破坏地表肌理，同时避免加大工程投入。此举不仅降低了建造成本，而且展现出较高的尊重自然和保护自然的生态理念。

由于受当时建筑材料、技术、施工能力等方面的局限，111号拱桥存在先天缺陷，桥墩红土灰浆砌缝经风雨冲刷不断外淘，桥墩逐渐出现松动迹象。从20世纪60年代起，昆明铁路局开远工务段对111号拱桥进行多次较大的维修养护，增强了桥体的稳固性。目前111号拱桥功能性不减，仍在服役中。

143

1.111号大桥与80号隧道首尾相连·2017年
2.滇越铁路111号拱桥遗存·2017年
3.滇越铁路施工中·清末
4.穿越丛山峻岭的滇越铁路·清末
5.运行在滇越铁路上的小火车·民国初
6.滇越铁路米轨与111号拱桥·2017年

52

挂在山腰上的建筑艺术品

滇越铁路·112号七孔拱桥

No.112 Seven-span Arch Bridge of the Dianyue Railway

　　滇越铁路112号拱桥位于云南蒙自市文澜镇多法勒村东的半山腰上，即今昆河线中心里程295公里45米处，海拔高度为1 454米。这座拱桥初建时为7孔，后经过维修改造，变为今日的6孔，但人们仍习惯称之为多法勒七孔拱桥。

　　112号拱桥建成于1909年，为法国工程师设计。拱桥建造在154米长、半径100米的曲线上，桥长84.5米，宽4.4米。112号拱桥最初采用石拱砌筑，以当地盛产的石灰和烧红土灰浆为黏合材料，可谓就地取材，顺势而为。

　　纵观滇越铁路，其桥梁大部采用跨度相对较小的拱桥，112号拱桥是其中之一。112号拱桥依山而立，隐身于崇山峻岭，建筑成功地表现了结构上的挺拔稳定、强劲有力和连续跨越的性能；桥体造型纤细、柔和秀美、落落大方，突显建筑艺术美与丰富的内涵，展现出建筑艺术之美和顽强的生命力。

1.滇越铁路112号七孔拱桥遗存·2017年
2.修建中的滇越铁路·清末
3.修建中的滇越铁路拱桥·清末
4.开凿滇越铁路隧道情景·清末
5.滇越铁路高架石拱桥建造中·清末

112号七孔拱桥的建造是滇越铁路工程的缩影，是人类改造大自然，用智慧、汗水和鲜血乃至生命进行的一场博弈。滇越铁路特别是滇段林密箐深、人迹罕至，落差悬殊、险象环生，群山逶迤、峭壁林立，江河滔滔、暗流涌动……当地居民深知气候恶劣、工程之艰，故大都不愿被招募。无奈，官府只得采取强征充役，摊派招工，有的则动用暴力："十八岁以上者，概充铁路劳工一年，不愿去者缚手于背，以枪队押送，不从者则击杀之。"为了满足施工的需求，印支铁路建筑公司和各承包商、包工头不得已把目光盯在云南省之外，采用各种手段招募劳工，或利用天主教名义欺骗中国教徒应募，或利用当地流氓地痞恶棍许以好处诱骗。当然，也有部分因生活所迫，无路可走，加之被"高薪"诱惑而自投罗网者。据统计，滇越铁路劳工70%~80%来自广东、广西、四川、福建、浙江、山东、河北等地。

筑路劳工是在极其恶劣的自然条件下劳作的。夏季施工气温几乎天天达到40℃，烈日当头，林中闷热难当，时而又大雨倾盆。劳工们使用的是铁锹、锄头、撬棍、钢钎、大锤、扁担、竹筐、手推独轮车等原始笨拙的工具，每日劳作十几个小时，令人难以承负。在筑路过程中，云南及其他省区共有30余万劳工参加，其中至少有六七万人死于非命。云南民间曾流传这么一句话："一颗道钉一滴血，一根枕木一条命。"

抛开建造过程的艰辛，仅就桥梁建筑本身而言，112号七孔拱桥是充满智慧和艺术的。112号拱桥的桥面坡度平缓，南北走向横跨于山峦间，远眺曲线优美，蜿蜒流畅，自然和谐，动感十足。其建筑艺术性主要体现在：一是交错的节奏。桥洞和桥墩以虚实空间互动的形式反复出现在桥梁结构体中，犹如美妙的乐章凝固于空气般，富有节奏地变化着；二是连续的韵律。桥梁整体轮廓连续有力，桥墩比例合宜，恰似音乐的节拍从时间长短上的把握，创造性地转化为空间的连续重复排列，形成强烈的韵律感；三是渐变的效果和起伏的态势。拱桥地形较高处采取短柱以其适应，随着地形差异逐渐过渡到山谷底部，桥墩长短也随之变化，最高桥墩达23米。从人工构筑物逐渐过渡到自然状态物，桥梁逐渐延伸并融入山峦之中。自然与人工实现有机结合，可谓天人合一，浑然一体。

6.刚刚完工的112号拱桥·清末
7.优美的112号拱桥·2017年
8.滇越铁路建造时使用的"德戈维尔"翻斗车·清末
9.滇越铁路法国总工程师的专车·清末
10.滇越铁路米轨与112号拱桥·2017年
11.列车行驶在滇越铁路112号拱桥上·2005年左右
12.挂在山腰上的滇越铁路112号拱桥·2017年

自20世纪60年代起，112号拱桥红土灰浆砌缝经风雨冲刷不断外淘，桥墩逐渐出现松动，直接危及运输安全。昆明铁路局高度重视，先后对112号拱桥进行拱顶钢夹板加固、桥拱钢筋混凝土套拱、全桥钢筋混凝土套包等数次较大的维修养护。同时，对北侧昆明方向的第一个桥孔用混凝土进行充填加固，显著增强了桥体的稳固性。

112号拱桥跨度大、桥位高、造型优美，是滇越铁路线上典型的桥梁建筑。112号拱桥保存了滇越铁路初建时拱桥的基本格局和建筑风貌，是研究滇越铁路桥梁历史的重要实物遗存。目前百年拱桥保存状态良好，仍在使用中。

53

珍贵的历史文化遗存

滇越铁路·小龙潭花桥

Xiaolongtan Flower Bridge of the Dianyue Railway

滇越铁路的桥梁林林总总，精彩纷呈。从外观上看，大体分为3种：一是传统的石拱桥；二是由钢材构成的钢架桥；三是两端为石拱，中间主跨由钢梁组成的混合结构式桥梁。小龙潭花桥就是第三种桥梁的代表作。小龙潭花桥结构严谨，造型简约，主跨下承钢梁桥体呈网状结构，刚中有柔；两端混凝土拱桥落落大方。当地老百姓亲切地封其一个爱称——"花桥"。

"花桥"位于云南开远市小龙潭镇龙潭村委会车站村南，小龙潭车站南端867米，今昆河线229公里88米处，海拔高度1 053米。大桥南北向跨过南盘江，全长110.40米，钢铁总重109吨。小龙潭花桥于1909年4月15日建成，由法国巴底扭勒公司设计。

1

2

1. 小龙潭花桥网状钢梁（局部）·2015年
2. 滇越铁路小龙潭花桥遗存·2015年
3. 远眺小龙潭花桥·清末
4. 初建时的小龙潭花桥·清末
5. 列车通过小龙潭花桥·清末

"花桥"为下穿式平桁架钢梁与石拱桥混合桥，主跨以一孔钢梁跨越主河流。滇越铁路沿途山区，材料运输极其困难，当年建设者设计了多腹杆轻型结构桥梁，杆件轻巧易搬运、易组装；同时，小跨度石拱与大跨度钢结构相结合，可以互补其短。此举可谓独具匠心。

"花桥"主跨为51.5米跨桁架钢梁系下承多腹杆超静定结构。桁架梁由10个桁架单元构成，每个单元长5.12米，中部加设一横梁。横梁间中心距2.56米；桁架梁高度5.15米，横梁高0.5米，纵梁高0.35米。两纵梁中心线间距1.05米，相当于原设计25公斤钢轨米轨距中心线间的距离，即纵梁中心线与钢轨中心线基本重合。纵梁上每隔0.64米铆接一块钢轨垫板，钢轨直接安放在纵梁的垫板上，用扣铁扣拴把钢轨联结在纵梁上。桥两端与石拱桥相连，南引桥长42米，为3孔石拱桥；北引桥长17米，为单孔石拱桥。同时，设有安全护栏和适宜的人行通道。

149

抗战时期，滇越铁路被日本帝国主义视为侵华的一大障碍。1939－1941年，日军不计代价，先后几十次派出飞机对滇越铁路狂轰滥炸。"花桥"是滇越铁路咽喉要道，日军极力欲断之、摧毁之。加之"人字桥"、白寨大桥因山势陡峭，日机不敢低空飞行，多次投弹不中，于是恼羞成怒的日军把轰炸的目标转移到山势相对平缓、目标裸露的小龙潭花桥。1940年1月5日，敌机飞临花桥上空，投掷数枚重型炸弹，致使北端桥梁完全炸断，钢梁桁架一端倾斜于南盘江，滇越铁路中断。2月3日，日军愈加猖狂，又派出17架飞机分3批轮番轰炸小龙潭花桥，投弹160余枚，炸死1人，重伤3人，轻伤5人，抢修工作一度停滞。 小龙潭花桥是滇越铁路遭日寇飞机轰炸受损最严重的一座桥梁。据统计，仅1940年1月至2月间，小龙潭花桥就遭日机大规模轰炸5次，零星骚扰无以数计。我抗日军民同仇敌忾，冒着敌机的轰炸，全力抢修。1940年2月11日，小龙潭花桥恢复通车。

小龙潭花桥为中国抗战运输军火、战略物资、军队集结等作出重大贡献。经历了战火的考验的小龙潭花桥，是中国人民顽强抗击日寇的见证者，同时也极大地丰富了滇越铁路的历史文化内涵。

滇越铁路沿线山势险峻，河流纵横，溪水潺潺，故桥梁密度为全国之首乃情理之中。桥梁是跨越高山与河流的重要手段，形态各异、大小不同的滇越铁路沿线遗存桥梁弥足珍贵。目前，滇越铁路列入文物登记保护的桥梁建筑已达118处。

小龙潭花桥基本保存了滇越铁路初建时的建筑风貌。1984年新的铁路大桥建成后，小龙潭花桥停止了运营。花桥的铁路运输功能虽然废止，但并未废弃。桥面钢轨现已拆除，桥面钢构件也部分缺失，但今天仍是当地苗族群众生产、生活的必经之路，而备受关注和爱惜。

"花桥"是滇越铁路珍贵的历史遗存，是研究滇越铁路桥梁历史的实物资料，具有重要的历史价值和文物价值。2007年9月，小龙潭花桥被公布为云南省第五批州级文物保护单位。

6.小龙潭花桥被日军轰炸后情景·1940年1月
7.抗日军民抢修小龙潭花桥情景（一）·1940年
8.抗日军民抢修小龙潭花桥情景（二）·1940年
9.在小龙潭新建钢桥上远眺花桥·20世纪80年代
10.小龙潭花桥已改为人行桥·2015年
11.滇越铁路小龙潭花桥（局部）·2015年
12.滇越铁路小龙潭花桥（局部）·2015年
13.滇越铁路小龙潭花桥遗存·2015年

54

开远市重点文物保护单位

滇越铁路·玉林山拱桥

Yulinshan Arch Bridge of the Dianyue Railway

滇越铁路玉林山拱桥亦称107号桥。是一座7孔高架桥，位于云南开远市乐百道镇仁者村委会南端，即今昆河铁路中心里程249公里715米处，海拔高度1 084米。因地处玉林山自然村，桥有7孔而得名。玉林山拱桥建于1908年，全长103米，桥长95.8米，宽4.4米，7孔跨度均为10米。由法国巴底纽勒（Batlgnoller）公司设计建造。

这是一座造型优美、挺拔秀丽的桥梁。桥势南高北低，坡度21‰，南北向横跨于白土冲河上。桥梁采取就地取材方式，砌石为拱，显示出当年能工巧匠的高超技艺。玉林山拱桥的起点处靠近山体，因此桥墩低矮，最低14米；到中心山谷处，桥墩高度最大，达到21米。随着地形的起伏，桥墩呈现出相应的长短变化，产生建筑艺术的韵律感。桥梁外观上展示出粗壮的结构承重加强作用，7孔均匀排布，突出整体效果的稳定性。

1. 米轨铁路与玉林山拱桥·
   2015年
2. 滇越铁路玉林山拱桥
   遗存·2015年
3. 列车通过滇越铁路
   玉林山拱桥·2015年
4. 远眺玉林山七孔石拱桥·
   民国初
5. 玉林山石拱桥修筑中·
   清末

玉林山七孔拱桥当初采取的是"红烧土"灰浆砌缝工艺。所谓"红烧土",就是用当地的黏土经过焙烧,达到600~700℃高温,经研细、筛选,制成粉末,再与石灰、细砂按照配比,加水调成灰浆,可达到一定的耐压强度。当初"红烧土"虽然发挥了一定作用,但毕竟是一种因陋就简的土方法,坚实牢固性远不及水泥等近代建筑材料,经过百年风雨冲刷不断外淘,桥墩逐渐出现松动现象。从20世纪60年代起,开远铁路分局加强了桥梁的安全维修工作,先后对七孔桥进行过拱顶钢夹板加固、桥拱套拱、全桥套包等数次较大的维修。现桥体石砌外观为钢筋混凝土抱箍,显著增强了桥体的承载能力和稳固性。

玉林山七孔桥是古老建筑文化和近现代科技的完美结合,同时也是滇越铁路上保存较好的桥梁之一。玉林山拱桥基本反映了滇越铁路初期石拱桥的基本格局和建筑风貌,应该说是研究滇越铁路桥梁历史的重要实物资料。1983年11月,被公布为云南开远市第一批市级文物保护单位。目前桥梁状况良好,仍在服役。

55

架设在曲线险要区段的桥梁

滇越铁路·148号高架桥

No.148 Viaduct Bridge of the Dianyue Railway

148号桥位于滇越铁路371公里532米处，居倮姑站和白寨站之间，毗邻著名的白寨大桥。148号高架桥为两孔下承钢梁，曲线半径为100米，曲线长172米。此处地势十分险要，山势陡峭，河水湍急，隧道与桥梁紧密相接，148号桥为滇越铁路曲线险要区段的一座高架桥梁。

滇越铁路1901年动工，1903年建成，是中国最早修筑的铁路之一，也是连接中国云南省省会昆明与越南首都河内及北方最大的港口城市海防的国际铁路。滇越铁路全长859公里。线路上共建造较大铁桥22座，997.15延长米，148号高架桥梁为其中之一。

滇越铁路中国境内（滇段）工程远比越南段艰巨。从中越边境的河口镇至昆明市直线距离不到300公里，但海拔从河口镇的76米，到昆明呈贡水塘站的2 030米，高差竟达1 954米。全线80%的路段在崇山峻岭间穿行，桥梁、隧道占滇段全长的36%。桥梁隧道工程之艰巨，令人叹为观止。据统计，滇段平均每3公里一个隧道、1公里一座桥涵。其中倮姑至白寨间44公里的区段，海拔高差达1 242米，平均坡度达20‰，这在世界铁路建筑史上是极为罕见的。

148号高架桥原为钢塔架上承箱式板梁高架桥，架设于碧河（碧色寨至河口）段，抗战时期被拆毁。1955年9月，铁道部决定修复碧河段铁路。修复工程于1956年8月动工，至1957年12月25日通车。148号高架桥现为1957年修复后状态。

1. 隧道与148号高架桥首尾相接·2015年
2. 148号高架桥（局部）·2015年
3. 修建中的滇越铁路"老虎嘴"险要地段·清末
4. 滇越铁路148号高架桥梁建设中·清末
5. 滇越铁路93.5公里高架桥工地·清末
6. 修复后的148号高架桥·2015年
7. 列车从148号高架桥上通过·2015年

56 一座充满惊险神奇故事的桥梁
滇越铁路·白寨大桥
Baizhai Bridge of the Dianyue Railway

　　白寨大桥，亦称"网状高架桥"，位于云南省屏边县湾塘乡阿卡村委会白寨村北部，现昆河铁路381公里720米处，居白寨站和倮姑站之间，海拔高度272米。白寨大桥1907年9月15日始建，因其桥孔多达17个，故又称之为"17孔高架桥"。1908年3月29日，一台老式法国机车拉着4节车厢，缓缓驶过高架桥，宣告白寨大桥通车。

　　白寨大桥原为钢塔架上承箱式板梁高架桥。桥全长136米，其中84.27米处于半径100米曲线上，另有缓和曲线20米，直线只有31.73米。桥面则根据曲线的超高而倾斜，钢轨固定在纵梁上。大桥共有8座桥墩，最高者达34米，全部用钢铁铆接成支架，呈方形，钢架下宽上窄，状如尖塔，坐落在坚实的地基上，承载着桥梁下传的压力。桥梁整体系钢架结构，由单件不超过100公斤的钢铁构件铆接而成。桥墩平均每米重1 170公斤，8座总重265吨；桥面和桥墩钢铁总重达374吨。白寨大桥可称为钢铁堆积成的庞然大物。

1.改建后的白寨大桥·2015年
2.滇越铁路白寨钢桥架设中·清末
3.列车通过滇越铁路白寨大桥·清末
4.滇越铁路白寨钢桥架设中·清末
5.滇越铁路筑路劳工赤脚运送钢枕情景·清末
6.靠骡马在山间小道上运送滇越铁路大桥钢铁构件·1907年

157

白寨大桥桥址山峭坡陡，高差大、曲线半径小，且隧桥相连，其艰险令人望而生畏。大桥修筑技术要求高，但施工条件极差，特别是运送设备、材料的交通条件尤为困难。修筑桥梁的物资大部分需要从欧洲运到越南海防，再由海防运至河内；由河内通过陆路驿道或红河水道运至中国境内的河口，再由马帮沿山间便道运至工地，坎坷辗转，难度可想而知。

关于马帮运送筑造设备材料的情景，当年铁路公司曾有过记载和描述："由山间小路运送金属构件到建筑工地，这些搬运工作是在迂回曲折的山间便道上进行的。这种道路在悬崖上开凿出来，经常只有1.2~1.5米的宽度，又有一些突然的急弯，金属构件的长度就得限制在2.5米以内，重量不得超过100公斤，成套工具设备、特别是必不可少的安装吊车，都必须与这些条件相符。这些构件一到建筑工地，就安放在事先准备好的场地和空旷的平台上。构件在地面组装，形成桥面与桥墩的主体部件，再又经过铆接而成为架设桥的预制构件。"

抗日战争时期白寨大桥遭到重创。穷凶极恶的日本侵略者不能容忍滇越铁路的畅通，频繁派飞机对铁路的桥梁、隧道、车站进行狂轰滥炸。日军在多次轰炸"人字桥"未果的情况下，恼羞成怒，将炸弹投向滇越铁路的其他要害之地。白寨大桥成为日军的眼中钉、肉中刺。1940年初，一列客货混合列车行驶在白寨大桥上，遭到日寇飞机的突袭轰炸，一枚炸弹正命中已通过大桥而尚未进入隧道的客车，车厢剧烈爆炸，一时血肉横飞，惨不忍睹，死伤妇女儿童、中外乘客200余人。

面对凶残至极的日本侵略者，中国军民同仇敌忾，毫不畏惧，桥炸坏了立即抢架，路基塌了迅速抢筑，铁轨炸断了马上修复。为加强防空力量，当时的国民政府专门派来了一个高射机关炮连，驻扎严防。此后，守桥官兵先后7次打退日机共220架次的轰炸，确保白寨大桥的安全畅通。据统计，在日军飞机密集轰炸封锁的情况下，抗战时期通过白寨大桥的年均运量保持在80万吨以上，仍达到战前运量的43%，实乃奇迹。

7.喷云吐雾的列车在白寨大桥上驶过·清末
8.滇越铁路白寨大桥施工中·1908年
9.修建中的白寨大桥·1908年
10.小火车通过白寨大桥·清末

11.远眺白寨大桥及周边环境·2015年
12.连接白寨大桥的隧道北口·2015年
13.蜿蜒曲折的白寨大桥附近线路·2015年
14.连接白寨大桥的隧道南口·2015年

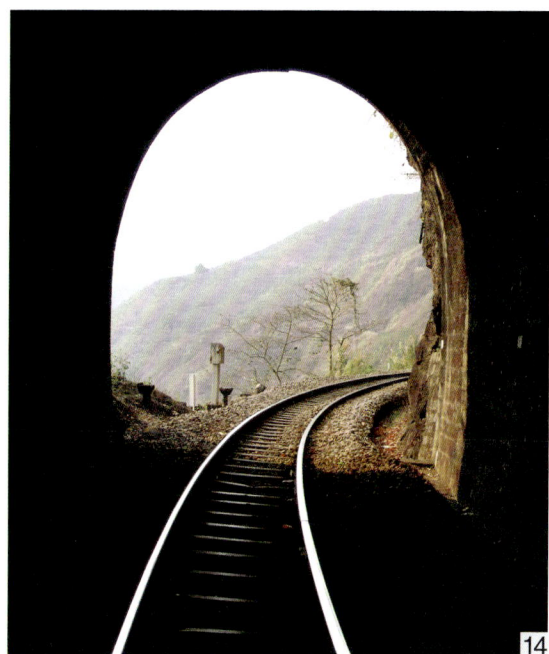

　　1940年9月，日军在海防登陆后即向河内推进，图谋北上入滇，进攻昆明。为阻止日军入侵，我方主动拆毁白寨大桥。1940年9月1日至9日，蒋介石多次密电，指示云南首领龙云不惜一切手段，阻止日军借道滇越铁路进入云南。龙云按照命令即刻部署拆桥、拆轨事宜。拆轨工作由河口向碧色寨方向边拆边退、边装边运。在拆除白寨大桥时，技术人员把钢塔架桥墩和钢梁的杆件拆下后，按顺序编号并捆扎或散集装筐，精心地运至大后方。

　　白寨大桥虽然躲过日军的铁蹄践踏，拆卸下来的塔基、杆件、零件也基本保存完好，但1957年修复时由于技术复杂，钢架桥墩复原难度较大，无奈将复原计划放弃，改为石砌桥墩上承板梁高架桥。现桥梁采用石料砌筑墩台基础，桥墩数量减少为5个，上承6孔，桥梁跨度之和110.94米。大桥全长140.87米；桥面距谷底最深处达35.3米。

　　虽然老桥已面目全非，但透过起伏的山峦，幽深的谷底，隧桥相接的曲线，依稀可见滇越铁路上这座充满传奇故事的桥梁之风骨。再建的白寨大桥以其桥位高、桥面曲线优美、桥梁为全线最长而闻名遐迩。2012年1月，云南省政府公布其为第七批省级文物保护单位。

57 | 世界铁路桥梁史上的杰作

滇越铁路·五家寨人字桥

Wujiazhai Y-shaped Bridge of the Dianyue Railway

滇越铁路五家寨人字桥，毗邻云南屏边苗族自治县和平乡五家寨，今昆河铁路353公里处，为单线米轨肋式三铰拱钢梁铁路桥。1908年3月开工，同年12月6日竣工。桥长67.35米，桥高72米，桥梁重179.5吨。桥梁犹如巨人般凌空飞越四岔河谷，因其形酷似汉字"人"而得名。人字桥以其构思新颖和独具匠心，被称为世界杰出的铁路桥梁之一。

滇越铁路滇段工程沿南溪河岸溯流而上，以倮姑与波渡箐两站间最为险峻。两站直线距离虽然只有3公里，但高程却相差285米。为使线路降坡，设计者采取修筑展线的方法，将线路延展至南溪河上游的支流——四岔河侧谷。两站间展线后，线路延长14公里，平均坡度降为20.2‰。人字桥正交跨越于两站之间展线地段的四岔河深谷。

四岔河谷溪流湍急，谷底漂石累积，形成瀑布深潭。人字桥桥址处水深林密，山高鸟稀，绝壁对峙，高200米的山峰犹如刀劈斧削一般。山势虽险，但石灰岩裸露，质地甚坚，岩壁稳定。怎么才能"天堑变通途"呢？建设者们先后提出石拱桥、单孔长跨钢桥和人字桥3个设计方案。石拱桥有就地取材的优点，但深谷沟壑难建桥墩，而一跨过谷当时的技术能力亦不可能；单孔长跨钢梁的困难则在于桥的两端是曲线隧道，用拖拉法架梁需在河口端岸上先开凿一条长102米的直线隧道（钢梁长68米，导梁长34米），既不经济，且工期又长。最终，法国巴底纽勒工程建筑公司工程师鲍尔·波丁（Paul Bldin）提出的人字桥设计方案脱颖而出，在比选中取胜。

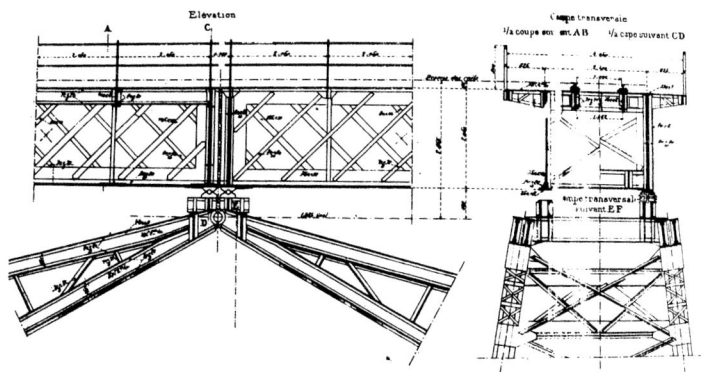

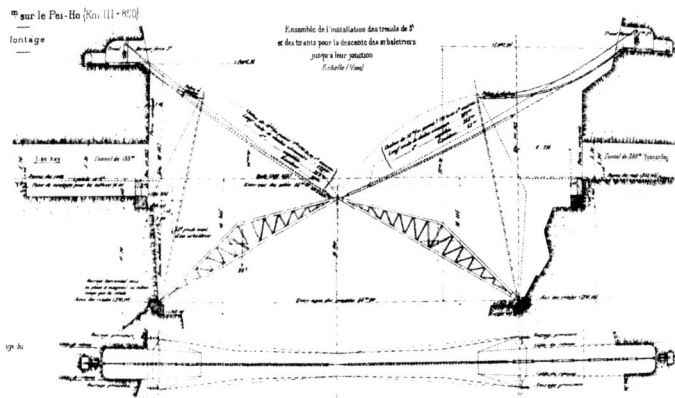

2

4

　　人字桥是滇越铁路距离谷底最高的桥梁，也是最具代表意义的标志工程。人字桥为双重结构，上部是4孔简支上承多腹钢梁；下部为三铰人字拱，由两个等腰三角形桁架拱臂组成。拱臂底部分别支撑于两端山腰间的铸钢球形支座上，支座又以在两岸山腰设计高程处嵌入山体的钢筋混凝土预制块作为拱座承台。桥址处谷深200米，桥面距桥下的四岔河谷底仍有近百米（后因铁路维修工程和河道卵石堆积之故高程降低，1966年实测桥面距谷底72米）。桥的两端均与曲线半径100米的隧道相连。人字桥与大自然浑然一体，在夕阳的映衬下，显得纤细匀称，婀娜多姿。

　　由于建桥的设备设施、钢梁杆件大多是在法国制造的，运输成为一大难题。暂且不说从欧洲到河口的万里之遥，就是从国内能够通车之地到人字桥工地尚有30余公里。这段路程山高崎岖，只能赖以骡马驮运，或由中国劳工一根一件地人背肩扛。在运输过程中，最为艰难的当数两根吊装用的粗大笨重的钢索。每根钢索长355米，重达5 000多公斤，百余名中国劳工在法国监工的监控下，负重在肩，人挨人，排成近百米长的队列，统一号令在崎岖小路上蠕动。小心翼翼，如履薄冰，历时3天才将铁链运到建桥工地。

1.滇越铁路五家寨人字桥遗存·
　2009年
2.人字桥钢梁合龙及支撑点图
3.人字桥钢梁架设图

4.人字桥设计者鲍尔·波丁（Paul Bodin）
5.滇越铁路马帮运输情景·1905年
6.百余人肩扛人字桥施工使用的铁链艰难
　前行·1907年

5

6

　　人字桥安装工艺科学有序。首先开凿河岸峭壁两端的隧道口的桥台，然后在两端洞口距顶面高19.17米的峭壁上，开挖出宽4.4米，高3.8米，深4.0米的山洞以安置绞车滑车系统起重设备。之后又在两岸的设计高程处砌筑支座承台，支撑面砌石每平方厘米承受50公斤的压力。组装施工分3步进行：第一步，组拼三铰拱的两拱臂。拱臂是在两岸的支座处自下而上竖向组拼的。第二步，进行拱臂合龙。利用两处绞车和拱臂顶部的滑车系统，使绞车徐徐放松，拱臂即绕支座作圆弧转动，待顶部枢轴孔吻合后穿入钢枢，并在拱脚处安装锚固螺栓。第三步，拼装上部简支钢桁梁。采取连续拖拉法架设，由于受场地的限制，每次拼铆18米左右，即须向前拖拉，经多次循环直至全部就位，最后铺设桥面及轨道。

人字桥工程艰难异常。桥址处于热带河谷之中，崇山峻岭，高山峡谷中气候酷热，有时高达35~40℃。还有阴雨连绵，土地潮湿，雾气蒸腾，瘴气横行。在四岔河两岸百米笔直的半山崖上，劳工们没有任何安全防护措施，挖洞、填坑、竖支架、浇筑混凝土、铆合杆件……惊险难以名状。陡峭的山崖令人望而生畏，一失手便会葬身于幽深的谷底。

法国工头用高额奖赏手段刺激劳工铤而走险，言明每打一锤给半个大洋，以此论数发奖。一个个劳工从高约200米的山顶上用吊绳下至数10米，乃至100米处，身体悬挂在半空中，按照施工要求一锤一凿地敲打。他们中有的因绳索磨断而坠落；有的被头顶上方的落石或脱手的构件、工具击中；有的被河谷骤起的凛冽山风吹得随风飘荡，撞击到崖壁上；有的架设铆合时失手跌落深渊；有的伤病不治……在一年多的工期中，先后有800多名中国劳工在此殒命。也就是说，人字桥每前进一米就付出12条鲜活的生命，其数字之巨令人震惊。

163

12

13

14

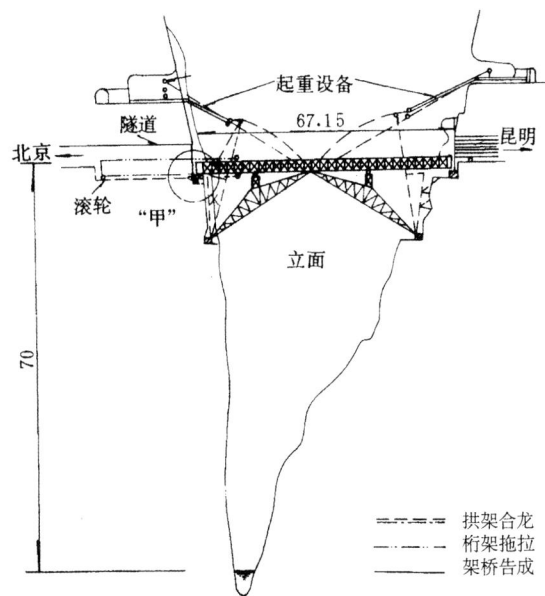
15

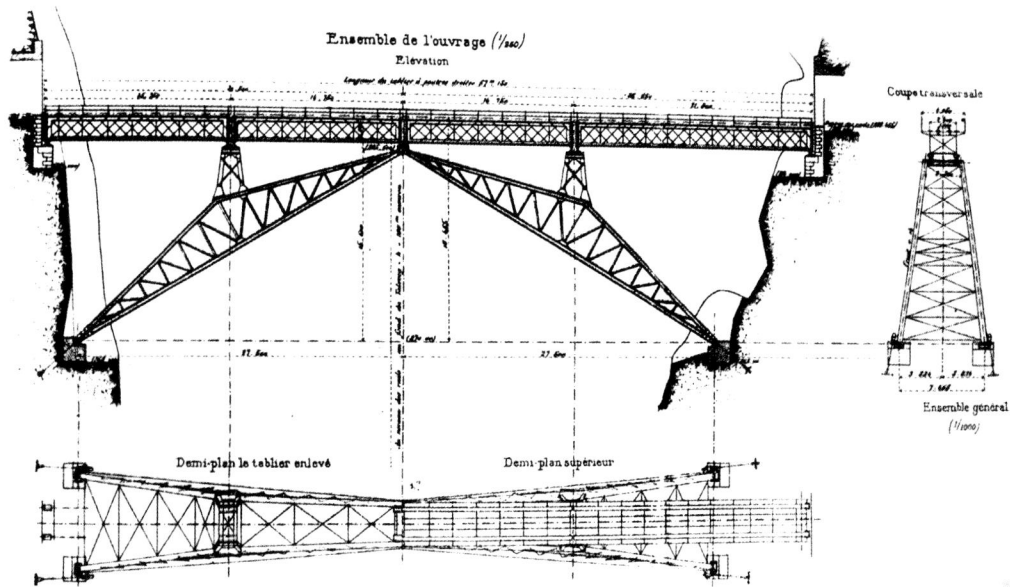
16

1938年始日寇轰炸滇越铁路，人字桥成为双方攻防的重点。人字桥飞架于深谷之上，两端连接隧道口，如遭到破坏，短时间是不可能修复的，即使想修一条便道临时通车，也是不可能的。由于人字桥的特殊地形，架设高炮亦十分困难。时任二营少校营副的吴宗舜与六连连长马秉儒研究地势后，决定将高射机关炮配备在两岸的高山顶上，宁愿把自己暴露于敌方，与敌机面对面进行生死较量，也不能让敌机低空俯冲、准确投弹，只有这样才能保证人字桥不会遭到破坏。密集的炮火网，加之人字桥架设在两座高山相峙的深涧半空中，敌机高空投弹难以命中。结果，纵然敌机数十次对人字桥进行轰炸，但这座闻名世界的铁路桥梁安然无恙，仍雄踞于两峰之间。

日寇步步紧逼，不断向滇南进犯。1940年9月，滇越铁路线区司令部奉上峰指令，派工务科长翁筱航任拆轨队长，拟拆除包括人字桥在内的河口至碧色寨间铁路。翁队长缜密思考后，力主不拆、不炸人字桥。经急电请示司令部，同意暂不拆除。此举，让人字桥这一世界铁路桥梁建筑奇迹得以幸免未毁。

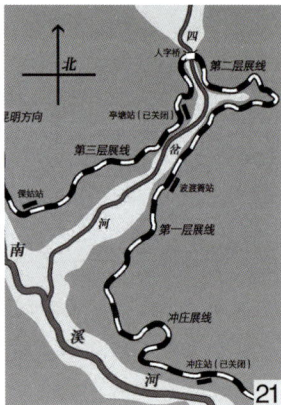

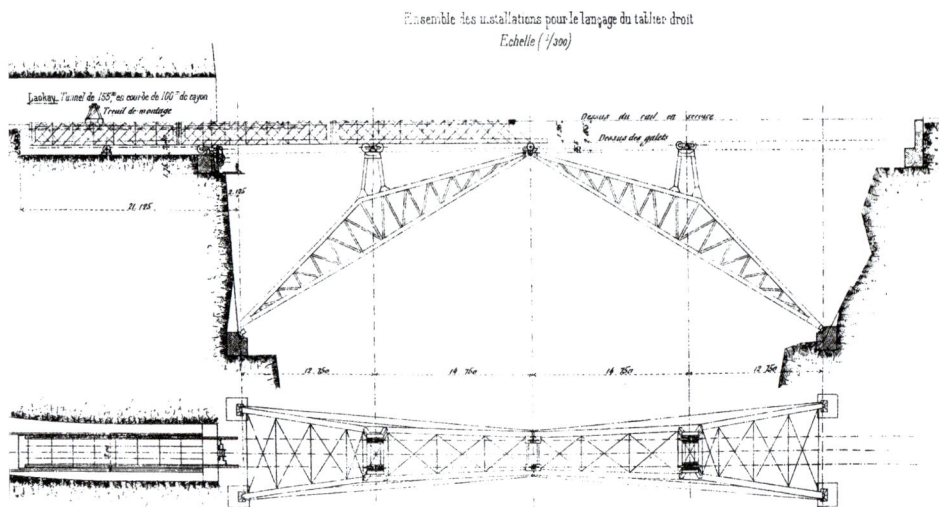

百年间，人字桥未做较大规模的结构性改建。1960—2003年，人字桥曾中小修5次。共涂敷防锈油漆3 425平方米，更换桥面钢板190块、人行护栏140米、铆钉1 005颗、梁部腹杆37根，增设避车台2座及扶梯、扶栏、校正杆件23处。人字桥得到一代代铁路人的精心呵护。桥梁等级提高至中—14级。目前，大桥仍在服役中。

人字桥的建设，是当时世界上最伟大的桥梁工程之一，是中国铁路建造史上的一个创举，同时也是中国人用血肉之躯构筑的一座不倒的丰碑。人字桥建成100年来，一直悬撑在两座绝壁之间，基本保持百年前的原貌。突显的美学和历史价值，被公认为滇越铁路的象征。人字桥在世界铁路桥梁史上占有重要地位，被称之为继巴拿马运河、苏伊士运河后的世界第三大工程。2006年5月，被国务院公布为第六批全国重点文物保护单位。2018年1月27日，被列入第一批中国工业遗产保护名录。

165

58

中越第一座边界铁路桥梁

滇越铁路·河口大桥
Hekou Bridge of the Dianyue Railway

　　河口中越铁路大桥是滇越铁路上的重要桥梁之一，位于中国与越南交界的南溪河上。1901年以前，这里曾是中越边境的公路交通要道，1906年3月，滇越铁路在此修筑铁路桥。这座滇越铁路滇段起点的大桥，将河口与老街连接起来。河口大桥全长129米，为4孔每孔跨度30米的上承钢桁梁桥。桥面为平坡直线。

　　南溪河源于中国，流入越南境内称红河。河口大桥与南溪河成正交，除雨季外，水流平缓，波光涟漪，两岸风光秀丽。桥下水位最高与最低相差9米，1946年最高水位高程79.645米；1989年特大洪水时水面高程为86.709米。桥址地质稳定，墩台基础表层2米为砂卵石，2米以下为云母质的硒化片岩。中方河口一端1号和2号墩为扩大基础，越方老街一侧1号墩用2米长圆木桩穿入卵石夹砂层，将墩基承台支承于风化岩层上。因桥址附近无建筑所需的石料，河口大桥的墩台均采用优质青砖砌筑，这在滇越铁路桥梁中尚属独有首创。

河口大桥百年来历经战火硝烟。抗日战争时期的1940年9月，日军在越南海防登陆后，即向河内推进，图谋北上入滇，进攻昆明。为拒敌于境外，1940年9月9日，蒋介石命令"立即爆破河口铁桥及河口北端之第一隧道，其余各爆破点亦应适时爆破"。9月10日早晨，驻滇工兵38营宣布奉命炸河口大桥，要求河口居民在上午10时前撤离至桥址3 000米之外。

中国工兵营随即在中心桥墩和中方一侧桥头堡钻孔打眼，安装重磅TNT炸药，车站与大桥之间的1号隧道也同样实施起爆准备工作。原定中午12时即起爆，但由于疏散和清理逗留人员工作缓慢，不得已拖延爆破。下午3时许，设在河口小学校操场上的爆破指挥部按动按钮。顿时，连续的爆炸声震耳欲聋，整个边城地动山摇，浓烟滚滚。烟消雾散之时，只见河口大桥已大部摧毁，中桥墩炸去大半截，两边的桥梁形成倒八字栽入南溪河中。连接中方桥头堡的钢梁，一头陷落于水中，一头搭在1号桥墩上，但1号隧道两端只炸开两个窟窿。第一次爆破没有达到预期目的。军方马上实施再次爆破，把1号和2号桥墩浮出水面的部分全部炸平；一号隧道两端洞口进一步扩创炸塌，完全堵塞了隧道。

从此，往常热闹非凡的边城河口一片沉寂，滇越铁路没有了车轮滚滚的轰鸣声。此后的6年里，河口无大战事，但南溪河两岸，中日两军的零星枪炮一直不断，日夜对峙。河口中越铁路桥的成功爆破，使滇越铁路成为唯一的没有被日军利用进攻中国的铁路。

1.滇越铁路河口大桥遗存·
　2015年
2.滇越铁路河口大桥·清末
3.滇越铁路河口大桥已呈繁
　忙景象·民国
4.法国占领时期，从越南老
　街方向看河口铁路大桥
5.滇越铁路河口大桥及周边
　景象·民国初

6.曾被越军炸毁的河口大桥·1978年
7.抢修河口大桥·1978年
8.铁道兵抢修河口大桥·1978年
9.河口大桥桥面·2015
10.河口大桥中方一侧界碑·2015年
11.河口大桥局部·2015年
12.滇越铁路河口大桥遗存·2015年

　　1946—1947年，国民政府曾组织修复被战争破坏的桥梁。当时，中越河口大桥采用木便桥通过，但简易的木便桥在1948年被洪水冲走，故大桥中断。1957—1958年，铁道兵对河口大桥进行了彻底的修复，重建了3号桥墩，全部更换钢梁，设计等级为中-14级。本桥第1和第3孔跨度为30.034米，第2和第4孔为28.580米。新复建的河口中越大桥全长141.23米，由中越两国共同管理。其中中国境内71.58米，越南境内69.65米。桥墩基础为圆形钢筋混凝土结构；梁高3.2米，全桥钢梁总重1 848吨。

　　1965年，为适应抗美援越的需要，越方将河口大桥改为公铁两用桥。大桥加宽桥面，铺设汽车道，新建两侧人行道，安装栏杆和照明设备，并修建桥头两端的公路引道，桥面铺设沥青混凝土。

　　20世纪70年代后期，中越关系恶化。1978年8月，越方将一辆棚车推至河口大桥越方一侧桥头，并布上密密的铁丝网，越方单方面中断了中越国际联运。1979年2月17日15时25分，越南军方又将己方一孔桥梁炸塌，滇越铁路运输完全中断。对越自卫还击作战打响后，铁道兵奋力抢修，2月25日，临时架设一孔32米的军用便梁，开通了线路，保证了战时军事运输的需要。

随着中越两国关系恢复正常，1996年2月14日，河口大桥修复开通，重新开始了中越国际联运业务。中越铁路过境运量逐年提高，一度达到800多万吨。2001年，在河口大桥可遥望之处，新的中越公路大桥建成，故这座老桥结束了公铁两用的历史。2002年，昆明铁路局投资对老桥进行了大修，将原来的沥青路面改为原有的铁道明桥面。2003年6月1日，因技术、经济等诸多原因，原滇越铁路滇段停办了旅客运输业务，昔日人声鼎沸的河口大桥寂静了许多。

目前河口大桥整体状态良好。曾被无数车辆碾压过的轨面在阳光照射下，炫目争辉；桥下南溪河水波平无澜，微风涟漪，令人浮想联翩。2012年5月23日，云南省红河哈尼族彝族自治州人民政府公布：滇越铁路河口大桥为红河洲文物保护单位。现大桥附近东至界河分界线，南至桥外10米，西至河口海关旧址，北至河口古炮台遗址，均被列为保护范围。

59 | 曾为城市地标性建筑的桥梁

正太铁路·石家庄大石桥

Shijiazhuang Great Stone Bridge of the Zhengtai Railway (Zhengding-Taiyuan)

正太铁路为芦汉铁路支线，1904年5月动工，1907年10月全线竣工，全长243公里。初议线路时，定为正定至太原，故名正太铁路。后因由正定西行，须跨越宽阔的滹沱河，所建大桥费用不菲，不得已改为自正定以南15公里的石家庄为起点，但路名仍沿袭旧称正太铁路，未予更易。

正太铁路全线通车后，作为正太铁路枢纽区域的石家庄地区，很快就呈现出"铁轨纵横，车辆络绎"之状。正太铁路与芦汉铁路并行，其石家庄、振头两个火车站并存，相距不足百米。以铁路为界石家庄市区自然分成东西两部分，一线阻隔，交通拥堵不堪；特别是经常发生火车轧死或撞伤人畜事故。为解决石家庄民众东西走向往来跨越铁路线的人身安全，铁路员工和各界代表曾联名上书正太铁路局的法国总办，要求拨款建桥，但遭到拒绝。

　　正太铁路工人对此义愤填膺，经工人代表倡议，全线2 500名职工每人捐献一日工资，很快筹齐建桥资金。河北唐山人赵兰承包了建桥工程。1907年春季开始施工，当年秋季便建成正太铁路跨线大桥。从此，火车从桥下通过，行人和车辆从桥上跨越，方便了交通。石家庄大石桥因采用大块方石砌筑而成，故名大石桥。当时的市民被铁路工人慷慨无私精神所感动，编歌谣夸赞道："大石桥，大石桥，工人血汗来建造；一块青石艳芳情，青石哪有情义高。"

　　大石桥坐落于今石家庄市解放纪念碑广场北侧，桥身长150米，高7米，宽10米，呈东西走向。大石桥以大石块为基建材料，桥身主体采用中国传统的拱券结构。除石拱结构外，桥身中段的东侧还建造了一个可通行两股铁道的钢架桥梁，因钢架桥梁中间设有钢立柱，一分为二，故大石桥实际为24孔，其中包括22孔石拱结构和2孔钢架结构。

1.石家庄大石桥桥头石狮·2014年
2.新中国成立前的石家庄大石桥
3.新中国成立前的正太铁路石家庄大石桥桥面
4.石家庄大石桥（局部）·1947年
5.正太铁路石家庄大石桥遗存·2014年
6.建成不久的正太铁路石家庄大石桥·1910年左右

　　大石桥桥体坚固，桥式美观。桥面坡度平缓，两侧设有石质栏杆，桥身由石灰岩砌成，两端桥头各有两尊栩栩如生的石雕狮子。桥护栏高初为1.2米，正太铁路开始运行以后，曾一度将护栏增高至约2.5米。由于设计缘故，大石桥承载力有限，不能作为载重运输车辆跨越铁路的通道，只允许行人和人力车通行。大石桥建成后的30余年里，始终是石家庄核心地域往来行人穿越铁路的要道。

　　大石桥是石家庄的标志性建筑，民国时期跨线桥图标曾被作为石家庄城市的标识，制成纪念章。石家庄城市以桥东、桥西作为方位词，就是在大石桥建成之后约定俗成的。大石桥的产权、日常管理和维修，一直由正太铁路管理局工务处负责。

　　1937年10月10日，日寇在侵占石家庄的前夕，曾派遣飞机对石家庄进行多次狂轰滥炸。大石桥及大桥街、电报局、电话局、大兴纱厂、石家庄商会等城市设施，先后遭到不同程度的破坏。在这几次轰炸中，大石桥损毁惨重，中段西侧两孔桥洞的桥体被炸塌。

　　日寇侵占石家庄后，修复了大石桥。自1938年11月开始，为了加紧掠夺山西煤炭资源，日本人将正太铁路的窄轨改造成为标准轨，从而实现与京汉路的接轨。同时，拆掉正太铁路从石家庄车站向北的牵出线，调整了正太铁路的南出线，并将正太铁路改名为石太铁路。从此，大石桥单摆浮搁，失去东西跨越铁路的交通功能。

7.新中国成立前的石家庄大石桥
8.日本侵略军攻击石家庄大石桥阵地·1937年
9.日军践踏石家庄大石桥·1937年
10.解放军攻占石家庄大石桥·1947年
11.当年石家庄大石桥留下的战火痕迹·2014年
12.正太铁路石家庄大石桥遗存·2014年

抗战胜利后，随着国民党军队占领石家庄，大石桥又充当起军事堡垒的作用。石家庄位于广大解放区的腹地，由于大石桥严重地牵制了解放军的外线作战，因此成为中国人民解放军决心攻打的一个城市目标。国民党知道石家庄军事战略地位的重要性，下大气力加固城防工事，妄图死守城池，故在市内构筑了以大石桥为核心工事的防御体系。国民党把大石桥改成负隅顽抗的指挥所，他们在大石桥洞底下修建了地下工事，将大石桥的24个桥孔全部堵死，四周还建起了厚厚的围墙，围墙里面装配了诸多轻重武器，外围安装了电网，并设置了密集的枪眼、壕沟、地堡、暗道，形成严密的防御火力网。尽管大石桥工事异常坚固，但也没有阻挡住人民胜利前进的步伐。1947年11月解放大军势如破竹，一举攻破大石桥堡垒。

大石桥是石家庄百年城市史的见证者，现基本保持其原始的结构状态。1984年被列为石家庄市重点文物保护单位；1993年被公布为河北省文物保护单位。

60

正太线上最美的石拱桥之一

正太铁路·翟家庄石拱桥
Zhaijiazhuang Stone Arch Bridge of the Zhengtai Railway

正太铁路穿越太行山，沿线山岭重叠，涧谷迂回，工程十分艰巨。由石家庄至获鹿，长16公里，地势较为平坦，过此段后即进入山地，地势愈发险峻。自井陉到阳泉区段最大坡度16.5‰，阳泉至寿阳间最大坡度达到18‰，最小曲线半径仅为100米。正太铁路于1904年5月开工，1907年10月完工。截至1909年，共支付建设费20 719 000元，平均每公里85 263元。

翟家庄石拱桥跨越季节性河流——甘陶河，距翟家庄车站旧址200余米。桥长45米，桥高10.8米，拱底5.2米。拱桥共3孔，从右侧阳泉方向起，其跨度分别为：7.8米、7.8米、6.4米（此孔后增加固拱券0.7米x2）。石块厚度30厘米，从地面起砌筑共36层。镶面石料采用上等的石灰岩，质地细腻。拱券外沿和桥面檐口凸起，砌筑精细，反映出工匠们较高的技艺。拱顶的处理手法娴熟得体，顶中石雕刻清秀，有翟家庄石拱桥建成年代标识"1920 民国九年"，字体道劲飘逸。

1. 翟家庄三孔石拱桥建成年代标识
2. 正太铁路翟家庄三孔石拱桥遗存·2015年
3. 正太铁路桥梁建造施工现场·1904年
4. 正太铁路建成通车仪式·1907年
5. 孙中山（前右3）视察正太铁路·1912年
6. 正太铁路上行驶的列车·20世纪20年代

175

中国拱桥历史之久，样式之多，数量之大，形态之美，发展之快，令世人所赞叹。如果说中国古代拱桥的风姿绰约，千姿百态，主要表现在拱轴曲线造型上的变化，那么，近代铁路拱桥式样的绚丽多姿，繁花似锦，更表现在结构形式、构筑方法和桥体装饰艺术的丰富多彩。跨越空中的道路，必定会引起人们的美丽遐想，尤以拱桥更甚之。诗人常常把拱桥比作长虹、卧虹、垂虹、飞虹……清末时期铁路石拱桥的兴起，不仅开创了铁路桥梁建设的新领域，而且也给诗人丰富的想象力插上翅膀。

正太铁路的设计桥梁载重为E-24.5级，与芦汉铁路保定以南所采用标准基本一致。建造方为了降低工程成本，故中小型桥梁以石拱桥居多。其中，阳泉至榆次间最为集中，此间共建石拱桥30座，占正太铁路桥梁总数的79%。正太铁路石拱桥除满足其功能性、结构性的需要外，还十分注意建筑的美感，一般桥体装饰都很考究。本桥结构匀称，造型轻盈优美，与周边环境相得益彰，清秀和谐，且长期安全使用，可以称得上是一座优秀桥梁建筑。

61 具有中国建筑特色的百年老桥

正太铁路·凤山支线五孔石拱桥

Fengshan Branch Line Five-span Stone Arch Bridge of the Zhengtai Railway

1896年6月，山西巡抚胡聘之上奏清廷兴建太原至正定的铁路，与芦汉铁路衔接，以便运销山西的煤炭、钢铁，并建议由山西商务局借外债兴造。同年7月8日得到清廷允准。1902年10月15日，督办芦汉铁路大臣盛宣怀在上海与俄法合资的华俄道胜银行签订《正太铁路借款合同》。1904年，日俄战争爆发，俄国无暇顾及，华俄道胜银行将《正太铁路借款合同》转让给法国巴黎银公司承办，正太铁路债权遂为法国所有。

1907年10月，正太铁路开通后，为晋冀原煤外运提供了便利，煤炭通过这条铁路源源不断地运送到全国各地，各方受益颇多。井陉矿区煤炭资源丰富，但与正线尚有一段距离，要想把煤炭运出去，必须与正线接轨。由此，通往矿区的凤山支线（井陉站—凤山站）应运而生。

凤山支线五孔石拱桥系正太铁路凤山支线0号桥。桥长59米，桥高20余米，单线铁路桥；距凤山支线五孔石拱桥302米处是凤山支线的起点，与正太铁路正线接轨。凤山支线五孔石拱桥1919年竣工，晚于正太铁路正线竣工通车12年时间。这是通往井陉三矿区的铁路支线上的第一座石拱桥。

抚摸石拱桥，令人难以相信已沐浴了百年风雨，优雅至美，结构如初。石灰岩砌筑的桥体严丝合缝，比例适宜，几乎看不到有任何损坏和人为修补的痕迹。每一块料石都经过细心凿磨，棱角分明。华丽的外表和稳固的内实，相得益彰，凸显出中国特色拱桥建造之魅力。

凤山支线五孔石拱桥最值得称道的是拱顶南北两块石雕标识。南侧的标识为"梅花福禄"；北侧的标识是"松鹤延年"。两幅石雕寓有"松鹤延年人长寿，梅花万里福禄多"吉祥之意。图案上方"1919"建设年份系深度阴刻。两幅石刻浮雕秀美大方，吉祥物栩栩如生，呼之欲出，中华文化的博大精深在此略见一斑。

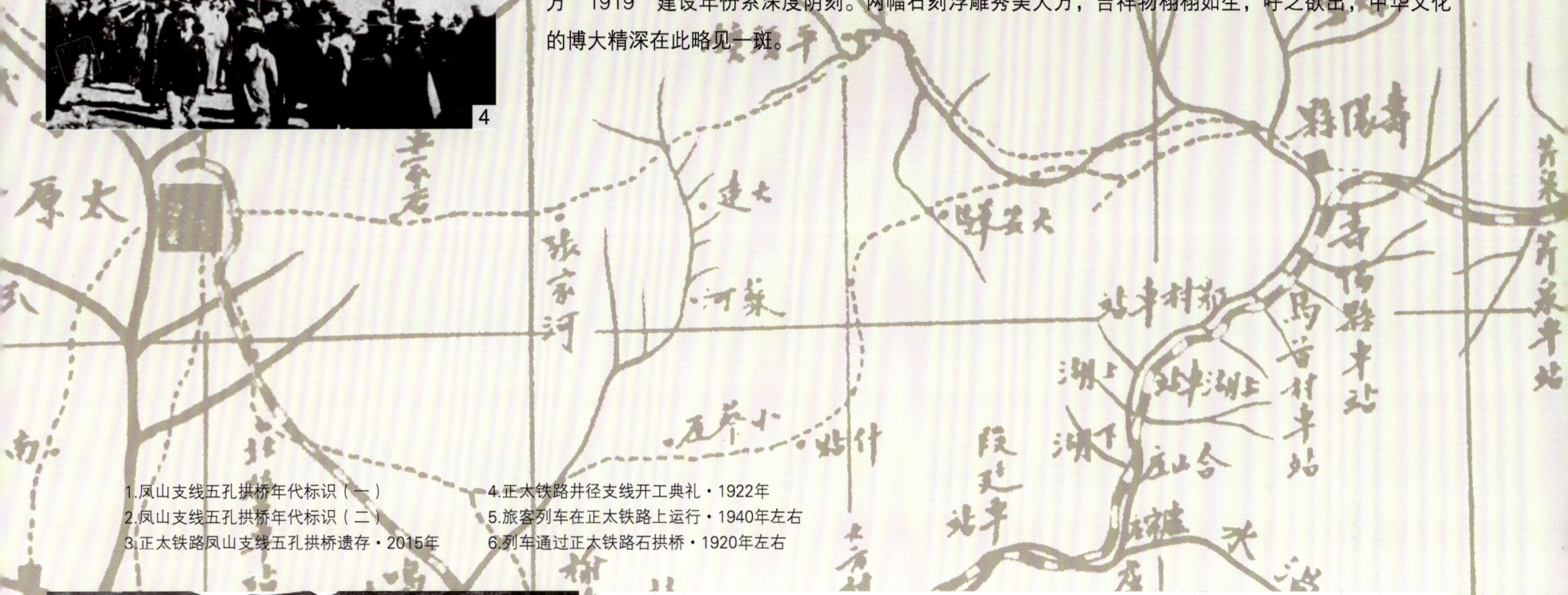

1.凤山支线五孔拱桥年代标识（一）
2.凤山支线五孔拱桥年代标识（二）
3.正太铁路凤山支线五孔拱桥遗存·2015年
4.正太铁路井陉支线开工典礼·1922年
5.旅客列车在正太铁路上运行·1940年左右
6.列车通过正太铁路石拱桥·1920年左右

62 | 正太线上跨度最大的石拱桥
正太铁路·娘子关单孔拱桥
Niangziguan Single-span Arch Bridge of the Zhengtai Railway

　　1903年法国铁路勘测工程师在选择正定至太原的线路走向时，确定由娘子关进入山西，直抵汾河谷地。穿过井陉娘子关，应该说是一条最佳的线路。"太行八陉"中的第五陉——井陉到太原距离最短。古代井陉，并非仅指河北省井陉县，而是一条包括今河北井陉、山西娘子关直达山西平定的交通系统和防御体系。在这条古陉上，有潇河、桃河等河川。相对于其他古道，此线地质条件稳定，有利于建造铁路，架设桥梁。

　　毗邻娘子关车站的这座单孔石拱桥，位于原正太铁路71.4公里，现石太铁路67公里990米处，距娘子关车站东2公里余，桥梁序号为第42号桥。娘子关单孔拱桥1905年竣工，全长48.4米，单孔拱桥，跨度20米余，为正太铁路拱桥跨度之最大。娘子关单孔拱桥在正太铁路桥梁中，具有一定的代表意义。

1.娘子关单孔拱桥维修年标
2.正太铁路娘子关单孔拱桥遗存·2015年
3.刚刚通车的娘子关单孔拱桥·1907年
4.娘子关单孔拱桥·20世纪30年代
5.正太铁路阳泉车站·1907年
6.正太铁路石家庄站·1907年

正太铁路建造标准普遍较低。增大投资铺设标准轨距铁路（1 435毫米）的请求清廷未允。作为承建方的巴黎银公司急于获利，故在工程上亦采取低标准、求速成的政策。窄轨（米轨）铺设决定以后，其他线路设计标准也相应降低。轨重为每米28公斤，道床宽度为2.2米，正常路基高度为0.4米。桥梁载重为E-24.5级，均属低标准设计。由于当时的钢材、水泥价格昂贵，为降低建造成本，故大多采用石拱桥桥式。

石拱桥有节约投资，维修简便的优势，但也有抗拉能力小，跨度受到限制的缺点。拱桥的"拱"就是弯曲的梁，拱桥拼砌，可以增大跨度，但随着桥的跨度增大，其抗拉强度就会相对渐弱，最后就会发生断裂。娘子关单孔拱桥单孔跨度超过20米，这在正太铁路全线建设中应该是一个突破；如此跨越能力的提升，在当时资金、技术乏馈的情况下，实属不易。

娘子关单孔拱桥1950年进行了维护大修。为增强桥梁的承载能力，维修者增加了50~100厘米的钢筋混凝土拱券，同时增铺较大的护坡工程。目前，这座单孔拱桥为石家庄工务段娘子关线路工区管辖。

63

正太线最长的混合式桥梁

正太铁路·娘子关绵河大桥
Niangziguan Mianhe Bridge of the Zhengtai Railway

　　娘子关西的绵河大桥是正太铁路上的重要桥梁之一。1903年由法国工程师勘察设计，1906年竣工。大桥的主桥为3孔下承钢桥梁，系热铆结合而成；每孔长50米，石砌桥墩。连接主桥的南部为6孔石拱、桥北1孔石拱。大桥全长245米。

　　绵河大桥采取混合式的结构形式。中间3孔主桥部分为现代钢梁桥，建造材料和工艺均采用法国标准。桥梁钢铁构件全部由铆钉固定，没有一处焊接，一排排半圆形的铆钉，规范规矩，一丝不苟。钢质桥梁和桥墩结合处，呈拱形结构，不仅为钢质桥身的热胀冷缩留下空间，而且显著减小了共振。桥的两端则采取颇具中国传统特色的石拱风格，跨度适宜，优美大方。百年前的设计者能够因地制宜，将古老工艺与现代技术有机结合，应用于铁路桥梁工程之中，是值得称道的。

绵河大桥石拱部分坚固美观。每一块料石都是精雕细刻，平整度颇佳，结合面砌筑精致。尽管经过百年岁月的侵蚀，石料表面和砂浆勾缝发生轻微风化，但却极少有剥落和缺棱掉角之处，几乎看不到任何损坏和人为修补的痕迹。

绵河大桥地处娘子关脚下，群山峻岭之中，遥想百年前，建设者们手中没有焊枪，桥下只有一座座燃烧的火炉，工匠们从熊熊的烈火中钳出烧得通红的铆件，高高地抛向桥面，然后通过机器趁热铆入钢梁孔，将一件件桥梁杆件连接起来，公差精准，质量上乘，百年如初，后人不能不为当年的建设者们发出由衷的赞叹。

正太铁路娘子关绵河大铁桥建成通车后，足足运用了50多年。1958年改线后的新石太铁路从大桥旁穿山而过，这座老桥随之改为公路桥。目前，绵河大桥仍然是连接绵河两岸的重要交通纽带。

1.绵河大桥与娘子关遥遥相望·2015年
2.正太铁路娘子关绵河大桥遗存·2015年
3.建设中的娘子关绵河大桥·1906年
4.列车在竣工不久的娘子关绵河大桥上通过·1906年
5.娘子关绵河大桥与桥梁工程技术人员·1907年
6.抗战时期日寇占领娘子关绵河大桥·1937年
7.娘子关绵河大桥桥面·2015年
8.正太铁路娘子关绵河大桥遗存·2015年
9.娘子关绵河大桥石拱桥遗存（局部）·2015年

64 | "百团大战" 的见证者

正太铁路·乏驴岭铁桥

Falvling Iron Bridge of the Zhengtai Railway

正太铁路乏驴岭铁桥因乏驴岭村而得名。驴岭村位于河北省井陉县天长镇，毗邻山西。乏驴岭，据传仙人张果老骑驴经过此岭时，驴子困乏不前而得名；有涧谷迂回、山岭险峻、行进艰难之意。1903年，法国人勘测正太铁路，设计单孔下承钢桁梁结构的绵河乏驴岭铁桥。乏驴岭铁桥由法国巴黎DAYDE & PILLE 公司承建，1904年始建，1906年建成。桥长75.5米，桥高7.5米，桥宽5.5米。乏驴岭铁桥无桥墩支撑，仅靠两端桥台一跨飞架于绵河之上。正太铁路的窄轨小火车，通过铁桥跨越湍急的河流，与乏驴岭隧道相连，一路向东。

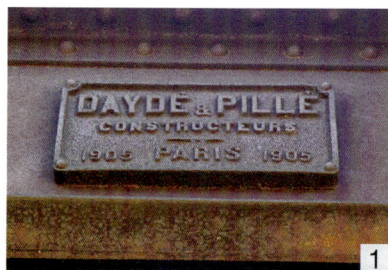

1. 乏驴岭铁桥桥梁铭牌
2. 桥梁上抗日战争时留下的累累弹痕
3. 正太铁路乏驴岭铁桥遗存全貌·2015年
4. 正太铁路通车时外国专家与工程人员的合影·1907年10月
5. 百团大战中八路军工兵拆毁正太铁路·1940年
6. 远眺正太铁路乏驴岭铁桥·清末
7. 正太铁路石家庄总局·1912年
8. 正太铁路乏驴岭铁桥桥面遗存·2015年

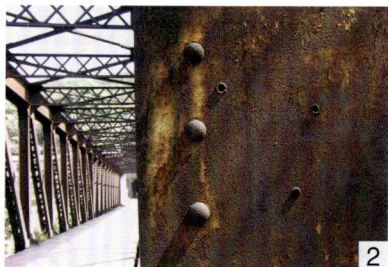

　　乏驴岭铁桥建造采用的是19世纪流行的锻铁技术。桥梁设计先进，钢梁材质优良，建造工艺精湛。桥梁构件均由热铆连接。铆钉被烧红后，工匠们通过机器迅速固定构件，排排铆钉精准严密。据记载，当时施工质量要求极其严格，每个铆孔误差不得超过0.1毫米。

　　乏驴岭铁桥是抗战时期百团大战的见证者。1940年百团大战中，聂荣臻指挥八路军破袭正太铁路，乏驴岭铁桥成为破袭的重点。八路军乘大雨倾盆的良机，在午夜发起攻击，用两个连兵力攻碉堡炸铁桥。因当时我军炸药短缺，仅炸坏桥头部位，最后拆毁桥上钢轨数段抛进河底，当地民兵又配合炸坏火车，才最终切断日寇运输线。桥头当年战斗中留下的弹痕至今仍清晰可见。

　　1947年，我军解放石家庄时乏驴岭铁桥一度临时启用。1948年解放太原时，大批兵员和军需物资亦通过乏驴岭铁桥运往前线。1949年1月乏驴岭铁桥铁路运输功能终止，随即成为乏驴岭村民出行的必经之路。现为河北省重点文物保护单位。

65 | 新中国成立前最大跨度的铁路桥
津浦铁路·泺口黄河大桥
Luokou Yellow River Bridge of the
Jinpu Railway (Tianjin-Pukou)

泺口黄河大桥是津浦铁路线上最长的桥梁，164.7米跨度的悬臂梁也是新中国成立前跨度最大的铁路钢桁梁。泺口黄河大桥设计、构造、用材在当时都堪称一流，施工中采用当时最为先进的气压沉箱等技术。泺口黄河大桥建成伊始，就成为当时中国最具现代化的铁路桥梁之一。

泺口黄河大桥位于今京沪线济南市北的泺口镇。大桥全长1 255.2米，设计预留双线，单线铺轨通车。桥址处洪水期水面宽约1 200米，中等水位时宽约300米，枯水期宽150米左右。泺口黄河大桥共12孔，自浦口端起为1孔91.5米、1孔128.1米，1孔164.7米，1孔128.1米，8孔91.5米下承钢桁梁。12孔钢梁均为三角形铆接梁，桁高除在第9、10号墩上递增至20米外，其余平均为11米。全桥墩台基础均为混凝土浇筑，并以料石镶面。设计载重等级相当于E-35级。工程造价折合库平银454.56万两，由德国孟阿恩桥梁公司设计和监造。

修建津浦铁路北段的主要障碍是天堑黄河，若想顺利贯通，就要修大型的铁路桥。承建泺口黄河大桥的德国孟阿恩桥梁公司自1901年起就在济南附近黄河上、下游90公里的范围内为大桥选址，经过3年的勘查、测绘，认为黄河流至济南泺口镇时，南依大坝，北枕鹊山，大坝与鹊山对峙，形成屏障，约束河道稳定不变，桥址选在泺口最为合适，并提出河段工程说明及建造方案。

1

1.津浦铁路泺口黄河大桥遗存
（局部）·2016年
2.津浦铁路修筑中·1909年
3.建造中的泺口黄河大桥·1912年
4.津浦铁路泺口黄河大桥·
1920年左右
5.津浦铁路泺口黄河大桥遗存·
2017年

1908年8月12日，孟阿恩桥梁公司与津浦铁路北段总局正式签订了建造洛口黄河铁路桥的合同，并于10月15日举行开工典礼。然而在大桥即将开工之际，山东省道员丁达意依民意提出"建桥既要对济南的繁荣有利，又不因桥墩阻水而易引起河防险患"的议案。遂要求孟阿恩桥梁公司重新设计，以加大桥孔跨度、减少桥墩。但经多次磋商没有达成一致意见。

1908年12月30日，清政府邮传部派中国铁路工程专家、京张铁路局会办兼总工程师詹天佑等来济南协调。詹天佑等经过实地勘察，提出两方都能接受的"减少桥墩、扩大桥孔、加固堤身"的方案。同时认为，改址绕行对济南的繁荣不利，故桥址仍定在泺口。1909年（宣统元年）下半年清政府批准了桥梁的设计方案。泺口黄河大桥下部结构按双线桥设计，主桁中距9.4米，预留出日后改铺双线的空间。桥上线路为直线，除第9~11孔悬臂梁为平坡外，两端向桥台方向均为6.7‰的下坡线路。

185

6.泺口黄河铁路大桥·1910年左右
7.泺口黄河铁路大桥·1920年左右
8.日寇在被炸毁的泺口黄河大桥旁搭设便桥·1937年
9.日寇抢修泺口黄河大桥·1938年
10.远眺泺口黄河大桥·1920年左右
11.詹天佑拍摄的泺口黄河大桥·1912年
12.泺口黄河大桥桥面·1920年左右
13.泺口黄河大桥（局部）·2016年
14.铁路工人正在养护泺口黄河大桥·2016年
15.旅客列车通过泺口黄河大桥·2016年

　　1909年7月，泺口黄河大桥正式开工。按设计方案河道北部漫滩较宽阔，建有8孔跨度 91.5 米简支钢桁梁；河道南部漫滩较狭窄，建有1孔跨度91.5米简支钢桁梁，基础共用桩1 270根。施工时，使用"杠杆法"对桩柱进行载重测试，每桩承载能力达150吨，为设计载重能力的2倍。第8、9、11号桥墩为气压沉箱加桩基础，第10号桥墩为气压沉箱基础，沉箱采用内挖法下沉。全桥基础以上的墩身、台身均用混凝土浇筑，表层以料石镶面。

　　泺口黄河铁路大桥设计理念先进，构造、用材、建设施工技术等方面在当时都堪称一流，大桥建成伊始就成为旧中国最具影响力的铁路大桥。泺口黄河大桥属下承式钢桁梁桥，其中高悬于主流之上的第9~11孔采用三联悬臂梁，颇具特色。其中第10孔跨度为164.7米，为全国跨度最大的铁路桥梁，这在当时世界桥梁建造工程中亦属罕见。

　　1912年11月16日，泺口黄河大桥竣工，总造价白银454.56万两。当年11月29日，桥梁公司正式交付津浦铁路北段总局管理。至此，泺口黄河铁路大桥正式投入使用，也标志着津浦铁路全线贯通，结束了以黄河为界分南北两段通车的局面。

泺口黄河大桥建成后，曾4次遭受战争重创。1928年，张宗昌部溃退时炸毁了8号墩顶部，第8、9两孔钢梁各有一端坠落于8号墩上。1930年，蒋介石与冯玉祥、阎锡山联军隔河击炮，击伤钢梁多处。 1937年，日本侵略军逼近济南，韩复榘部溃退时炸桥，使全桥遭严重破坏。1949年2月，济南解放后又遭国民党飞机轰炸，炸坏了大桥的3孔钢梁部分焊件和悬臂梁，当时由于技术有限，只采取最为原始的焊接方法进行修补。

由于黄河水含沙量大，河床淤高快，特别是进入20世纪90年代，桥址河床平均淤高 2.3米，其间河堤连续加高了3次。因防汛安全需要，泺口黄河大桥年总运量核减至400万吨；1991年4月21日，大桥宣告停止客货列车通过，全桥封闭，国务院批复拆旧建新。此间山东的煤炭和其他物资的运输难问题让省府倍感压力，相关部门亦请求缓拆本桥。1992年，经有关专家鉴定认为，泺口黄河大桥仍具有一定的剩余寿命和使用价值，于是决定对泺口黄河大桥进行修复改造。

1998年伊始，泺口黄河大桥修复改造工程开工，将北端八孔钢梁抬高与主桥孔（第9~11孔）梁底相平。2000年5月31日恢复通车。修复后的大桥经专家测算，完全可以安全使用40年。2006年，京沪铁路进行电气化改造，泺口黄河大桥亦进一步维修养护，现日通行列车可达28对。2013年3月，泺口黄河大桥被国务院公布为"近现代重要史迹及代表性建筑"，类同于国家级文物保护单位。2018年1月，被列入首批中国工业文化遗产保护名录。

66 | 津浦线南北两段连接点
津浦铁路·韩庄运河桥

Hanzhung Canal Bridge of the Jinpu Railway

韩庄站建于1911年，处于苏鲁交界的微山湖东岸，是津浦铁路北段最南端的车站。由韩庄东南行至台儿庄的一段运河俗称韩庄老运河，是利用伽河的一段增挖而成，史称"伽河新道"。运河像一条柔美的绿色裙带，从徐州西北的微山湖奔涌而来，穿过津浦铁路的韩庄运河铁桥，折向东南，再越陇海铁路，向宿北、两淮流去。

韩庄运河桥位于津浦铁路中心里程628公里164米，即今京沪铁路761公里164米，毗邻韩庄站。铁桥于1911年建成，全长64.4米，为拴焊下承钢桁梁，平坡直线；墩台内部为钢筋混凝土浇筑，外砌花岗岩镶面。

韩庄运河桥是津浦铁路大动脉南北两段的连接点。1908年1月，清政府与英德两国正式签订《天津浦口铁路借款合同》。合同规定，津浦铁路以山东峄县（今枣庄）为界，分南北两段，由德、英两国分别承筑。1910年4月，南北两段的分界点由峄县改为韩庄运河铁桥。1911年10月11日，津浦铁路南北两段在韩庄运河铁桥南岸接轨竣工。

韩庄运河桥建成以来，屡遭战事破坏。1922年起，军阀混战，韩庄运河桥被多次炸毁；加之土匪横行，桥梁钢质构件屡遭盗窃和抢掠。1927年11月22日，当津韩段第六分段再次修复被土匪破坏的这座桥后，无奈致电津浦铁路局工务处云："现在韩庄一带土匪猖獗，员工等在该处工作深感困难。此次修复该桥已将段所各种旧枕木搜罗一空。若不速派军警负责看守，倘再有损坏事情，势必不易修复。"由此可感知韩庄运河桥风雨飘摇、艰难维系之窘境。

韩庄运河桥是台儿庄大捷的战场。自1938年4月下旬始，中日两军隔河对峙，阵地战、冷战、热战、炮战、空袭战……但骄横的日军始终未能突破运河防线。5月18日，为阻断日寇南侵，中国军人断臂求存，含泪炸毁了韩庄运河桥。钢梁坍塌，线路扭曲，履行了中国军人的职责。

在淮海战役中，解放军夺取韩庄运河桥颇具戏剧性。1948年11月6日，淮海战役打响，华野10纵司令员宋时轮率部沿津浦路急速南下，向徐州以北的临城、韩庄冯治安部第三绥靖区发起猛攻。7日晚，宋时轮等人乘吉普车在韩庄附近误入国民党军34师111团3营防地，警卫员下车探明情况时被俘。恰巧该营营长王世江是中共地下党员，他立即将警卫员释放，并一同面见宋时轮。根据宋时轮的指示，3营随即组织了起义，成为淮海战役中第一支起义的部队。我军即刻控制了韩庄运河桥，关死鲁南大门，为华野部队迅速合围黄百韬兵团，夺取淮海战役胜利，创造了有利条件。韩庄运河桥历经1960年、2010年两次大规模维修改造，桥长增至136.4米，现仍在服役。

189

1.韩庄运河桥桥面·2010年
2.津浦铁路韩庄运河桥遗存·2010年
3.津浦铁路使用的蒸汽机车·1912年
4.津浦铁路机车房·1915年左右
5.津浦铁路韩庄站旧址·2012年
6.津浦铁路沿线轨道·1912年

千里淮河第一桥

67 津浦铁路·蚌埠淮河大桥

Bengbu Huaihe Bridge of the Jinpu Railway

　　蚌埠淮河大桥位于津浦铁路上行线832公里415米处，南距蚌埠站1.9公里。1908年9月确定桥址，1909年12月动工兴建，1911年5月建成。本桥为9孔跨度62.8米的柏氏下承钢桁梁，全长586.28米，是津浦线上仅次于黄河铁路大桥的第二长桥，也是淮河上第一座铁路大桥，故有"千里淮河第一桥"之美名。

　　蚌埠淮河大桥选址颇费周折。津浦铁路最初规划时，桥址原定在临淮关。1908年9月，英国总工程司德纪带领工程技术人员，亲往实地勘测，发现临淮关一带地势低洼，盛夏河水泛滥时，洪水会侵袭路基，危及铁路安全运营，因而否定了在临淮建桥的设想。德纪经过调查、比较，最后选择距临淮关上游约19公里的蚌埠。这里地势较高，不易受洪水影响，且河床底部坚石基础，比较稳固。虽然在桥址问题上，有地方绅董提出非议，但从千年大计考虑，再三权衡，最后桥址还是确定在蚌埠。蚌埠淮河大桥始引津浦铁路穿蚌而过，使蚌埠这个凤阳县一偏僻的小渔村，迅速发展成为南北东西水陆交通枢纽。

1.蚌埠淮河大桥雄姿·2014年
2.高樯帆船与蚌埠淮河大桥·1920年左右
3.被国民党军队炸毁的蚌埠淮河大桥·1948年
4.铁道兵抢修蚌埠淮河大桥·1949年

　　桥址确定以后，在建造何种形式的桥梁问题上，又引起一番风波。原设计，淮河铁路桥采用固定式桁梁桥。1908年12月，蚌埠一带的盐商36户联名呈禀正阳关督销局，认为大桥采用固定桥式，桥孔低狭，盐船桅高数丈，航行不便，请求将桥孔加高或建造活动桥，以利盐运。桥式之争历时一年余，先后有数十名大小官员实地勘察，经过反复比较，权衡利弊，约谈盐商，终于达成妥协，确定了固定式桥梁的方案。同时在大桥上下游设立拔桅的码头，使来往高樯帆船便于通过大桥，这种特殊设置为国内铁路桥梁之罕见。

　　跨越淮河是津浦铁路南段工程最为艰巨的工程。桥址选择在基础坚固处固然理想，但河底起伏多变，水深为25.30~27.43米，而且石底上面覆盖着厚厚的淤泥，最厚处竟达21.3米。每座桥墩都必须从石底起筑，故而各桥墩的高度参差不齐，最高者33.528米，最低者只有15.24米，施工难度增大。建桥之时，临淮关以南尚未铺轨通车，建桥所需的机械及灰、石、钢梁等建筑材料，都要靠民夫溯江淮河运至蚌埠。当时正值苏皖等地大水，数万民夫忍冻挨饿，往返一趟迂回千里，苦不堪言，工期一拖再拖。

　　蚌埠淮河大桥共用混凝土8 806立方米，花岗岩352立方米，其他石材508立方米，钢材250吨。除钢桁梁系购自苏格兰瑞特赫德森公司外，其余器材均在国内购置，所用气压沉箱由上海江南造船厂制造。全桥共用款项不及100万银元，较原计划节约10万银元。蚌埠淮河大桥各座桥墩全部用花岗岩筑成墩帽，每座墩帽厚2.74米（9英尺）；东西两侧作半圆形，用以减少洪水冲击的力量。墩帽上面，架设钢梁，钢梁上面铺设轨枕。1911年5月15日，蚌埠淮河大桥竣工通车。

津浦铁路蚌埠淮河大桥为南北交通要道，每遇战争，必为争夺之地。蚌埠淮河大桥曾先后两次遭到严重破坏，两次修复。第一次是1938年初，日军逼近蚌埠，2月2日，国民党军队第67师撤离时以水为兵，炸毁本桥钢桁梁7孔及6个桥墩。日军侵占蚌埠后，于同年9月修复。第二次是1949年1月16日，当人民解放军迫近蚌埠时，国民党第96军刘汝明部用了80吨炸药，将3个桥墩自水面以上13米全部炸毁，5孔梁落水，其中第3、4、7孔梁各炸落一端，第5孔中间炸断落水，第6孔整孔落水。炸桥之时，声闻数十里，桥毁之状惨不忍睹。

1949年初，人民解放军即将发起渡江战役，总部要求把津浦铁路迅速南伸，以保证军运。当时淮河水流湍急，河面宽约300米，水深10米，加之桥梁破坏严重，而且大洪水即将来临，修复难度很大。铁道部、铁道纵队（5月改称铁道兵团）会同苏联专家对5种抢修方案进行比选，确定在蚌埠淮河大桥上游30米处先建一座半永久性的渡河便桥。便桥主跨采用由平绥线沙城站调来的16孔25.46米上承钢桁梁。架设便桥任务限3个月内完成。

5.蚌埠淮河大桥抢修通车·1950年7月
6.抢修蚌埠淮河大桥情景·1949年
7.时任铁道纵队三支队长的彭敏同志
8.矗立在桥北岸的建桥烈士纪念塔·2015年
9.津浦铁路蚌埠淮河大桥遗存·2014年

193

便桥建造工程于1949年5月1日开始，铁道纵队第三支队和徐州抢修大队担任建桥任务。时值淮河春汛，几乎天天下雨，抢修大队在支队长彭敏的带领下，在寒冷的风雨中不停歇，在炎热的暴日下不懈怠，拼命往前赶工期。6月5日，当架设第8号和第9号桥墩的钢梁时，因上游冲下来的大石头将水下沉箱堵住了，无法固定。眼看着架桥机的重量压得桥墩倾斜了60厘米，情况十分危急。紧急关头，潜水队长、共产党员王吉珍主动担负重任，连续下水5次，潜入12米深的湍流中固定水下沉箱。当第6次下水时，由于连续工作，过度疲劳，不幸被急流卷入沉箱，英勇献身。

在修桥中以身殉职的还有刘建国、李鸿顺、周福贵、任武志、周建武同志。铁道纵队官兵靠着大无畏的革命加拼命精神，终于降服了桀骜不驯的淮河。一座16孔、505米长，高出水面12.5米的便桥飞架在滔滔大河之上。6月30日试车，7月1日在淮河北岸举行通车典礼，万余军民集会庆祝。下午3时，"战斗号"机车披着彩绸，拉着19节车厢，用18分钟徐徐通过便桥。5天后，凶猛的淮河洪水暴发了，水位一下子上涨了5米，原来的施工现场一片汪洋。

在便桥开通使用的同时，1949年9月蚌埠淮河大桥修复方案确定，修复工程由济南铁路局桥梁工程处的4个桥工队负责，11月16日正式开工。经过231天的奋战，1950年7月4日修复工程完工。工程共用劳动力20.7万工日，钢材154吨，水泥286吨；同时在北岸建蚌埠淮河大桥修复落成纪念碑一座。1950年7月11日，铁道部部长滕代远主持蚌埠淮河大桥修复落成典礼。便桥原定使用年限3~5年，实际只使用1年，1950年8月20日予以拆除。

蚌埠淮河大桥一直受到精心养护。1966年通过系统技术改造，列车时速提高到100公里。1987年根据国家治理淮河规划，蚌埠淮河北岸段河道取直，故蚌埠淮河大桥向北扩孔340余米，桥长增至930.27米。工程于1988年7月30日竣工，总投资1 000万元。

68 中国铁路最早的三铰拱桥

津浦铁路·葛家河拱桥

Gejiahe Arch Bridge of the Jinpu Railway

　　津浦铁路葛家河拱桥地处济南市长清区东南部，居济南站和泰山站之间。葛家河拱桥系德国人设计，1909年开工，1910年竣工。原为14孔，孔径18.8米不对称混凝土三铰实腹拱桥，桥梁全长301米，桥高18米。拱券厚度：顶部为1.1米，拱脚为1.7米；扩大基础，置于砾石层上。桥上线路坡度6.7‰。桥体装饰石雕精美，砌筑细腻，反映出较高的技艺水准。

　　葛家河拱桥是中国铁路最早建造的三铰拱桥。拱桥通常按拱券的静力体系分为无铰拱、双铰拱、三铰拱。在拱桥的两个拱脚和拱的中间各设一铰即为三铰拱。三铰拱属静定结构，因其构造复杂、施工难度大、维护成本高、抗震能力较低等原因，一般只有在地质条件不良的情况下采用此技术。故葛家河三铰拱桥作为历史遗存，当属凤毛麟角。

1.津浦铁路葛家河拱桥遗存（局部）·2015年
2.津浦铁路葛家河拱桥遗存（局部）·2015年
3.列车通过津浦铁路葛家河拱桥遗存·2015年
4.津浦铁路建造施工中·1910年
5.津浦铁路南端施工现场·1910年
6.津浦铁路使用的机车·1920年左右

　　葛家河拱桥几经破坏，几经修复。新中国成立后，根据河水流量逐年减少等因素，对第1~4孔进行了塞填。同时对第8~11孔改为上承板梁，第5~7孔与12~14孔系原拱，原第4号桥墩改为桥台，原第7、11号墩为平衡拱的单向水平推力加浆砌石料三角顶撑，第8号墩身重砌；原第6、7、12、13号墩残躯利用炸落的镶面石等进行包箍。修复后的桥孔总长缩短为214米。

　　1955年始，葛家河拱桥发生多处水平裂纹，并逐渐恶化。路方在桥孔内以木排架、枕木垛、钢梁顶托拱券，并限时速20公里维持行车。1955年7月，苏联专家良布赫视察葛家河拱桥，建议恢复为三铰拱桥。同年底经铁道部鉴定后，批准恢复葛家河拱桥为三铰拱的技术设计，暂用便桥维持行车，对这座桥进行永久性修复。

　　修复工程于1955年10月开工，1956年7月竣工，耗资71.4万元。修复工程的重点是新建第4~7孔混凝土拱券，同时对旧拱进行彻底修理。旧拱券及墩台经过40多年运营，已出现漏浆的现象。为使旧拱与新建拱券经久耐用，修复中对拱券裂纹变形者，全部以钢拱架衬托，凿除裂缝，以250号混凝土修补。为防止拱桥漏浆，还做了压注水泥浆补强，新铺设了防水层。葛家河拱桥自永久修复后运营情况良好，此举应该说是充分利用既有桥梁潜力的一个范例。

　　葛家河拱桥北侧桥头立有两米余高的石碑，斑驳的碑文依稀可辨："津浦铁路葛家河桥恢复工程竣工纪念　济南铁路管理局线桥工程队一九五六年七月"。1958年修筑复线时，路方在下行线仿照本桥结构和桥式，又架起一座全长275米，也是10孔的同样规模的拱桥。至此，津浦铁路跨越葛家河的上、下行线两座拱桥并行运营，形成蔚为壮观之势。葛家河拱桥历经百年风雨不衰，无论从结构设计的功能性，还是造型艺术的风采，还是石雕细节符号的点缀，都称得上是一座优秀的建筑艺术佳品。

69 南浔线重要的历史文化遗存之一
南浔铁路·德安大铁桥
Dean Great Iron Bridge of the Nanxun Railway (Nanchang-Jiujiang)

　　德安大铁桥毗邻江西省德安县河东乡上畈村，是南浔（南昌—九江）铁路上的一座较重要的桥梁。德安大铁桥始建于1909年，1911年竣工。全长百余米，共有6孔，5座桥墩为钢筋混凝土结构，桥梁系下承钢桁梁，稳重坚固。

　　1904年10月，江西京官李盛铎等111人联名上书朝廷，请准允于省城南昌设江西铁路公司，召集商股创办全省铁路，以"自保利权，杜绝列强觊觎"。清廷准奏，众推举在籍头品顶戴前江宁布政使李有棻为江西铁路公司总办。1907年1月，南浔铁路在龙开河举行启土（开工）典礼。南浔铁路设计标准：轨距1 435毫米，限制坡度10‰，最小曲线半径402米；正线128.35公里，设立九江、马回岭、德安、牛行（今南昌）等10个车站。1908年5月，九江至德安段53公里动工。1911年5月，德安大铁桥建成，九江通车至德安城郊；同年5月18日，正式售票营业。

德安大铁桥是历史的见证者。1927年南昌起义期间，周士第率领革命队伍与追赶上来阻止进发的张发奎部在此发生激战。抗战时期的1938年，国民党当局采取"焦土抗战"，决定拆毁南浔铁路并成立拆路局，把钢轨拆掉运至长江沉入水下；同时对沿线铁路大桥一并实施爆破，德安大铁桥也未能幸免。当年秋天，日军侵占九江，继而攻陷南昌，为了军事需要，日军强迫民工将南浔铁路碾平后当作公路使用。日本投降之后3年，南浔铁路逐渐得到修复，但付出的代价十分惨痛，支付款项达783余亿元，近乎重建一条新线。1949年国民党军队向南昌方向溃逃，驻守德安的国民党86师，为阻止解放大军的追击，悍然炸断德安铁路大桥，南浔铁路又一次全线瘫痪。

德安大铁桥两侧桥头原有日军构筑的碉堡4座，现尚存一座，位于大桥东北方向。桥头堡建于1939年秋，高10米，为直径4米的两层圆柱形钢筋混凝土结构，分布射击孔10个。这是日寇侵略中国的罪证。

解放后，铁路员工响应党的号召，冒着敌机的轰炸和洪水的威胁，积极投身到南浔铁路桥梁抢修战斗中。1949年8月23日，南浔铁路修复工程竣工，10月1日恢复正常运输。德安铁路大桥现为公园内的旅游观光休闲桥。

1.日军修筑的南浔铁路德安大铁桥桥头堡（图中）·2016年
2.南浔铁路德安大铁桥遗存·2016年
3.修复后的德安大铁桥·1949年
4.日寇逼近，难民潮涌向铁路桥逃难的情景·1937年
5.万家岭战役中的中国军队重机枪阵地·1938年
6.抗战时期南浔铁路站台售货情景

70

"南浔会战"历史遗存之一

南浔铁路·德安小铁桥

Dean Little Iron Bridge of the Nanxun Railway

在德安南浔铁路有两处珍贵的历史遗存，即大小两座相邻的铁路桥梁。这座被人们称之小铁桥的钢构桥梁建于1909年，临江西省德安县临蒲亭镇。小铁桥全长50余米，共3孔，2座桥墩为圆端钢筋混凝土结构。小铁桥看似平常，但却有着不平凡的经历，是中国人民英勇抗击日寇的战场，也是南浔铁路历史变迁的见证者。

1938年6月初，日本侵略者逆长江进犯。南浔铁路自6月12日起，客货运输全部停止。奉民国政府铁道部命令，6月15日开始拆轨破路、炸毁桥梁，所有机车货车及拆卸的钢轨、电讯材料、各项机件等分批向南由南昌转至浙赣铁路。是年8月底拆轨工程告竣。

1.日军修筑的德安小铁桥桥头堡·2015年
2.南浔铁路德安小铁桥遗存·2015年
3.南浔铁路涂家埠至杨家岭段线路·1916年
4.运行于南浔铁路上的蒸汽机车·1916年
5.德安小铁桥附近的南浔铁路线路遗迹·2015年

199

　　1938年7月至10月，中国军队与日寇在南浔铁路沿线展开战斗，史称"南浔会战"。为配合我军作战，南浔铁路员工奉命对铁路时而赶拆，时而赶修，变更无定，夜以继日。"各员工长警等深明任务重大，不辞辛劳，奋然从公"，为"南浔会战"付出巨大牺牲。1938年10月7日，中国军队第1兵团在薛岳将军的指挥下，向德安北万家岭发起总攻，一举攻克长岭、张古山。10月9日，中国军队围歼日军106师团万余名，取得万家岭大捷。

　　1938年10月20日，日军进攻德安。南浔线经德安城西南侧的铁路桥于我军转移后已破坏。26日敌军在飞机大炮的火力支援下，架浮桥猛攻德安城。中国守军英勇顽强，战斗异常激烈残酷，实为抗战以来少有的守城战。29日敌军在付出两千余人伤亡的代价下攻陷德安。中国军队退至永修、吴城，沿修水南岸防守。铁路员工配合中国军队不断袭击日军，自1938年末至1940年1月，中国军队在南浔铁路沿线破袭日军79次。其中爆破轨道32次，爆炸桥梁8次，袭击列车6次。

　　今桥头西南遗存一碉堡，高4.8米，直径3.2米，一层3孔，系圆柱形钢筋混凝土结构。桥头堡建于1939年秋，系日寇为惧怕中国抗日游击队破坏交通线而建。小铁桥连接德安县东西两区，近年来，当地政府不断投资，采用更换钢梁支座、铆钉及钢梁构件、除锈、喷漆等办法进行养护维修，确保铁桥使用寿命。小铁桥现为市民通行便道，万家岭大捷纪念园的一部分。

71 | 株韶段五大拱桥之一
粤汉铁路·新岩下拱桥
Xinyanxia Arch Bridge of the Yuehan Railway (Guangzhou-Wuhan)

　　新岩下拱桥是粤汉铁路株韶段五大拱桥之一，位于京广线新岩下至坪石站区间，跨越白沙水。新岩下拱桥始建于1934年9月，竣工于1936年4月。由原粤汉铁路株韶段工程局设计施工，桥梁与河流斜交，为6孔钢筋混凝土无铰半圆拱，中间4孔跨度为30米，两端跨度各为15米，桥高28米。桥墩均为沉井基础。新岩下桥为五大拱桥长度之最，全长190米。

　　五大拱桥是粤汉铁路标志性工程。五桥分别是：新岩下拱桥、碓硠冲拱桥、省界拱桥、风吹口拱桥及燕塘拱桥。五桥在6公里范围内桥隧相连，五跨白沙水，桥上线路高出河床面约26~30米。设计时，曾就钢梁桥和拱桥不同方案进行比选，最后选定钢筋混凝土拱桥方案。同时，参照美法两国计算拱顶厚度的公式，桥墩在起拱处的厚度定为拱顶厚度的3.5倍，拱券内弧取半圆形，以减少对桥墩的推力。

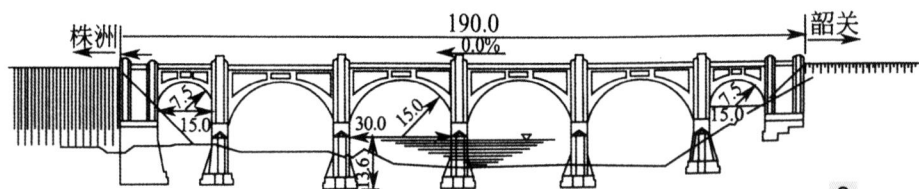

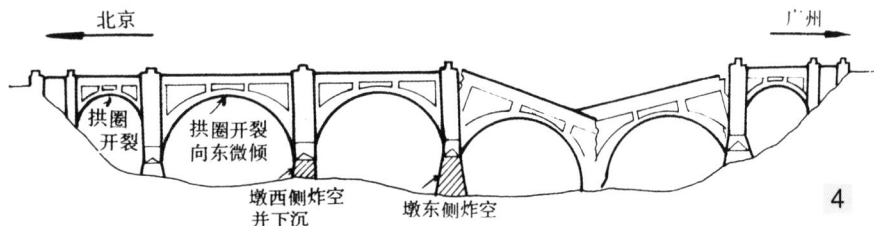

解放战争中的1948年，国民党溃军将新岩下拱桥炸毁。除南北两端两孔尚完好外，2号桥墩的下游侧半边墩身及1/4拱座被炸坏，全墩向下游微偏；3号墩的上游1/3墩身及拱座被炸缺，拱座偏向上游；4号墩自基础以上被毁。桥梁破坏之状，令人不忍目睹。

为了早日打通粤汉铁路，解放军铁道兵团二支队桥梁大队和广州桥梁队三分队奋力抢修新岩下拱桥。1949年11月3日，二支队长和苏联专家来到工地，现场确定修复工程方案，即原跨不变，抢修正桥，残拱残墩全部以爆破法清除。

1949年12月4日工程开工。爆破清除是抢修的关键工序。4日下午和5日上午，共组织爆破4次，圆满完成4孔30米拱的炸断落地任务。经24个昼夜突击，新岩下拱桥于12月27日试行通车。1950年1月18日，坪石工务段新岩下工队及铁道兵团两个连，又进行了拆除支架、清理河床和用混凝土包裹钢塔架脚等收尾工作。1950年3月底，工程全部完成。

1.粤汉铁路新岩下拱桥基础遗存·2015年
2.改建后的粤汉铁路新岩下拱桥·2015年
3.新岩下拱桥设计示意图
4.解放战争期间新岩下拱桥遭破坏情况示意图
5.新岩下拱桥破坏情况·1949年
6.7.抢修新岩下拱桥情景·1949年12月

72

时为中国铁路跨度最大的钢筋混凝土拱桥

粤汉铁路·碓硙冲拱桥

Duiweichong Arch Bridge of the Yuehan Railway

碓硙冲拱桥是粤汉铁路株韶段五大拱桥之一。拱桥全长105米，共3孔，从株洲端起第一孔跨度20米、第三孔跨度20米；第二孔为主跨，达40米，为粤汉铁路乃至当时全国铁路拱桥跨度之最。

碓硙冲拱桥施工难度较大。五岭山脉系长江、珠江两流域的分水岭，五大拱桥所处线路自金鸡岭往北，沿武水支流白沙水上行，河流迂回曲折，山岭峻险。白沙水变幻莫测，平时水深约0.5米，最深处约2米；洪水时水深则达到8~9米，流速达6~7米/秒。由于水浅滩多，迂回湍急，仅能通行小舟。五桥桥址地质情况是上层为泥沙，其下间有卵石或硬胶土和软石层，3~7米以下均为坚质红砂岩。碓硙冲拱桥桥位基岩倾斜，岩层分别向左倾斜15°。

1

2

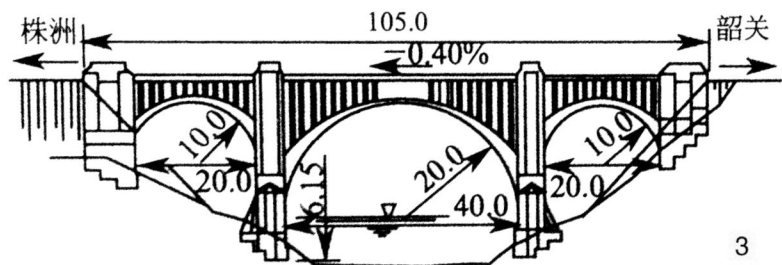

株洲 ← 105.0 → 韶关
←0.40%
10.0 20.0 6.15 20.0 40.0 20.0 10.0 20.0
3

4

5

粤汉铁路株韶段当时号称中国铁路工程高标准线路，与省营的浙赣铁路先通后备的低标准截然不同。五大拱桥是由我国工程技术人员自行设计和主持施工的，当时以其设计跨度大、施工注重质量和标准规范而闻名全国。拱桥水中墩基础，均在基岩与混凝土间埋设了锚固钢筋，预防滑动；桥的中孔拱架基础因在水中，则采用围堰防水，开挖至基岩后，再砌筑浆砌片石基础。拱券混凝土采用分段灌筑，跨径20米的拱券分5段，3次灌注；跨径40米拱券则分7段完成；设计施工科学管理，精准到位。建设者在当时施工难度大、设备简陋的情况下，尊重科学、勇于探索、敢于实践的精神值得称道。但由于受时代技术水平的限制，桥梁在设计上采用了较高的安全系数，相对成本加大。

大跨度的碓硑冲钢筋混凝土拱桥是中国早期铁路桥梁建设的上乘之作，是人类文明与进步的一座丰碑，是弥足珍贵的近代工业文化历史遗存。

1.粤汉铁路碓硑冲拱桥遗存（局部）·2015年
2.粤汉铁路碓硑冲拱桥遗存·2015年
3.碓硑冲拱桥示意图
4.粤汉铁路施工中·1936年

5.粤汉铁路早期使用的蒸汽机车
6.今日粤汉铁路碓硑冲拱桥·2015年
7.粤汉铁路全线在廖家湾接轨·1936年4月28日

6

7

73 | 令人叹为观止的优美桥梁
粤汉铁路·省界拱桥
Shenjie Arch Bridge of the Yuehan Railway

1936年建造的五大拱桥，可以说是粤汉铁路株洲至韶关段著名的工程。五桥不仅在设计上精心，在施工上亦严格管理，精选材料。五桥上下部共灌筑混凝土28 000立方米，耗用水泥9 022吨，钢筋968吨，其中水泥选自越南海防，料价和运费与国内大体相当，但质量上乘。

省界拱桥是五大拱桥最美的桥梁。顾名思义，省界拱桥正处湘粤两省交界地。省界拱桥全长105米，有3孔，从株端起1孔跨度20米、1孔跨度40米、1孔跨度20米。桥宽6米，高度为50余米。钢筋混凝土结构，设计等级为E—50级，静载拱顶填土厚度2米，道砟厚度38厘米。1936年4月竣工。省界拱桥造型优美舒展，落落大方，建筑艺术性名列五大拱桥之首。一桥飞架白沙河两岸，崇山峻岭间犹如彩虹般婀娜多姿。

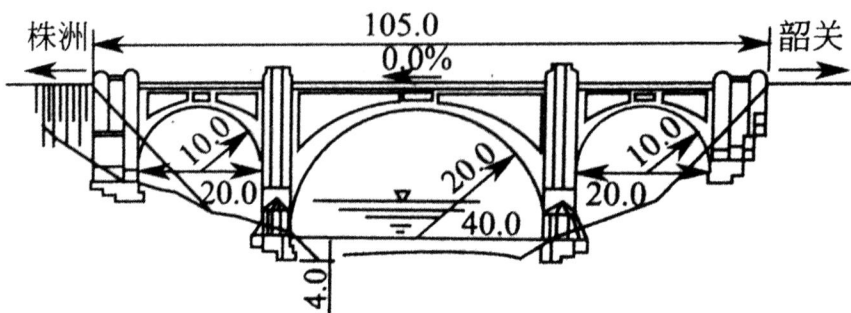

1.粤汉铁路省界拱桥遗存（局部）·2015年
2.粤汉铁路省界拱桥遗存·2015年
3.粤汉铁路省界拱桥建设中·1936年
4.省界拱桥立面示意图
5.时任粤汉铁路株韶段工程局局长的凌洪勋·1932年
6.粤汉铁路南北两段接轨，凌鸿勋亲手打下最后一根
　接轨的道钉·1936年4月28日
7.粤汉铁路使用的机车·民国初

省界拱桥的主拱中央两面侧壁均有桥梁标识阴刻："民国二十五年·省界桥·凌鸿勋"。明示工程竣工1936年，题字者凌鸿勋。凌鸿勋乃民国时期著名的铁道工程专家和教育家，1894年出生于广东番禺一个书香世家。凌鸿勋曾主持建成陇海铁路等多条铁路干线，获得中国工程师学会首次颁发的金质奖章。1932年11月1日，凌鸿勋走马上任，担任粤汉铁路株韶段工程局局长兼总工程师。经过3年多的艰苦努力，株韶段铁路于1936年4月28日接轨，凌鸿勋亲自打下最后一根道钉。

五大拱桥是中国铁路钢筋混凝土结构桥梁的先驱者。五大拱桥设计前曾就钢梁桥和拱桥方案进行了比选，鉴于钢梁需要向外国订货，工期无把握、造价高、运输困难和养护费用大等不利因素，而选择了相对造价低、养护简便、适应工程地质条件等优点的钢筋混凝土拱桥方案。

今日，虽然线路上的钢轨已被拆除，但桥体基本完好，路基虽有坎坷，但小型车辆和行人仍可通行。

74

株韶段五大拱桥之一

粤汉铁路·燕塘拱桥

Yantang Arch Bridge of the Yuehan Railway

株洲至韶关段是粤汉铁路的关键区段。这里奇峰突起，峭壁深涧。建设者们在这里建造的五大拱桥凌空越阻，游走于水上山间，被世人称颂。五大拱桥位于坪石以北的湘粤边境6公里内，其中新岩下、碓硙冲两桥在广东境，风吹口、燕塘两桥在湖南境内，省界桥居两省交界处。五大拱桥融于山水之间，引发人们的无尽的美丽遐想。

粤汉铁路株韶段五大拱桥系钢筋混凝土结构。拱桥墩台基础设计均置于红砂岩上。燕塘拱桥北岸为高约15米的岩壁，初设计拟将桥台基础设于岩壁外缘的河边，后改为将桥台北移，利用天然岩壁作基础。此举，显著降低了建造成本。燕塘拱桥的拱架用优质松木制成，拱券混凝土按跨径不同，采用分段灌筑方法完成。

1

2

燕塘拱桥全长75米，共两孔，从株洲端起为1孔40米、1孔20米。设计载重等级为E—50级，静载拱顶填土厚2米、道砟厚38厘米。燕塘拱桥于1934年9月开工，1936年4月竣工。

燕塘拱桥与整个粤汉铁路株韶段工程一样，都是依据当时的民国政府颁布不久的"新筑干线国家标准"设计施工的，虽耗资略高，但标准规范，质量优良。面对一些人"标准太高"的质疑，时任株韶段工程局局长兼总工程师凌鸿勋认为："粤汉铁路是全国最重要的干线之一。我们无须以偷工减料而博得工快钱省的虚名。我做的是百年大计，等到这条路通车以后，它的营运能力如何，将来就会知道的。"事实验证了凌鸿勋前瞻性的预见。

燕塘拱桥犹如一幅优美的建筑艺术品，掩映于山林之中，拱桥既突出于环境又融汇于环境。随着时间的推移，植物穿透拱桥的结构节点或顺着拱桥结构体生长，不仅留下桥梁深深的岁月履痕，而且赋予了历史遗存独特的自然美。

1.粤汉铁路燕塘拱桥遗存（局部）·2015年
2.粤汉铁路燕塘拱桥遗存·2015年
3.抢修粤汉铁路·1949年
4.抢修粤汉铁路·1949年
5.燕塘拱桥效果图
6.粤汉铁路湖南段通车·1910年

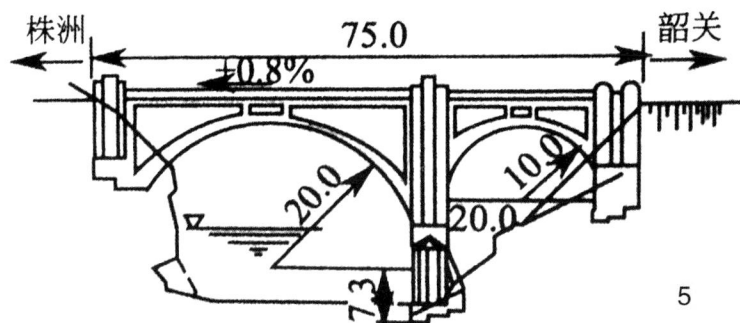

75 | 广东省内现存最久远的铁路桥
广九铁路·石龙南桥
Shilong South Bridge of the Guangjiu Railway (Guangzhou-Jiulong)

石龙南桥是广九铁路一座重要桥梁，始建于1907年，为广东省内现存年代最久远的铁路大桥。石龙南桥毗邻广九铁路石龙车站，横跨东江，全长274.8米，墩台为钢筋混凝土结构。石龙南桥作为广九铁路重要组成部分，在保障香港物资供应和促进港澳地区经济社会发展发挥了积极作用。

广九铁路，分为华英两段。华段自广州东郊的大沙头车站（解放后改称广州东站）起至深圳车站止，长142.8公里；英段自深圳车站起，至香港九龙海港止，长35.8公里，全线共长178.6公里。华英两段于1907年8月同时动工，于1911年3月和9月分别竣工。英段沿线山岭重叠，岩石坚硬，工程艰难。华段线路沿珠江东行，由石龙渡东江，折而南，趋深圳，沿途地势平坦，施工相对较易，跨越东江的石龙南桥是其最大的工程。

石龙是水路军事要冲，是进出广州的重要军事屏障，历来是兵家必争之地。民国时期，石龙作为国民革命军讨伐陈炯明的东征大本营，孙中山曾多次乘火车来石龙视察阵地，指挥战事。广九铁路石龙南桥为当时的交通要道，在保障国民革命军兵力运输和后勤保障方面发挥了重要作用。1937年，全民族抗战爆发后，日军对广九铁路进行频繁轰炸，时至今日，在广九铁路石龙南桥旧址钢梁杆件上仍留有多处中弹穿孔。1938年10月，为阻挡日军南侵，中国军队奉命炸毁石龙南铁路桥两个桥墩，轨道下塌，广九铁路交通遂告中断。在石龙被日军侵占时，日寇曾多次召集民工修桥，企图打通广九铁路，但因民众故意怠工，加上各方面的袭扰，日占石龙期间桥梁一直无法修复。

新中国成立后，石龙南桥历经多次大修，原桥墩、轨道保存完好，运输畅通。随着铁路电气化发展和全面大提速，石龙南桥原设计承载等级严重不足，逐步限速，2007年石龙南桥停止运营，功成身退。

悠悠百年，老桥见证了广九铁路的发展历程和中国铁路修筑技术的不断进步。2011年广东省文物普查中，被列入"十大新发现"之一。在国务院核定公布的第七批全国重点文物保护单位中，石龙南桥榜上有名，被认定为近现代重要史迹及代表性建筑。

209

1.广九铁路石龙南桥遗存（局部）·2015年
2.广九铁路石龙南桥遗存·2015年
3.广九铁路石龙南桥·1911年
4.广九铁路通车情景·1911年
5.广州黄沙车站·1911年
6.抗战时期，深圳车站内的难民收容所·1938年

中国铁路最早的钢筋混凝土拱桥

76 | 广深铁路·清水河拱桥

Qingshuihe Arch Bridge of the Guangshen Railway (Guangzhou-Shenzhen)

拱桥在中国铁路建造史上独树一帜。在传统的石拱桥基础上，中国铁路还建造了大量的混凝土拱桥和钢筋混凝土拱桥，充分展示出我国劳动人民的勤劳智慧和卓越才能。《中国铁路桥梁史》（中国铁道出版社，2009年版）中记载，广深线清水河桥是"我国最早的钢筋混凝土铁路拱桥"。

广深铁路清水河桥建成于1909年，是广深铁路3号线上的钢筋混凝土拱桥，桥梁为3孔。2015年12月24日，笔者与广州铁路工务段深圳桥隧工区师傅们共同对清水河拱桥进行了实际测量。记载如下，桥号：77A；中心里程141公里228米处；桥全长28.4米；桥高5.15米，拱高3.75米；净跨度4.58米；桥宽6.30米；台墙高1.98米；拱夹角宽1.2米，斜长0.98米。拱桥采用的构造钢筋直径10毫米。

3

4

5

6

7

自广深线清水河桥起步，我国钢筋混凝土铁路拱桥得到飞速的发展。在初期的较长一段时间，跨度未超过20米；到20世纪30年代中期粤汉铁路修建拱桥，跨度发展到40米。此后20年内，拱桥跨度一直保持在这个水平。到1956年，从东岗镇黄河桥开始至永定河7号桥的建成，我国钢筋混凝土拱桥跨度提升进入较快的发展时期。10年间，跨度由53米增长到150米；在结构上，采用空腹式肋拱，并由上承式发展到中承拼装式。混凝土工艺采用重量配比及机械搅拌，混凝土强度等级达到了500号。由此，钢筋混凝土铁路拱桥进入飞速发展的快车道。

清水河拱桥尽管经历无数次风吹雨打，车轮碾压，甚至遭遇洪水、地震、战争的破坏，今天依然挺立坚守，背负重任，为人们默默地奉献着。经过几代铁路人的精心养护，目前老桥状态良好，主要承担下行的普通旅客列车通过。

历史将会记住这位精神矍铄的老者——广深铁路清水河桥，中国铁路第一座钢筋混凝土拱桥。

1.清水河拱桥（局部）·2015年
2.广深铁路清水河拱桥遗存·2015年
3.广九铁路勘测线路走向情景·1907年
4.广九铁路通车情景·1911年10月
5.广九铁路大沙头车站·1911年
6.广九铁路深圳平湖站·1911年
7.广九铁路香港段罗湖车站·1910年
8.列车通过清水河拱桥·2015年

8

77 连接深圳与香港的通道
广九铁路·罗湖桥
Luohu Bridge of the Guangjiu Railway

深圳河，宽不过50米，水深不足5米，河上静静地卧着一座秀丽庄严的钢铁桥梁——罗湖桥。它是广九铁路上的一座普通的桥梁，但又是一座不同寻常的界桥；自从1911年诞生起，它就是连接深圳与香港的主要通道。新中国成立之后，罗湖铁路桥又以特殊的地理位置，成为中国内地通往外部世界的重要窗口和"南大门"。

罗湖桥前身是一条行人木桥，随着广九铁路修筑，才有了真正意义上的罗湖桥。1890年末，广东候补知府易学灏具呈两广总督李瀚章，拟修筑广州至香港九龙的广九铁路，因故未果。1899年，清政府与英国再议筑路，又因英国发动南非殖民战争而搁置。1907年3月7日，《广九铁路借款合同》在北京签订，广九铁路付诸实施。中、英双方商定，广九铁路自大沙头至九龙，以罗湖桥中孔为界，分为两段，各自施工。

1911年8月14日，广九铁路通车典礼分段举行。港方辅政司在尖沙咀火车站主持通车典礼，然后嘉宾登上火车，直接开到罗湖。广州方面则从大沙头火车站乘坐第一列火车，开至罗湖。然后，粤港双方官员步行至罗湖桥上，主持接轨典礼。当晚，两段路轨接通。第二天，广州的火车驶过罗湖桥直抵香港尖沙咀总站。

罗湖铁路桥最初分为两段，深圳段内长11.66米，香港段内长36.15米，全长47.81米；桥面宽8.9米，距水面高4.6米。桥体为两墩三孔双线铁路钢桥，两端桥孔为6.17米钢槽梁，中桥孔为32米钢梁。桥梁功能分为铁路和人行两部分。中间部分为铁路，两侧供出入境旅客通行。桥面有一条红色油漆作为香港和深圳的分界线。两边桥头各设岗亭与升旗楼。

抗日战争期间，英军为阻止日军进犯，将罗湖铁路桥拆毁，但日军还是攻占了香港。日军占领时，曾对罗湖铁路桥进行重建；溃逃时，又疯狂地拆毁了罗湖铁路桥。

1. 俯瞰深圳河与罗湖桥·20世纪80年代
2. 广九铁路罗湖桥·2019年8月17日
3. 广九铁路建设中·1908年
4. 广九铁路在罗湖举行了"英段"通车典礼仪式·1910年10月
5. 日军扫荡布吉，铁蹄践踏广九铁路·1942年
6. 各界群众在深圳车站集会欢迎人民解放军进驻·1949年10月

　　长期以来，罗湖桥一头是中国内地，一头是英租地香港。在灾难深重的旧中国，西方列强将掠夺的物资、矿产，通过本桥运往海外；无数饥寒交迫的穷苦民众，含着眼泪从桥上走过，背井离乡去海外谋生。1949年的10月19日，新中国诞生的第19天，解放军的一支先头部队打到深圳河畔的罗湖桥头，罗湖桥获得了新生。

　　当年，冲破无数艰难险阻回来建设新中国的海外赤子，大多都是通过罗湖桥进入祖国内地的。1955年10月8日，著名科学家钱学森突破美国政府的封锁，一手领着6岁的儿子，一手提着一把吉他，走上了罗湖铁路桥头，后来成为中国"两弹一星"事业的奠基人。多少意味深长的历史画面，定格在这座几十米长的小桥上。

　　1959年，人民政府对罗湖铁路桥进行了改建，跨度增大，桥面亦加宽了一倍多。1962年，在周恩来总理的亲自过问下，由铁道部、外贸部联合开辟了"鲜活商品快运货物通道"，经罗湖桥通过的3趟快车风雨无阻，每天向香港同胞送去宝贵的生活物资。1965年，桥面加盖了一个高7米、宽12米的铁皮雨棚，两侧增设铁栏杆，并铺上人行道，结束了过境旅客风吹雨淋的历史。

　　1981年2月，宽8米的罗湖人行桥竣工，改变了出入境旅客沿铁路线行走的历史。 2003年9月28日，因治理深圳河工程的需要，这座记载着深港两地百年沧桑的罗湖铁路桥迎来了退役时刻。250吨重的老桥，整体向前移动了18.5米，现静卧于香港一侧的梧桐河畔的密林中。接替的新铁路桥全长44米、宽20米、高11米，跨度较老桥增加了8米。不仅有效地解决了桥台阻碍泄洪的问题，而且桥梁的规格更高，结构更优，科技含量显著提升。

　　新的罗湖铁路桥梁为山海关铁路桥梁厂制造，2004年初正式投入使用。新桥的建造尊重历史，其外形结构与旧桥基本一致，均采用钢梁结构。新桥跨度的增加，改变了以往桥台阻碍泄洪、导致罗湖、新界屡遭水害的状况，深圳河的防洪标准提高到50年一遇。如今的罗湖桥，人们更习惯叫它罗湖口岸，它已成为目前我国客流量第二大的旅客出入境陆路口岸。

7.广九铁路罗湖桥·20世纪50年代
8.9.10.11.旅客通过罗湖铁路桥口岸·
　20世纪50年代
12.旅客通过罗湖桥过关情景·20世纪
　70年代
13.人声鼎沸的罗湖桥·1978年
14.列车通过罗湖桥·20世纪80年代
15.跨越深圳河的罗湖桥（图左为香港，
　图右为深圳）·2019年8月17日

78

"皇姑屯事件"发生地

南满铁路·奉天三洞桥

Fengtian Three-span Bridge of the South Manchuria Railway

奉天三洞桥是一座既普通又非寻常的桥梁。1905年，沙俄在日俄战争中战败，将旅顺至宽城子段中东铁路划归日本人，日方称之为南满铁路。1911年9月，中日双方在奉天订立《关于京奉铁路延长协约》，将南满铁路线路抬高，在其与京奉铁路相交点处架设立交桥，使京奉铁路能够延伸至奉天城下。这座立交桥有3孔，故俗称"三洞桥"，桥上是南满铁路，桥下是京奉铁路。1928年震惊中外的"皇姑屯事件"就发生在这里。

奉天三洞桥今距沈阳站中心里程为2公里284米处，全长37.2米，下承钢板梁，共3孔，单孔跨度10.5米；桥墩台为钢筋混凝土结构，外部花岗岩镶面。1928年6月被炸毁后复建。1983年更换为跨度10.5米、宽度4.5米、净重27吨的下承板梁。现为哈大线中型桥梁。

20世纪20年代中期，东北军阀张作霖在日本人的眼里已"成了日本在满洲建立新国家的障碍"，密谋将其除掉。在日本人威逼利诱下，张作霖内外交困，决定"退出京师"向东北退却。1928年6月3日晚，张作霖离开北京大元帅府，由北京站乘坐当年慈禧太后曾使用过的蓝钢皮专用列车回奉天。然而，日本关东军高级参谋河本大作已经为他布下"必死之阵"。

1.皇姑屯事件发生地标志·2015年
2.南满铁路奉天三洞桥遗址·2015年
3.皇姑屯事件现场情景之一·1928年
4.皇姑屯事件现场情景之二·1928年
5.皇姑屯事件现场情景之三·1928年
6.皇姑屯事件现场情景之四·1928年
7.修复后的奉天三洞桥·1930年左右

217

张作霖退出北京之前，日本帝国主义就已为杀害张作霖做了周密的准备。当获得张作霖返回奉天的详细情报后，关东军高级参谋河本大作将爆破点选择在南满铁路和京奉铁路交叉处（即今三孔桥）。南满铁路完全在日本控制下，根据日本在南满铁路取得的非法特权，中国军警是不能靠近南满铁路的。于是，日本关东军轻而易举地将120公斤黄色炸药，分装在30个麻袋内，装置在桥梁中间的一个花岗岩桥墩上。

6月4日凌晨5时23分，张作霖乘坐的专列刚刚通过三洞桥时，事先埋设的炸药轰然起爆，冲天的浓烟高达200米，三洞桥顿时炸毁。钢轨弯曲垂落在京奉铁路的路基上。三洞桥的一个花岗岩桥墩被炸毁，桥上枕木火势熊熊，电线全被炸断。张作霖所乘坐的车厢被炸得七零八落，同车的黑龙江督军吴俊升当即毙命，张作霖的六姨太马氏被炸伤。张作霖臂断肢伤，血肉模糊，昏倒在血泊中，众人急忙将其抬回大帅府，不久即身亡。

张作霖死后，大帅府秘不发丧。其子张学良短发易服秘密回奉天奔丧，稳定了奉天的局势，日军的阴谋终未能得逞。皇姑屯事件是日本割裂中国主权、侵吞东北制造九一八事变的一个前奏。

当年的事发现场——奉天三洞桥，曾立有"张作霖被炸处"的标志牌，后被一块卧式黑色大理石碑取代，碑上镌刻"皇姑屯事件发生地"。现三洞桥上是哈大线铁路，桥下两孔为京哈铁路线，另一孔供市内交通使用。2004年，三洞桥被列入沈阳市第一批不可移动文物名录。

79 时为全国铁路第一高桥

陇海铁路·杨连第桥
Yangliandi Bridge of the Longhai Railway (Lianyungang-Lanzhou)

杨连第桥原称"洛（阳）陕（州）段8号桥"，位于陇海铁路观音堂站至硖石站（今杨连第站）间，跨越山岳性深沟——槐沟。8号桥东端紧接槐沟隧道，西约2公里是陇海铁路最长的硖石隧道，四面环山，河岸陡峭，地势险要。

8号桥是陇海铁路的"咽喉要道"，桥高45米，巍峨耸立，是解放时全国铁路第一高桥，同时也是中国铁路唯一一座以人名命名的桥梁。8号桥系1923年由比利时商人承建，全长172.97米，共6孔，两端孔为跨度8.9米上承板梁，余为31.5米鱼腹式上承桁梁，载重等级E-35。墩台均系扩大基础，矩形混凝土墩身。

8号桥在战争中屡遭破坏。1944年4月，为阻止日寇西窥，国民党军撤退时将基础以上墩身全部炸毁。抗战胜利后，陇海铁路管理局在原地架设木排架便桥恢复临时通车；1947年4月，在原桥位利用行车间隙，采取逐层添梁换柱方法，空出墩位修筑桥墩，按原桥式进行修复。同年8月，人民解放军渡黄河南下，准备解放洛阳，工程停止。1949年解放大西北前夕，国民党胡宗南部兵败溃逃，又将3个桥墩下部及两桥台炸成缺口。此时，中国铁路第一高桥留下的只是孤零零的几个残缺桥墩。

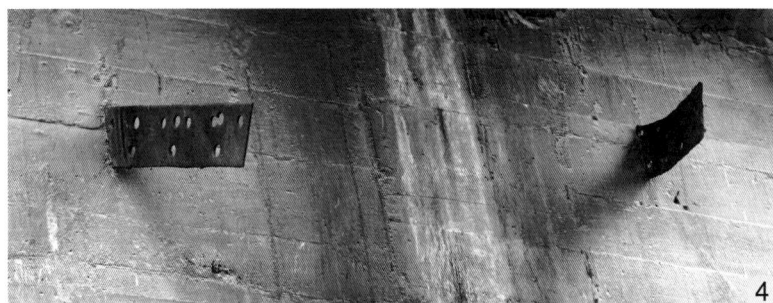

1.陇海铁路杨连第桥遗存·2015年
2.铁道兵搭建单面云梯，抢修陇海铁路8号桥·1949年
3.铁道兵抢修8号桥架设钢梁情景·1949年
4.8号桥桥墩"钢夹板"遗迹·2015年
5.登高英雄杨连第·1949年

　　8号桥是一座英雄桥。1949年5月，为了支援野战军挺进大西北，追歼西窜之敌，中央军委命令铁道兵团迅速修复8号桥，打通陇海铁路。铁道兵团工程部根据大桥破坏状况，确定"利用残桥墩修复原桥"的抢修方案，即加高4号桥墩，凿低其余桥墩，使用山海关桥梁厂刚刚修复好的唐榆线滦河新桥残梁（跨度31.496米上承板梁）架设这座大桥。

　　1949年8月20日，铁道兵团一支队第一桥梁大队进入现场抢修。然而，因桥墩太高，公路铁路不通，当地无料可筹，工程用砂亦缺，隧道口架梁困难等情况，抢修进度一再受阻推迟。如何让施工人员登上墩顶，完成各墩的加高或凿低作业，是摆在人们面前的第一个关键工序。8号桥不仅跨度大，而且桥墩高耸，如利剑直指蓝天，仰俯令人头晕目眩，确实与众不同。如此高难任务，着实让人们倒吸一口凉气，不由自主地想起当地村民的歌谣："八号顶，八号顶，失手摔成饼；八号端，八号端，上桥如上天。"

　　施工人员不能登顶，整个抢修方案就全落空。怎样才能爬上墩顶呢？众人七嘴八舌，纷纷出主意想办法。其一为脚手架法，但需脚手杆的数量可观，一时难以调集；其二为索道吊篮法，虽然龙门架及吊篮均已设计并加工，但尚需等待半个月且索道钢丝绳无着落。人上不去，工程进度严重受挫。就在这关键时刻，架子工出身的战士杨连第挺身而出，为此次抢修立了头功。

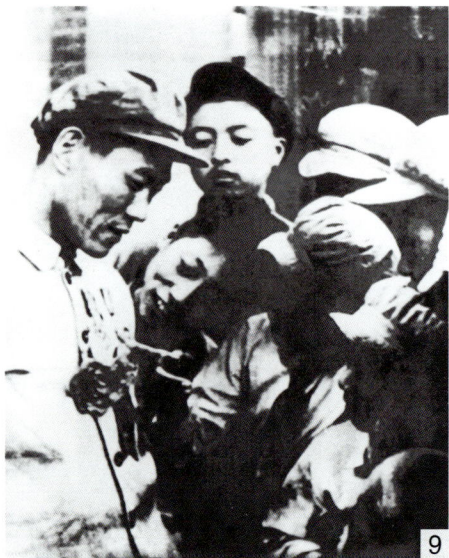

　　面对众说纷纭，一向善于动脑筋的杨连第没有急于说话，而是多次到现场仔细观察研究。他发现桥墩上每隔3米就有一段修桥时残留下的有多个洞孔的钢夹板，虽然伸出的长度只有30余厘米，但应该支撑住一个人。于是，他大胆地提出：用一根带钩的长杆子勾住钢夹板上的圆孔，人顺着杆子爬上去，然后把脚手杆绑在钢夹板上，用此方法搭成单面云梯，如此便不需要借用任何工程机械便可登上桥墩顶端。

　　此方案马上得到上级领导的批准。杨连第自告奋勇，手持长杆第一个攀登。他冒着随时从高处坠落的危险，小心翼翼地钩住钢夹板上的圆孔，敏捷地顺着杆子攀爬而上，后面的战士迅速在下面搭好云梯。正当杨连第快要攀到墩顶时，忽然被探出的顶檐挡住，笔直的长杆难以回转，无法勾住墩顶的钢夹板。大家的心一下子提了起来。情急之下，只见杨连第麻利地从腰间拽出绳子打个结，猛的一甩，一下子套住上方一根被炸断半截的钢轨，随后双手紧紧抓住绳索，身体悬空奋力爬上了墩顶。顿时，地面上爆发出一阵阵热烈的欢呼声。此情此景，令在陇海铁路工作多年的桥梁专家由衷赞叹："部队出了一位神兵天降！""战士中真有能人啊！"

　　攻克攀爬桥墩的难题后，接下来的任务是平整桥墩。因为墩顶面窄小，加之桥高风疾，作业难度更为艰巨和危险。杨连第和战友们毫不畏惧，站在墩顶不停地抡动铁锤敲打钢钎。尽管拼尽全力，但进度依然十分缓慢，令人焦急万分。

如何提高施工速度？成熟老练的杨连第经与排长研究后，提出"打斜眼、装黑色炸药、小剂量爆破"的方案，这个方法很快奏效。全连官兵轮流登顶打眼，杨连第专门负责实施爆破。此后3天，他以木板做掩护，近距离爆破100多次，剧烈的爆破声浪震的他头晕耳聋，但他仍坚持战斗，最终完成了平整墩顶的任务，为架设钢梁做好基础工作。1949年10月8日，最后一孔钢梁架设完毕，8号桥提前20天竣工，陇海铁路胜利通车。杨连第和他的战友们创造了我国铁路桥梁抢修史上的一个奇迹。

为表彰杨连第这位智勇双全的英雄，铁道兵团党委决定给他记功，并授予"登高英雄"的光荣称号。朝鲜战争爆发后，1950年11月，杨连第随志愿军铁道兵入朝参战，屡建功勋。1953年5月15日，身为副连长的杨连第在指挥抢修朝鲜清川江大桥的战斗中英勇牺牲。中国人民志愿军总部为他追记"特等功"，授予"一级英雄"的光荣称号。1956年铁道部决定，将陇海铁路8号桥以英雄的名字命名为"杨连第桥"。

6.铁道兵抢修8号桥·1949年
7.铁道兵抢修8号桥·1949年
8.在劳模会上杨连第作事迹报告·1949年
9.青少年与登高英雄杨连第交流·1949年
10.杨连第在抗美援朝战场抢修铁路大桥情景
11.与隧道相连的杨连第大桥桥面·2015年
12.矗立在桥头的登高英雄杨连第纪念碑·2015年
13.运营中的杨连第大桥·2015年

221

Century-old Chinese Railway Bridge

80 打响抗战第一枪的战场

洮昂铁路·嫩江大桥
Nen River Bridge of the Taoang Railway (Taonan-Angangxi)

　　洮昂（洮南—昂昂溪）铁路跨越嫩江的大桥，人们习惯称其为江桥。江桥是洮昂铁路最重要的一座桥梁，距江桥车站北1.8公里，1925年5月28日开工，1926年7月4日竣工。洮昂铁路刚临时通车，嫩江即发大洪水，江桥南北方圆24公里一片汪洋，行车被迫中断。后经抢修，1927年7月1日正式通车营业。

　　江桥全长767.34米，以木质桁梁为主。跨径4.5米的木梁110孔，跨径11.5米的钢梁15孔，还有4孔22米矮桁架；桥墩系木排架，基桩深入河底8~10米。江桥建成后，屡遭洪水冲刷，有些桩尖留在河底深度仅1米余，致使桩基移动，轨道中心偏移，险象环生。经临时加固，限速维持通车。1931年洮昂铁路局拟在江桥上游22米处建造新桥，7月刚刚开工，九一八事变随即爆发，工程被迫停工。

1931年，震惊中外"江桥抗战"在此打响，这是中国军队打响对日抗战的第一枪。九一八事变后，日军侵占辽、吉，继之北犯黑龙江。江桥是当时黑龙江省城——齐齐哈尔南部之咽喉。日军欲攻占齐齐哈尔，必先夺取江桥。1931年10月10日，马占山临危受命，就任黑龙江省代主席兼军事总指挥。为防日军进犯，马占山率黑龙江守军布防江桥，严阵以待。

日军逼近江桥，以"修桥"为借口进犯，被马占山严词拒绝。11月4日9时许，日军发起进攻，被中国守军击退；18时，日军3 000余人在飞机、火炮配合下，再次向中国守军阵地发起进攻，马占山命关松林骑兵旅增援，从两翼对日军实施反突袭，守军将士向日军发起冲锋，日军死伤惨重。10月5日晨至6日晚，日伪军万余人，分左中右三路再次向江桥阵地进攻，守军战壕被日军炮火摧毁，战士们跃出战壕与日军白刃格斗，激战达白热化。19日，日军增加坦克车12辆，火炮30余门，飞机12架，对守军防线再次猛攻。战至19日下午6时，中国守军正面防线失守后撤离，日军占领江桥。

日本全面侵占东北后，木结构的江桥被拆除。日本人在其下游40米处重建一座长847.84米、28孔钢梁桥。目前大桥已废弃，仅残留十几个斑驳的桥墩和一座桥头堡。

中华人民共和国国歌——《义勇军进行曲》是以江桥抗战为背景诞生的。

1.洮昂铁路嫩江大桥桥头堡遗迹·2008年
2.洮昂铁路嫩江大桥竣工情景·1926年7月
3.4.5.洮昂铁路嫩江大桥施工图·1926年
6.马占山部队在江桥抗击日寇情景·1931年
7.抗战时被炸毁的洮昂铁路嫩江大桥·1931年
8.马占山部撤退后，日寇通过修复后的江桥·1931年

81

百年窄轨历史文化遗存之一

个碧石铁路·18号四孔拱桥

No.18 Four-span Arch Bridge of the Gebishi Railway (Gejiu-Bisezhai-Shiping)

个碧石铁路位于云南省南部，分干支两线。干线起点为滇越铁路的碧色寨车站，终到石屏，线路全长143.320公里。支线经鸡街至个旧，线路长33.655公里。全线总长176.975公里。

个碧石铁路是20世纪上半叶中国近代工业史上的一个亮点。1915年4月20日开工，1936年10月6日竣工。工程前后共经历3个阶段，分期进行修筑，即个碧路（个旧至碧色寨）、临个路（建水至个旧）、临屏路（建水至石屏），断断续续，历时21年零5个月。

踏平坎坷成大道，历尽艰辛始成功。1936年10月10日，个碧石铁路通车典礼在终点站——石屏举行。庆典活动隆重热烈。人们从四面八方涌来，耍狮子、唱花灯……公司当局还专门修建起一座富丽堂皇、象征维护主权、发展民族工业的庆典牌坊。

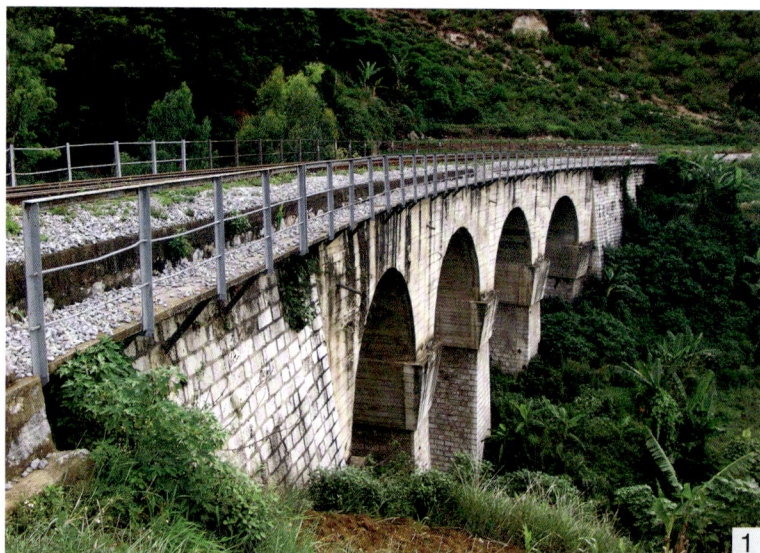

1.18号四孔拱桥侧面图·2015年
2.个碧石铁路18号四孔拱桥遗存·2015年
3.个碧石铁路一等站——蒙自车站·民国初
4.个碧石铁路终点站——石屏站·1936年
5.个碧段铁路通车时公司要员与当地参加庆典的学生合影·1921年11月9日
6.个碧石铁路全线通车时在石屏各界搭设的庆典牌坊·1936年10月10日

　　庆祝典礼之时，举办方分别在石屏中学、城区各小学及其他庙宇设宴招待，免费用餐、演戏娱乐。庆典活动持续整整3天，整个石屏城变成一片欢乐的海洋。

　　个碧石铁路通车典礼是历史上的盛大节日，向世人宣示了个碧石铁路的历史地位和历史意义：个碧石铁路是一条路权完全属于中国人自己的铁路；是一条完全由中国人自己修筑的铁路；是一条完全民营体制的创新型铁路。个碧石铁路的修筑历经磨难，是中国人民同法国殖民者争夺路权斗争的一个胜利。

　　18号四孔拱桥是个碧石铁路一座典型拱式桥梁，位于建水县面甸镇梭罗村委会大树寨村旁，个碧石铁路中心里程57公里221米处，海拔高度1 653米。18号拱桥建成于1928年，桥长34.2米，为4孔石拱桥，桥呈圆弧形，拱高约7米，桥面宽5.14米，桥高9米余，两侧装有钢架护栏。现18号拱桥基本保持原貌。

82 | 百年窄轨现存最长的拱桥
个碧石铁路·19号八孔拱桥
No.19 Eight-span Arch Bridge of the Gebishi Railway

个碧石铁路19号八孔拱桥位于大田山站与面甸站区间，个碧石铁路中心里程58公里239米处，海拔高度为1 652米，建成于1928年。19号桥为8孔石拱桥，拱高5米余，桥面高7米，桥长66.05米，桥面宽5.04米。桥梁建在100米的曲线半径上，桥体呈圆弧形，为个碧石铁路最长的石拱桥，是全线桥梁代表作之一。

19号拱桥建造时是用烧红土灰浆砌缝的，建材质量较低，经几十年风雨的冲刷，桥墩逐渐出现裂纹，自20世纪60年代起，昆明铁路局加强了桥梁的养护维修，对桥体进行整体钢筋混凝土包箍，增强了稳固性。现拱桥仍在服役，每日有少量货运列车通过。与拱桥同时期建造的个碧石铁路的5号隧道，在其560米处。隧道上方工程标识清晰醒目："民国十三年立伍"，可谓历史留痕，沧桑不朽。

个碧石铁路的桥梁建造工程借鉴滇越铁路的经验，有些桥梁构造非常相似。1936年个碧石铁路全线建成通车时，共有桥梁202座。桥梁以石拱桥为主，共有186座，占全线桥梁的92%。建造的石拱桥孔数从单孔到8孔不等，拱跨从5米到15米不一，甚至建有近20米的大跨度拱桥，远远高于滇越铁路最大的15米跨度。个碧石铁路钢梁桥建造仅15座，皆为石砌墩台、工字钢桁梁桥。

个碧石铁路通车后，优劣互见，褒贬不一。不足之处是线路坡陡弯急，养路成本高；车辆装载逾重，行车事故频发；煤质较差，常常中途停车，晚点到达的事情经常发生。尽管个碧石铁路在运行初期出现一系列的问题，但无论如何，在当时积贫积弱的旧中国，能够有这样一条中国人自己建造的民办铁路出现在云南边陲，实属难能可贵。

1.连接19号拱桥的伍号隧道标识·2015年
2.19号八孔拱桥侧面·2015年
3.个碧石铁路19号八孔拱桥遗存·2015年
4.列车行驶在个碧石铁路19号八孔石拱桥上·民国初
5.个碧石铁路第一辆火车从碧色寨出发驶往个旧·1921年11月9日
6.个碧石铁路线上最后运行的蒸汽机车头停靠在鸡街车站内·20世纪80年代
7.个碧石米轨重要车站——鸡街·民国初

83 窄轨铁路历史文化遗存之一

个碧石铁路·鸡街三孔拱桥

Jijie Three-span Arch Bridge of the Gebishi Railway

百年前，滇南边陲地区兴建了这条特殊的窄轨铁路——个碧石铁路。这里所说的窄轨，不是滇越铁路的米轨，而是600毫米轨距的"寸轨"。个碧石铁路设计时速25公里，而实际时速10多公里，比骑马快不了多少。尤其是鸡街到个旧一段，31公里的路程一般要3~4小时才能到达。主要原因是两地高差445.38米，线路坡度大，急转弯多。个碧石铁路运输能力小，速度慢，成了云南十八怪之一："火车没有汽车跑的快"。

当年个碧石铁路全线（含鸡个支线）共有大小桥梁202座，其中20米以上的中桥24座，20米以下的小型桥梁178座。桥梁以成本较低的石拱桥为多，钢梁桥仅占7.4%。2015年3月至2016年经过文物专家勘测考察，确定具有文物保护价值的桥梁有52座。这座3孔拱桥位于个碧石铁路鸡街至建水站间，中心里程60公里40米处。鸡街三孔拱桥初为石拱桥，后期曾用钢筋混凝土包箍加固。拱桥外表粗糙，但目前护栏完整，整体状态尚好。

229

1. 鸡街三孔拱桥（局部）·2015年
2. 个碧石铁路鸡街三孔拱桥遗存·2015年
3. 个碧石铁路公司总理陈钧（陈鹤亭）先生·清末民初
4. 陈钧（陈鹤亭）先生的故居——石屏保秀陈氏宗祠外景·2015年
5. 个碧石铁路纪念牌
6. 个碧石铁路工号牌
7. 个碧铁路公司发行的股票
8. 个碧石铁路与滇越铁路在碧色寨车站汇合·1936年

5

6

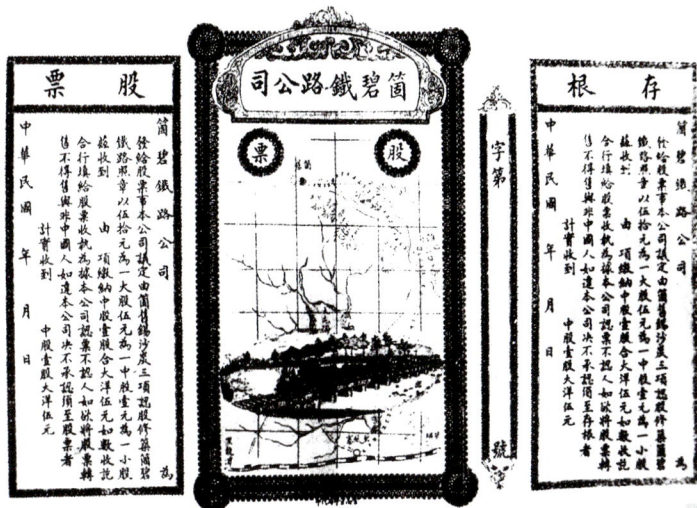

7

　　个碧石铁路的成功建成，与一个人有重大关系。此人即是个碧石铁路公司总理陈钧。陈钧（1874—1931年）字鹤亭，石屏宝秀郑营人，清进士。1904年赴日回国后，历任湖北天门、黄坡、宜都县令。1913年7月，陈钧被云南省政府任命为个旧锡务公司代总理，可谓临危受命。个碧石铁路能否自建？乡绅厂商多有犹豫。具有强烈的爱国精神和民族意识、敢作敢为的陈钧，上任伊始就铿锵有力地掷下一句话："个碧石铁路必须自建，也能够自建！"在陈钧的主持下，众乡绅在蒙自召开了个碧石铁路股东代表大会，正式成立个碧石铁路公司，陈钧被选举为公司总理。重任在肩的陈钧，集思广益，周旋于官员、士绅与铁路股东之间，使个碧石铁路先由官绅合办后改为商办。为了弥补资金不足，陈又创意性地开办个碧石铁路银行，采取发行铁路股票、铁路银行券方法，保存路款，汇集资金，边建路，边营运，以营补建，苦心经营。

　　1931年，陈钧在昆明逝世，享年57岁。这时个碧石铁路建水至石屏段已经开工两年多，到1936年10月10日，即他去世后5年，个碧石铁路全线贯通，小火车首次隆隆地开进了他的家乡——石屏。

8

84

窄轨铁路历史文化遗存之一

个碧石铁路·21号三孔拱桥
No.21 Three-span Arch Bridge of the Gebishi Railway

21号三孔混凝土拱桥，位于建水县面甸镇大田山村附近，个碧石铁路鸡街至建水站间中心里程60公里820米处。建成于1928年，为3孔石拱桥，拱桥建自曲线半径120米线路上，拱高5米余，桥高约7米，桥长46.55米，桥面宽5.24米。

21号拱桥周边植被茂盛，溪水潺潺。桥面两侧有钢架桥梁护栏。轨距由最初的寸轨（600毫米）已改到现今的米轨。

个碧石铁路当初为什么不修准轨、米轨，而修600毫米的"寸轨"呢？原因主要有三：一是地方乡绅发展民族工业意识浓厚，不愿让个碧石铁路与滇越铁路接轨、畅通，恐被法国人侵吞铁路运输和管理权。二是个旧一带地形复杂，海拔超过2 000米。据测算，米轨最大坡度为30‰，最小曲线半径100米，而寸轨最大坡度可到达40‰，曲线半径可小到60米，机车可以更加灵活运行。三是修米轨成本高、耗时长，技术难度相对大，而"采用6寸轨可以运输自如，并省料款十分之四"。

在轨距问题上不乏有高瞻远瞩者。萨福均（1886—1955年），福建闽侯人，1906年考入美国普渡大学铁路工程专业，1910年随在美考察的詹天佑博士回国。民国时，他是颇有声望的中国铁路专家，为全国四大"技监"（总工程师）之一。1918年萨福均应个碧石铁路公司之聘来到云南，担任鸡街至临安（今建水）段总工程师，亲自率队勘测设计。关于轨距问题，萨福均建议："按照米轨筑路，寸轨铺通，为日后发展留有余地。"即路基、桥梁、涵渠、隧道按1 000毫米轨距标准设计，轨道按600毫米轨距铺设，便于日后扩改"米轨"。公司总理陈钧和公司股东会采纳了他的建议，并付诸实施。

新中国成立后，由于轨距不同，米轨与寸轨列车间的换装给货主和铁路企业都带来诸多不便，加之寸轨铁路设备老化、运能低下，改轨工作必然地提上日程。1970年，昆明铁路局仅用了10个月，就将大部改轨工程顺利完成。此后，除鸡个段仍保留寸轨运输直至1990年停运外，原个碧石铁路全部纳入滇南地区米轨铁路网，实现与滇越铁路干线的直通运输。萨福均当年的远见卓识令人起敬赞叹。

1.村民行走在个碧石铁路上·2015年
2.个碧石铁路21号三孔拱桥遗存·2015年
3.鸡街至临安段总工程师萨福均·1918年
4.个碧石铁路临屏段石料车·民国初
5.个碧石铁路建水车站·民国初
6.行驶在个碧石铁路上的小火车·民国初

85

窄轨铁路历史文化遗存之一

个碧石铁路·26号三孔拱桥

No.26 Three-span Arch Bridge of the Gebishi Railway

26号三孔拱桥位于个碧石铁路的鸡街至建水区段，中心里程63公里443米处。26号桥初期为石拱桥，后期进行了钢筋混凝土抱箍处理，显著增强了桥体承载能力。

鸡街至建水区段线路属河谷线，最大坡度22‰，最小曲线半径80米。其间大田山至五里冲间为泸江河伏流区，地形较复杂，著名的建水燕子洞隐于其间。麻栗坡至于龙井段地质不良，多为风化岩及膨胀土，造成路基病害甚多，造桥和护桥均颇有难度。

个碧石铁路目前具有文物保护价值的桥梁52座。主要桥型为拱桥和钢梁桥。其中拱桥34座，包括单孔桥共15座、双孔桥5座、三孔桥7座、四孔桥3座、五孔桥2座、六孔桥和八孔桥各1座。目前各桥体基本保持原有风貌，是难得的研究个碧石铁路和近代工业的重要实物资料。

1.个碧石铁路26号三孔拱桥遗存（局部）·2015年
2.个碧石铁路26号三孔拱桥遗存·2015年
3.最后行驶在个碧石铁路上的小火车·
　20世纪90年代初（张长利摄）
4.个碧石铁路上的景观·2015年
5.个碧石铁路上的景观·2015年
6.个碧石铁路上的景观·2015年

个碧石铁路筑路异常艰难，工程所需主要金属材料大部分依靠进口。钢轨购自法国、德国，以及中国汉阳钢铁厂。道岔及其转辙器最初购自法国，后为美国。水泥、炸药购自越南，后期因第二次世界大战影响炸药短缺，改为黑火药。隧道、路基防护等工程的材料选择，绝大多数采用就地取材的石砌圬工，各施工地段均烧制红土，以部分代替价值昂贵的进口水泥，继而红土灰浆砌筑技术被广泛采用。

个碧石铁路每节钢轨下铺12根栗木枕，采用螺纹道钉固定。碧色寨至建水段的道床采用碎石，建水至石屏段采用砾石，枕底石砟厚度均为15厘米。个碧石铁路最初钢轨的标准长度为7.5米。1970年扩为米轨时，线上钢轨全是旧轨回用，各种型号混杂不一。

2010年蒙宝线（含个碧石铁路）全线停运，许多车站、设施逐渐被拆除或损毁。桥梁主体尚存，但细节逐渐缺失；钢轨锈迹斑斑，线路残土覆盖，有的已经淹没在杂草丛中。曾经辉煌的个碧石铁路，现已为当地村民悠闲放羊牧鹅养牛的自由场地。

86

窄轨铁路历史文化遗存之一

个碧石铁路·27号六孔拱桥

No.27 Six-span Arch Bridge of the Gebishi Railway

个碧石铁路27号拱桥位于云南建水县面甸镇大田村附近，中心里程65公里66米处，建成于1928年。27号拱桥建在海拔高度为1 659米的个碧石铁路曲线上，桥体呈圆弧形，共6孔，拱高5米余；桥高7米余，桥长66.05米，桥面宽5.04米。

27号拱桥是个碧石铁路典型桥梁之一，曾有过较大规模的改造和维修。为了降低建造成本，建设者采用了烧红土灰浆砌缝的方法，替代当时昂贵的水泥。但由于烧红土灰浆砌缝存在诸多不足，经多年风雨冲刷不断外淘，桥墩逐渐出现松动开裂隐患，自20世纪60年代起，路方从安全运输角度出发，加强了桥梁的维修，对石拱桥采取了钢筋混凝土包箍的养护方法，有效地提高了桥体的稳固性。27号拱桥目前主体基本保持原貌，但由于铁路停止运营，疏于管理，现桥梁闲置荒芜，杂草丛生；桥面一侧钢架护栏残缺不全。近代工业文化遗产的保护状况令人忧虑。

1.27号六孔拱桥侧面·2015年
2.个碧石铁路27号六孔拱桥遗存·2015年
3.列车行驶在鸡街至个旧的四孔石拱桥上·民国初
4.个碧石铁路通车盛典时的情景·民国初
5.远眺碧色寨站·民国初
6.个碧石铁路碧色寨站·1921年
7.个碧石铁路使用的美国造蒸汽机车·20世纪80年代

个碧石铁路是一条独具特色的寸轨和米轨交集的民营铁路,线路状态极其复杂。自碧色寨起,沿东山西侧山麓,坡度平缓地南下至中心里程6公里100米后,即进入蒙自平坝区。过蒙自城北线路转向西北,经十里铺后属丘陵地带,地势略有起伏,跨越长桥海与大屯海,沟通联络渠(俗称龙脖子),线路在横向平缓的丘陵上升而行。在中心里程22公里至26公里之间,高差竟达到了85米,最大坡度30‰,这在中国铁路来说,如此陡峭的线路是十分罕见的。

在此控制地段,上行货物列车需要补机推送,下行列车至22.50公里处一停再开,实验风泵,拧紧车厢手闸,徐徐慢行至26公里处,再次一停再开,旋松手闸,高提把手,大开气门,以机车最高时速闯坡进入鸡街车站。桥梁与隧道相互交替,山峦与溪流纵横交织,蒸汽机车牵引着一条钢铁巨龙,沿着蜿蜒曲折的线路上下驰骋,实乃险象环生,惊心动魄。

87 寸轨支线历史文化遗存之一

鸡个铁路·2号三孔石拱桥

No.2 Three-span Stone Arch Bridge of the Jige Railway (Jijie-Gejiu)

　　鸡个线（鸡街—个旧）是云南个碧石铁路的一条支线。1915年开工，1921年11月8日通车。起自鸡街站，经泗水庄、乍甸、石窝铺、火谷都、鄢棚站，终至个旧站，全程33.904公里，轨距600毫米。

　　鸡个铁路2号三孔石拱桥位于个旧市鸡街镇樊家庄村附近，海拔高度1 130米。始建于1915年，1921年建成通车。桥呈东西走向，为3孔石拱桥，单孔跨度8.5米，桥高19米，桥宽5米，桥长31.5米，桥面两侧人行道各宽0.6米。桥基采用青石支砌拱券，表面平整，内部坚实，形体和谐。

石拱桥是鸡个支线具有代表性的桥式。桥墩之间以拱形的方式构造建筑桥梁，在竖向荷载作用下，拱的两端支承处除有竖向反力外，还有水平推力。正是由于这个水平推力的作用，使拱内弯矩明显减小。合理的设计，可以使拱主要承受压力增大，而且所承受的弯矩和剪力很小。暂且不谈工程成本和施工便捷，从建筑构形及力学的角度看，在落差大、弯道多、载重量小的寸轨支线上，广泛采用石拱桥技术，应该说是因地制宜、科学有效的。

鸡个铁路是一条民营铁路，这条铁路的修建与滇越铁路和其他官办铁路有所不同，勘测设计具有不定性和反复性，而且由于修建的时间长，以及资金、锡业生产需求等关系，投资者采取边勘测、边施工、边运营的特殊建设方式。特别是线路走向居山势险峻，河溪纵横之处，故工程十分艰巨。

鸡个支线共有桥梁7座，全部都是就地取材、精心建造的石拱桥。2号石拱桥就是利用天然石料，达到较高建造水准的石拱桥，不仅满足了铁路运输承载跨越功能，而且还充分展示出桥梁建筑艺术之魅力。2号石拱桥虽然历经百年风雨，护栏完全损毁，钢轨、枕木已被拆除，但整座桥体基本保存了个碧石铁路鸡个段初建时的建筑风貌。

1.2号三孔石拱桥（局部）·2015年
2.2号三孔石拱桥（局部）·2015年
3.鸡个铁路2号三孔石拱桥遗存·
  2015年
4.鸡个铁路寸轨铁路旅客车厢内景
5.鸡个铁路寸轨铁路旅客车厢外观
6.行驶在鸡个寸轨铁路桥上的小火车·
  民国初
7.即将停运的鸡个寸轨铁路上的小火车·
  20世纪90年代初（张长利摄）

88 | 寸轨支线历史文化遗存之一
鸡个铁路·3号四孔石拱桥
No.3 Four-span Stone Arch Bridge of the Jige Railway

鸡个支线是个碧石铁路的一部分，全线运营里程33.9公里，1915年动工兴建，断断续续，直至6年后的1921年才完工。此段路基地处黏土山地，每遇久雨，土质松软，基础下沉，山体滑坡，故多次导致行车中断。

这座石拱桥位于个旧市鸡街镇乍甸片区麻栗树村附近，鸡个铁路支线中心里程16公里715米，临近石铺窝车站，是鸡个铁路支线的第3号桥。3号石拱桥长54.10米，桥面宽5.7米，桥高18米，4孔石拱桥，单孔跨度8.7米。桥体呈S形，东西走向。距鸡个支线4号隧道口97米。

3号石拱桥为青石支砌券拱，桥面为钢混结构，线条流畅，落落大方。桥面两侧留有人行道，宽0.55米。现桥梁护栏已损，线路上的钢轨、枕木已被拆除，路基成了村民出行的便道。

鸡个支线地处山地，鸡街与个旧的首尾高差达445米，最高坡度30‰。线路自鸡街西行沿乍甸河溯流而上，穿过2号隧道，在6公里距离内爬升了152米高程后，又下坡抵达乍甸。此后，线路转向南行，经连续5 000米的长大坡道，在23公里附近迂回展线。7号隧道穿北麓出口后，线路转沿南麓，经火谷都车站，翻越个碧石铁路全线最高点——高程1 717米的分水岭，最后进抵支线终点站——个旧。

　　此段列车运行速度极慢。线路除山险坡大外，还有行车设备简陋、线路质量较差，"致上行困难，下行亦感危险"。列车平均速度不超过13公里，全长不足34公里的路程，一般要3~4个小时方能到达，可谓步履维艰。

　　鸡个支线开通之初的1921—1928年，通过此桥的货物列车每天4列。每列载重仅35吨。旅客列车对开一列，编组6个车厢，其中一等和二等车各一辆，皮垫靠椅或横排藤垫靠椅；三等车一辆，22座，横排木椅；其余为四等车。每列定员载客376人。

　　小桥依旧，无奈物是人非。若干年后，这座饱含着云南民众情感的建筑小品，是否会变成一片废墟？沉思之余，不禁让人平添几分怜惜、几多忧愁。

1.连接3号石拱桥的4号隧道·2015年
2.隧道口上方的标识·2015年
3.鸡个铁路3号四孔石拱桥遗存·2015年
4."那就是石窝铺火车站！"老人指着前方说，身后则是3号四孔石拱桥·2015年
5.鸡个铁路运用的小火车头
6.即将停运的客货混合列车缓缓行驶在鸡个寸轨铁路线上·1990年（张长利摄）
7.坐落在个旧湖畔的个碧临屏铁路公司·民国初

239

89 寸轨支线历史文化遗存之一

鸡个铁路·4号双孔石拱桥
No.4 Two-span Stone Arch Bridge of the Jige Railway

鸡个铁路4号双孔石拱桥毗邻鸡个支线5号隧道口，1921年建造完工。石拱桥呈东北至南北走向，桥面宽3.8米，桥高10米，单孔跨度8.5米。桥基为青石拱券，桥面左右两侧有人行道0.55米。在独特的寸轨小曲线半径上，弯弯的21米长石拱桥与蜿蜒的线路结合得自然流畅，同青山绿水为邻相得益彰。石拱桥精美的设计构思，精湛的石砌工艺，无不透出滇南民众对自建民营的鸡个支线的珍惜和挚爱。

鸡个支线呈北低南高之势，落差大，曲线占线路全长的65.8%。曲线半径小于100米的有130个，占线路全长的37%。最小的曲线半径仅仅60米。4号拱桥就建在曲线半径小于100米的线路上，曲径通隧，小巧玲珑，宛如艺术品般地矗立在鸡个支线上。

鸡个支线采用的钢轨型号可谓"五花八门"。1956年之前铺设的是每米15公斤钢轨，1956年部分区段使用由重庆、太原调来的每米16~17公斤的再用轨（旧轨）。1964年以后，全线陆续换上昆河铁路拆下的每米25公斤的再用轨。1981年鸡街至石窝铺间更换为每米31.16公斤的相对重型钢轨。

鸡个支线曾经创造过辉煌。寸轨虽然不足34公里，但其年运量曾创造过高于个碧石铁路解放前全线年运量的纪录。1971—1990年，达到年均24.1万吨。然而，由于线路标准低、个旧锡业逐年衰落，加之公路运输能力的提升等因素，到1990年时鸡个支线的运量已下滑到2万吨，显现出无力回天的颓势。

1988年，鸡个线因设备陈旧、机车车辆破损严重而宣告停办客运业务，由此开始处于半营业半停顿状态。1990年夏，当时管辖该支线的成都铁路局决定：鸡个线年末停止办理货运业务。2008年6月，昆明铁路局下令开远工务段拆除鸡个线全部轨枕。之后，寸轨铁路在山中变成名副其实的羊肠小道。当地老乡赶着羊群，顺着铁道线跨过石拱桥，吆喝放牧，优哉游哉，俨然成为一道独特的风景线。

1. 连接4号双孔石拱桥的5号隧道标识·
   2015年
2. 连接4号双孔石拱桥的隧道·2015年
3. 建在曲线上的4号双孔石拱桥·2015年
4. 机车行驶在寸轨铁路桥上·民国初
5. 解放前云南个旧锡矿采矿情景
6. 解放前云南个旧开采锡矿的童工
7. 寸轨小火车在个旧至鸡街路段上行驶·
   20世纪90年代初（张长利摄）

90

吉敦线最长的钢构桥梁

吉敦铁路·吉林松花江大桥

Jilin Songhua River Bridge of the
Jidun Railway (Jilin-Dunhua)

吉敦（吉林至敦化）铁路吉林松花江大桥位于吉林站至龙潭山站间，跨越第二松花江。1926年4月开工，1927年4月竣工。由"满铁"吉敦铁路工程局设计，日本承包商承建。

吉林松花江大桥是吉敦铁路全线的关键工程。吉敦铁路即今长图（长春至图们）铁路的中段，全长210.4公里，自吉林市出，即跨越第二松花江、牤牛河向东，横穿老爷岭山脉，沿黄泥河直达敦化县城。全线共有桥梁151座，其中钢桥2座，木桥149座。桥长占线路长度的1.03%。吉林松花江大桥全长443.8米，为吉敦铁路全线最长的桥梁。

吉林松花江大桥桥址江面宽度约400米，枯水期深1~3米，最高水位比枯水期位高10米，解冻时有大量流冰。施工中，建设者充分利用冬季江水封冻时机，在冰面上每两米横铺一根钢轨，在其上搭枕木垛铺设钢轨，通过小型机车运送建筑材料，故施工进度较快。

1.吉敦铁路第二松花江大桥桥面·2016年 4.日伪统治下的吉敦铁路第二松花江大桥·1935年
2.吉敦铁路第二松花江大桥遗存·2016年 5.曾被炸毁的吉敦铁路第二松花江大桥·1946年
3.刚刚竣工的吉敦铁路第二松花江大桥·1927年 6.吉敦铁路第二松花江大桥·1938年

吉林松花江大桥由9孔47.1米上承钢桁梁和1孔10米上承钢板梁组成。两侧桥台为钢筋混凝土耳墙式桥台，矩形台身，高约10米；吉林一侧桥台为扩大基础。桥墩均为钢筋混凝土结构，有尖端形和圆端形两种形式的破冰棱。吉林一侧起第1~8号墩为尖端形，第9号墩为圆端形。尖端形墩的尖端部分用料石镶砌，墩身高度11~14米。

1946年国民党悍然发动内战，东北民主联军于5月28日主动撤出吉林市，并将吉林松花江大桥原第1、5、9号墩炸毁。国民党军占领吉林后，曾在正桥位缺口打桩立排架试图修复，但试车时排架倾倒，货车5辆坠落江中，通车计划落空。1948年我军即将发动辽沈战役，新组建的铁道纵队奉命抢修本桥，以尽快打通吉敦线，支援战役行动。铁道纵队第二支队（支队长刘震寰、总工程师陈兆舟）负责抢修，于1948年9月7日开工。苏联工程师哥勒多夫参与设计及技术指导。当时吉林松花江大桥损毁严重，9孔下承桁梁被炸落3孔，部分炸坏2孔。铁道纵队官兵冒着敌人飞机的轮番轰炸，夜以继日奋战，11月7日提前竣工通车。抢修后的大桥缩短为413.3米。

吉林松花江大桥先天不足，长期限速运行。1985年，吉林铁路分局委派潜水员对本桥第1~8号桥墩水下水下部分进行了细致的摸探检查，发现桥墩有宽度不等的裂纹，随即对裂纹桥墩进行了钢筋混凝土抱箍，设两层厚度40厘米，高度1~2米不等的钢筋网。1990年全桥又做了防震加固工程。现吉林松花江大桥仍在使用中。

91 | 我国第一座公铁两用大桥
滨北铁路·三棵树松花江大桥

Sankeshu Songhua River Bridge of the Binbei Railway (Harbin-Beian)

　　早年在穿越哈尔滨市区的松花江上，曾有两座铁路大桥。一座是1901年俄国人建造的中东铁路松花江大桥，俗称哈尔滨老江桥。另一座则是距老江桥下游6公里，1934年日本人建造的滨北（哈尔滨—北安）铁路松花江公路铁路两用桥，因毗邻三棵树车站，故名三棵树松花江大桥，俗称哈尔滨东江桥。

　　1932年2月5日，日寇侵占哈尔滨。同年11月，日寇在立足未稳之时，便急不可待地开始建造滨北铁路松花江大桥。日本人为什么急不可待地要建这座大桥呢？主要原因有三：一是为了掠夺东北的丰富资源。松花江以北的松嫩平原、大小兴安岭的富饶，令日本人眼红垂涎；二是为了称霸远东，做好进攻苏联的准备，这一点在1939年的日俄诺门罕战役得到了确认；三是肢解、蚕食、挤垮中东铁路。九一八事变后，日本人占领东北全境，在统治区内，有一条被苏联人控制的连接欧亚的铁路干线——中东铁路，日本人无论如何咽不下这口气，一直处心积虑图谋改变。

首先，日本人通过各种卑劣手段，分流中东铁路货源，抢夺中东铁路生意，让中东铁路的经营每况愈下，难以为继。果不其然，在大桥通车一年后，日本人就迫使苏联主动提出出售中东铁路路权。经过双方长达一年的谈判，1935年3月14日，日本人如愿以偿地将中东铁路收入囊中。苏联从此退出了惨淡经营几十年的哈尔滨及北满地区。另外，哈尔滨松花江段没有公路桥，冬季可以从结冰的松花江上走，其他季节就只能靠轮渡，这对于急于侵略扩张的日本人来说，无疑是一个制约。

综上可见，日寇修建滨北铁路三棵树松花江大桥的阴谋是蓄谋已久的。在占领哈尔滨前一个月（1932年1月），日本人就数次出动军用飞机对滨北铁路松花江大桥进行航空选线，并秘密派遣5个线路测量队和1个桥梁测量班对大桥桥址进行实地勘测。1932年8月，日本铁道省研究会完成大桥设计，同年11月5日，日本南满铁道株式会社开始施工，可谓紧锣密鼓。

245

1. 列车通过哈尔滨东江桥·2014年
2. 哈尔滨东江桥开始建造桥墩·1933年
3. 建造哈尔滨东江桥的南岸材料场·1933年
4. 哈尔滨东江桥合龙在即·1934年
5. 哈尔滨东江桥建造中·1933年

东江桥位于哈尔滨松花江下游，水道顺直，洪水期江面宽1公里。东江桥下层为单线铁路钢桁梁桥，钢梁总重5 834.1吨。1933年12月14日，铁路桥举行了列车试运行仪式，先期通车。1934年7月4日，东江桥上部公路通车，至此东江桥工程全部完工。工程造价350万日元。由于东江桥是当时世界上少有、且中国境内第一座公铁两用大桥，日本人为此大肆炫耀，通车时名噪一时。

东江桥上层的公路桥全长1 147.6米，宽6米，前后引桥各53.9米，桥面为钢筋混凝土板，上铺沥青砂，设计等级按日本内务省制定的6吨汽车通行标准计算。东江桥下层为单线铁路桥，全长1 065.8米，共15孔。铺设的钢轨为每米40公斤，每节长10.058米。为方便桥下通航，主航道上方架设3孔分别为80米、96米、80米大跨度下承悬臂梁，其余12孔均为64米跨度的下承滑轮式桁梁。桥下通航净高度9.8米。

6.哈尔滨东江桥即将完工·1933年

7.在松花江码头远眺下游的东江桥·1940年

8.即将完工的哈尔滨东江桥·1934年

9.日本修筑拉滨线和东江桥时，用装甲车防范东
　北抗日武装·1933年

10.封江时节的哈尔滨东江桥·1935年左右

11.哈尔滨东江桥桥面铺设·1933年

12.公铁两用的哈尔滨东江桥·1940年左右

东江桥钢材由日本八幡制铁所提供，委托日本川崎车辆株式会社和日本汽车株式会社制造。全部桥梁钢材由大连港运进，共用321节车厢，运抵哈尔滨桥址后，在松花江岸边现场拼装。

东江桥正桥桥墩均采用钢筋混凝土气压沉箱基础。桥墩为钢筋混凝土空心墩，下部截面为尖端形，上部截面为矩形。桥墩下部流水区域设有10毫米钢板制作的三角形防冰棱，防止松花江春季开江时上游冰排和过往船舶的撞击。为了防止江水侵入墩内空心部位，以砂和沥青拌合的填料充实到洪水位以上。两岸正桥桥台和公路引桥墩台均采用钢筋混凝土浇筑。

设计东江桥时，汲取了中东铁路"老江桥"浅基的教训，采用深基和较大跨度的钢梁，故运营数十年未遭水害。基础施工采取岸边制作木沉箱（即沉箱外壳），浮运就位后再灌注混凝土，成为重型钢筋混凝土沉箱。此种施工方法无须复杂的起重设备，简单易行，在当时桥梁建造工程中，可谓颇具特色。

Century-old Chinese Railway Bridge

建桥工地被日本人严密控制，戒备森严。1937年由"南满洲铁道株式会社铁道总局建设局"编制印发的《北满三大桥梁工事纪要》详细介绍了哈尔滨东江桥施工过程。建设总负责是南满铁路驻哈尔滨出张所（即办事处）所长笠原秀彦，副手是驻朝鲜支店的店长。下设若干部门，各部门具体施工负责人均由日本人担任，建桥技工包括领班或电工、木工、铁工、掘进工、提升机的气压闸等重要岗位的技工，均由日本铁道省木曾川桥梁组负责从日本或朝鲜招募。苦力工人则来自哈尔滨郊区失去土地的中国农民。在日本监工的残酷监控下，中国劳工忍饿挨冻，干尽了苦活累活。为提防抗日武装袭击，日本关东军第十师团特派一个小队日夜把守工地，同时还有铁道守卫队人员，即伪军狐假虎威与之呼应。中国劳工出入工地要严格搜查验身，从外面向工地运送原材料，或将挖掘出来的土石运走，都有日本人专门负责，要害部位更是死看死守。

日寇把这座大桥视为"军事禁区"。南北两岸桥头各建一座6层高的碉堡，碉堡墙体坚实，足有5砖厚，每层遍布瞭望窗和射击孔。在碉堡与大桥上部公路、中部铁路连接位置，还设置了可起落的铁吊桥。至今遗存的碉堡外墙仍可见到累累弹痕，想必是当年曾多次受到抗日武装袭击的印记。

这座大桥还有一个鲜为人知的秘密，就是日本人暗藏了一台悬挂式装甲巡逻车。装甲巡逻车设在铁路桥梁下部，长3米，宽1.5米，高1.2米，其体积大小如同中型轿车，可以容纳8个人。装甲巡逻车外层的钢板厚达15毫米，内衬木板墙，车身上设有多个圆形的射击窗，视野开阔。驱动轮设在顶部，装甲巡逻车倒挂在钢梁走行轨上，靠车内发动机驱动，沿桥墩顶端高2米、宽3.5米的通道快速穿行。如今装甲巡逻车里的机关枪架和汽油发动机早已被拆除，桥梁工区将其改为手工链条传动，供检查维修大桥底部钢梁之用。

13

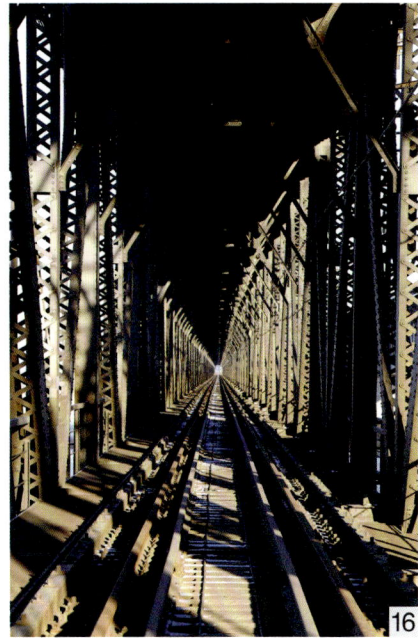

1946年4月28日，哈尔滨解放，东江桥回到了人民怀抱。新中国成立后，经哈尔滨铁路局和哈尔滨市政府数次大修，老桥青春焕发，为沟通松花江南北两岸交通和繁荣龙江经济立下汗马功劳。

随着时代的进步，哈尔滨东江桥原设计载重能力已远远不适应运输发展需要。为确保大桥安全，自2004年3月1日起，公路货车限速45公里/时、客车限速90公里/时运行。2006年12月25日7时，哈尔滨市政府对大桥的公路桥面实施封锁，停止使用。2016年10月30日，距离东江桥下游50米，一座现代化的公铁两用大桥建成通车，东江桥最后仅存的铁路运输功能亦宣告终止。

苍凉的东江桥寿终正寝，斑驳的桥头堡虽立而废。岁月屡痕如振聋发聩之警钟，时时提醒着今天的人们，不要忘记过去，不要忘记历史……

249

13.建造中的哈尔滨东江桥·1933年
14.哈尔滨东江桥南岸桥头堡·2015年
15.哈尔滨东江桥公路桥面·2015年
16.哈尔滨东江桥铁路桥面·2015年

17.远眺哈尔滨东江桥·2015年
18.东江桥钢梁下日本人暗藏的悬挂式装甲巡逻车遗迹·2015年
19.列车通过哈尔滨东江桥·2010年

92 | 我国首座自行设计建造的公铁两用桥

浙赣铁路·杭州钱塘江大桥

Hangzhou Qiantang River Bridge of the Zhegan Railway (Hangzhou-Zhuzhou)

浙赣铁路杭州钱塘江大桥位于杭州闸口六合塔附近，是由中国工程师自行设计并监造的双层式公铁两用桥。1934年11月11日举行开工典礼，1935年2月正式动工；1937年9月26日铁路通车，同年10月公路通车。工程总造价法币531.64万元。

钱塘江大桥长1 453米，正桥1 072米，北岸公路引桥288米，南岸公路引桥93米。上层为双车道公路，面宽6.1米，两侧人行道各宽1.52米，均以钢筋混凝土板为路面。下层为单线铁路，由16孔跨度为65.84米的简支钢桁梁、2孔14.63米上承桁梁组成。

在钱塘江上建造桥梁是几代中国人的梦想。早在1905年清政府就批准浙江省自办铁路。此后，浙路公司在钱塘江两岸进行了多次桥位勘测。1914年，沪杭甬铁路英籍总工程师建议在闸口西南32公里的富阳县建桥，因江水太深未能确定。1932年，浙江省建设厅再次动议建桥；1933年7月，组织成立了"钱塘

1

江桥工委员会"，拟定完成建桥计划书。1934年4月，改组成立钱塘江桥工程处，著名桥梁工程师茅以升出任处长，主持大桥设计和全面施工。罗英任总工程师，负责工程监造；梅旸春任正工程师，具体负责桥梁设计工作。

钱塘江潮汛汹涌，江底流沙深达40米，受水冲刷随时会下陷，故有"钱塘江无底"之说。施工期间平均流速为1.1米/秒，江心最大表面流速为1.57米/秒，最大潮时流速为2.25米/秒。比选桥址时，从联络沪杭、浙赣两路及浙东、浙西公路与城市交通考虑，曾拟在南星桥附近建桥，但该处江面辽阔，约宽2 000米；后考虑绕道上游，也因不经济而被否定。最后通过地质钻探，多种方案之比较考证，决定桥址选在闸口六和塔附近，该处江面宽约1 000米，相对稳定平直，大桥走向正对虎跑山谷，便于铁路公路连通。

1. 茅以升·1935年
2. 杭州白塔山钱塘江桥工程处址·1934年
3. 钱塘江大桥开工典礼会场·1934年11月11日
4. 钱塘江大桥开工典礼牌坊。对联题为"江南江北联成七省交通""利国利民典此万年基业"·1934年11月11日
5. 列车通过浙赣铁路杭州钱塘江大桥·2017年

历史厚重
风格独具

中·国·铁·路
252
百年老桥

Century-old Chinese Railway Bridge

本桥下部为空心钢筋混凝土桥墩。15座正桥桥墩基础为气压沉箱，其中，第1~6号墩气压沉箱直接筑于岩面上；第7~15号墩采用木桩加沉箱基础。全桥15座沉箱除第1号墩系就地筑岛建造外，其余由岸上制造浮运就位。

正桥桥墩基础施工时，第1号墩因位于浅水处采用钢板桩围堰，就地筑岛建造沉箱。围堰为圆形，直径23米，用184块长18米的钢板桩组成。1号墩于1935年1月开工，4月开始建造沉箱，工程进展颇为顺利。第2~6号墩的气压沉箱经浮运就位后直接下沉至岩面。

每孔正桥钢梁重约260吨。除第16孔外，均在北岸拼装铆合，利用潮汛，以驳船承载浮运就位进行安装。钱塘江大桥钢梁自拼装场地顺向江岸，采用跨距18.6米、吊重15吨的门式吊机进行拼装。每孔钢梁的工地铆钉约1.8万个，用铬钢制造。拼铆完毕，用两辆台车托住钢梁运至场外码头，等待浮运，平均每月完成一孔钢梁的拼装铆合。1936年3月开始钢梁拼铆浮运架设，11月底完成各项设备，12月19日将第1孔钢梁浮运就位。此后，根据桥墩完成情况，陆续就位，至1937年9月全部完成。

6.钢梁浮运途中·1936年

7.钱塘江大桥总工程师罗英（右三）
  在大桥工地指挥施工·1936年

8.浙赣铁路钱塘江大桥开始建桥钻探·
  1934年

9.茅以升坐在在建的钢桥上·1937年

10.修筑钱塘江大桥的潜水员·1935年

11.钱塘江大桥建设中·1935年

12.在江上用汽锤打下木桩情景·1935年

13.钱塘江大桥施工现场·1935年

14.钱塘江大桥南岸浇筑沉箱施工现场·1936年

15.茅以升（右一）及建桥专家在大桥工地·1936年

16.钱塘江大桥工程处全体合影·1935年

钱塘江大桥使用的钢材，绝大部分自外国进口。正桥钢梁来自英国，引桥钢梁来自德国，钢筋大多来自比利时、波兰及德国；少量使用国产品。正桥使用的水泥为唐山启新公司的产品，引桥及桥面使用的水泥则为龙潭水泥公司的产品，砂子采自诸暨，石子采自富阳。全桥共用钢材6 895吨，水泥9 865吨，方木6 290立方米，长15米以上的木桩3 334根；全桥使用劳动力63万工天（不包括公路填土），高峰时月出工日为28 300工天。

1937年8月13日，淞沪抗战爆发。战争的硝烟已经弥漫到杭州上空，钱塘江大桥的施工也进入了最紧张的收尾阶段。9月26日，钱塘江大桥的下层单线铁路桥率先通车。茅以升期盼着上海能够阻挡住日军入侵的铁蹄，然而，持续3个月的淞沪会战终以上海陷落结束，杭州危在旦夕。

1937年11月16日，茅以升接到南京政府命令：如果杭州不保，就炸毁钱塘江大桥。建桥时茅以升就在南2号桥墩预先留下了长方形大洞，其实就是预防这一时刻的来临。当晚，茅以升以一个桥梁工程学家严谨、精细的态度，将钱塘江大桥所有的致命点一一标示出来。茅以升事后回忆时说："当时那种痛苦，那种无奈，真是欲哭无泪！"

日寇逼近杭州，过江渡船远远不够用。11月17日凌晨，茅以升接到浙江省政府的命令：大桥公路部分须于今日全面开通，以缓解难民过江压力。省府此时也不知桥上刚刚装置了炸药，因此事是高度保密的。大桥通车的消息不胫而走，成千上万的群众不顾敌机的骚扰，在六和塔下的钱塘江边，观看这一胜景。当第一辆汽车从大桥上驶过时，两岸数10万群众掌声雷动。茅以升记录了当时的情景："所有这天过桥的十多万人，以及此后每天过桥的人，人人都要在炸药上面走过，火车也同样在炸药上风驰电掣而过。开桥的第一天，桥里就先有了炸药，这在古今中外的桥梁史上，要算是空前的了！"12月22日日寇逼近杭州，钱塘江大桥成为我军民撤退的唯一通道。据当时路方统计，22日这一天有300多台机车和超过2 000节客货车通过大桥。

1937年12月23日下午1点，茅以升接到炸桥命令。下午5点，日军的先头骑兵部队尘土飞扬，隐约可见。逃难人群被军方强行拦阻，炸桥开始了。随着一声巨响，钱塘江大桥的两座桥墩被毁坏，5孔钢梁折断落入江中。钱塘江大桥在通车的第89天，瘫痪在日寇侵略的战火中。大桥炸毁当夜，透过苍茫暮色，茅以升凝视着由他一手炸毁的大桥残影，看着江北岸愈来愈亮的火光，满腔悲愤地挥笔写下8个字："抗战必胜，此桥必复！"

255

17.第一列火车从钱塘江大桥通过·1937年9月
18.钱塘江大桥铁路竣工通车情景·1937年9月
19.钱塘江铁路大桥炸桥前军民大撤退·1937年
20.钱塘江大桥爆炸瞬间·1937年12月23日

21.六合塔下被炸毁的钱塘江大桥·1937年
22.桥梁炸毁，暂时阻断了日寇的侵略图谋·1937年
23.钱塘江大桥被炸毁的桥梁（局部）·1937年
24.钱塘江大桥被炸毁·1937年

25.被国民党军队爆炸破坏的第五孔铁路桥面·1949年
26.人民解放军21军62师185团抢占钱塘江大桥·1949年5月3日
27.解放战争时期，铁路工人24小时修复钱塘江大桥·1949年
28.修复的大桥公路面，使用的是厚约10厘米的木线板·1949年

29.浙赣铁路钱塘江大桥遗存（局部）·2017年
30.浙赣铁路钱塘江大桥遗存（局部）·2017年
31.矗立在钱塘江北岸的茅以升（1896—1989年）塑像·2017年
32.浙赣铁路钱塘江大桥遗存·2017年

日寇侵占杭州后，利用坠落江中的钢梁，在其上增设支撑，架设军用木桥面，以通行军用汽车。1944年10月，日本人草草地对钱塘江大桥进行了修复，火车开始临时通行。之后，我抗日游击队两次对钱塘江大桥进行突袭破坏，将第5号及第6号桥墩炸损，桥梁一度中断。经修整，临时便桥于1945年4月又恢复行车。

1949年杭州解放前夕，国民党残部密谋炸毁钱塘江大桥临时便桥。我地下党对负责炸桥的国民党工兵营做了工作，又通过铁路养路员工的说理斗争，5月3日工兵营只对桥面做了一些轻微破坏。杭州解放后，解放军铁道兵部队和铁路员工对本桥迅速抢修，很快恢复通车。全国解放之后的1953年，钱塘江大桥彻底修复，茅以升先生的愿望得以实现。

20世纪30年代，在自然条件比较复杂的钱塘江上，以当时尚不发达的施工技术，用不到3年时间，由我国工程师自行设计并监造，建成一座先进的双层公铁两用桥，这是世界铁路桥梁史上的一项重大成就，也是中国桥梁史上的一座里程碑。

如今，钱塘江大桥英名不改，巍然屹立在月轮山前。大桥北岸，六合塔下，竖立着茅以升的全身铜像，人们永远怀念这位中国杰出的桥梁专家、真挚的爱国主义者。人们也不会忘记钱塘江大桥坎坷、惨痛的传奇历史。2006年5月25日，钱塘江大桥被国务院批准列入第六批全国重点文物保护单位名单；2016年9月，入选首批中国20世纪建筑遗产名录；2018年1月，被列为第一批中国工业遗产保护名录。

93

凤上铁路·26号三孔拱桥

No.26 Three-span Arch Bridge of the Fengshang Railway (Fenghuangshan-Shanghekou)

这座钢筋混凝土拱桥是今凤上（凤凰城—上河口）铁路第26号桥，位于凤上铁路大堡站至灌水站间，中心里程60公里493米。拱桥全长37米，共3孔，建造在曲线半径145.27米线路上，隶属于沈阳铁路局丹东工务段大堡工区管辖。

铁路拱桥，初多用石砌，之后以混凝土代替石料就地灌筑拱券或预制混凝土块砌筑。然而，石拱桥、混凝土拱桥的跨越能力是有局限性的。随着跨度的发展，以钢筋混凝土拱桥取代前者已成为必然趋势。1949年以前，中国铁路钢筋混凝土拱桥较少，仅161孔，主要分布在东北铁路各线上，这座凤上铁路26号三孔拱桥应在此列之中。

1.26号三孔拱桥标记·2015年

2.凤上铁路26号三孔钢筋混凝土拱桥遗存·2015年

3.在日本人监控下，凤上线艰难施工中·1911年

4.日本控制下的"满铁"在我国东北筑路情景·1911年

5."满铁"筑路中的中国劳工·1938年

6.桥梁密布的凤上铁路·2015年

凤上铁路分两段修建，即凤灌线和灌上线。凤凰城至灌水段称凤灌线，是"满铁"计划修建安仁（安东一桓仁）线的一部分。凤灌线1937年7月开始勘测，1938年8月开工修建。因材料不足，施工时断时续，到1940年11月路基、桥涵建筑才告完工。灌水至上河口段称之为灌上线，是"满铁"为修建水丰发电站而筑。灌上线1939年6月开工，后因朝鲜境内的平北铁路提前建成，解决了水丰电站的材料运输问题，因而减慢了灌上线修建的进度，后全线停建。

1950年，灌水至上河口段铁路重新启动修建，凤上铁路形成一体。凤上铁路运营之初，列车运行允许速度仅为30公里/时。1948年10月，因支援关内解放战争，又将这段铁路钢轨拆除挪用。1950年11月，因抗美援朝战争的需要，铁道部决定修复灌水至上河口间铁路，由东北铁路工程总队负责组织抢修。经过艰苦奋战，仅用35天即全线修复，当年12月18日实现通车。1976—1994年，沈阳铁路局对凤上线进行多次维修，更新了钢轨和车站道岔，对病害桥梁进行了整治，显著提高了线路质量。这座中国铁路较早使用钢筋混凝土材料的三孔拱桥，通过人们的精心养护，至今仍在服役之中。

94 凤上线重要历史文化遗存之一

凤上铁路·叆河4号拱桥

No.4 Aihe Arch Bridge of the Fengshang Railway

　　叆河4号拱桥为中国铁路早期的钢筋混凝土结构拱桥，位于凤上铁路庙阳—天桥站间，距凤凰城站中心里程66公里797米。本桥共11孔，全长189.1米，桥长178.3米。桥的平均高度为10.12米，单孔跨度12.06米。1941年建成，由日本"南满洲铁道株式会社"设计施工。

　　凤上（凤凰城—上河口）铁路，位于辽宁省东南部的凤城市和宽甸县境内，以凤凰城车站为起点，向东南方向延伸，经官家、大堡、庙阳、灌水、宽甸、长甸等站，至中朝两国界江——鸭绿江畔的上河口车站为终点。凤上铁路全线营业里程156.2公里，有12个车站，其中四等站10个，五等站2个。

1. 叆河4号拱桥（局部）·2015年
2. 凤上铁路叆河4号拱桥遗存·2015年
3. "满铁"强迫中国劳工铺轨施工·1939年
4. 在日本监工下，中国劳工为"满铁"筑路中·1939年
5. "满铁"肆意掠夺，筑路扩张·1939年
6. 远眺叆河4号11孔拱桥·2015年

　　1943年5月，凤上铁路凤灌段（凤凰城—灌水）建成并开始临时运营。线路轨距1 435毫米，钢轨为每米32~37公斤的杂轨，混砂道床，站场线路有效长度除边沟车站为200米外，其余均为300米，运输能力局限性较大。临时运营之初，每日仅开行混合列车一对，1944年升至每日开行3对列车。

　　凤上铁路叆河4号桥系钢筋混凝土拱桥，设计合理，连续11拱排列匀称，虽然跨度较小，但桥体轻盈，线条流畅，造型优美，负重能力较强，工程质量上乘，当属铁路桥梁佳品之作。《中国铁路桥梁史》（1987年版）扉页上，曾选用叆河4号拱桥彩色图片，可见其在中国桥梁史上所具有的重要性非同一般。叆河4号拱桥现由沈阳铁路局丹东工务段大堡工区管辖，状态良好。

95

中朝两国共管的界江桥梁

凤上铁路·上河口鸭绿江大桥

Shanghekou Yalu River Bridge of the Fengshang Railway

辽宁省宽甸县长甸镇河口村,分上河口和下河口两个自然村。这里风景优美,是《桃花盛开的地方》歌曲的诞生地,被誉为中国十大最美山村。出村东口,沿着鸭绿江畔的简易公路上行3公里,一座巨大的钢铁巨龙——上河口铁路桥,横卧于宽阔平静的鸭绿江上。

上河口铁路大桥,是鸭绿江上连接中朝铁路三座桥梁之一,曾称春函桥,又称鸭绿江清水火车桥。桥址位于凤上铁路155公里407米处,中国上河口站至朝鲜清水站之间。大桥高24.8米,桥梁长673.4米,共29孔。桥梁构造由钢构上承梁、平弦下承梁组成。中国一侧起1~2孔,每孔跨度13米;3~8孔和11~29孔,每孔跨度20米,均为钢构上承梁。大桥9孔和10孔为平弦下承梁,每孔跨度62米,可通过大型船只。

上河口鸭绿江大桥由"满铁"建设局设计,日本承办商施工,1938年9月始建,1940年4月建成。桥台为耳墙式钢筋混凝土结构,桥墩为圆端形钢筋混凝土结构,墩台基础均为混凝土扩大基础,基底地质为花岗岩石,河床土质为河卵石。桥上线路为直线平坡。

1.上河口鸭绿江大桥桥头堡·2017年
2.上河口鸭绿江大桥国界碑·2017年
3.上河口鸭绿江大桥桥面·2017年
4.凤上铁路上河口鸭绿江大桥遗存·2017年

上河口鸭绿江大桥是中朝两国的界河大桥，也是凤上铁路最长的桥梁。凤上铁路，位于辽宁省东南部，以沈丹线凤凰城车站为起点，至鸭绿江边的上河口车站。凤上线地处山区，铁路沿着叆河溯行，地势起伏。线路沿山谷绕行，七跨叆河绕向东南。凤上铁路全线直线延长91.5公里，曲线延长64.3公里。最大坡道为20‰，最小曲线半径300米。全线共有桥梁87座，5 147延长米。由于凤上线建设用料不足，工程时停时建。到1945年抗战胜利时，上河口至宽甸间52公里的路基、桥涵、隧道才告完工。此时上河口鸭绿江大桥早在5年前即已建成。

上河口鸭绿江大桥建成后，朝鲜的清水车站与上河口车站即铺轨通车，并为朝鲜境内修建拉古哨电站水库运输砂石材料。电站水库完工后，上河口至鸭绿江中国桥头的轨道拆除。1950年朝鲜战争爆发。由于军事运输的需要，铁道部紧急调集力量，对凤上线和上河口鸭绿江铁路桥进行抢修。大桥于当年12月修复通车，再次与朝鲜第二大工业城市清水接轨，自此成为贯通中朝两国的又一条重要铁路运输线。

263

历史厚重
风格独具

中·国·铁·路

Century-old Chinese Railway Bridge

264

百年老桥

抗美援朝期间，上河口鸭绿江大桥成为战时军事运输进入朝鲜的主要通道之一。这座大桥与下河口的公路大桥一样，一直是美军狂轰滥炸的重要目标。1951年3月30日，美军近百架大型机群向河口铁路大桥、公路大桥实施连续轮番轰炸，投弹280余枚。铁路桥被炸毁2孔，炸伤2孔，交通运输一度中断。9月，美军飞机24架再次侵袭河口，投弹70余枚，铁路桥中弹5枚，桥梁多处受损。由于上河口鸭绿江大桥地处山区，两岸地形复杂，加之志愿军高射炮的有效保护，部队和民工全力抢修，大桥一直发挥着重要的运输作用。

1953年7月，朝鲜战争停战后，上河口铁路桥停止使用。翌年1月12日，中央军委和政务院电示：志愿军联运司令部撤销后，将上河口鸭绿江铁路正桥、便桥设备、备料机车、车辆一并移交铁道部；之后过境朝鲜的火车均走鸭绿江第二桥，即安东（今丹东）中朝友谊桥，上河口鸭绿江大桥停止运营。1977年3月20日，中朝两国铁道部代表团在朝鲜新义州商定，以上河口鸭绿江大桥1/3处，即凤上线155公里410.56米（13号桥墩中心）划界，由两国分别管理。1979年，沈阳铁路局隧道大修段丹东三分段对大桥（中国一侧）进行了大修。

5.志愿军紧急搭建上河口鸭绿江便桥·1951年
6.上河口鸭绿江便桥完工·1951年
7.在炮火的掩护下，满载物资的列车驶向朝鲜前线·1951年
8.被美机炸断的上河口鸭绿江便桥·1951年

9.抗美援朝时期，战地防空铁路桥梁伪装·1951年
10.志愿军抢修上河口鸭绿江大桥·1951年
11.毛岸英小学门前的毛岸英烈士雕像·2015年
12.坐落在上河口鸭绿江铁路大桥附近的毛岸英小学·2015年

　　1950年，人民领袖毛泽东的长子毛岸英坚决请求参加中国人民志愿军，当年他就是在这座铁路大桥附近秘密跨过鸭绿江的。1950年11月25日，毛岸英光荣牺牲。现在，以毛岸英命名的小学校就建在鸭绿江畔，与上河口铁路大桥遥遥相望。

　　这座曾誉为"铁血大动脉"的大桥，为抗美援朝战争立下汗马功劳，如今宛如一位老者默默肃立——他已停止运营60多年了。大桥锈蚀斑驳，几多沧桑，但其傲骨雄风依然，与静静的鸭绿江构成一幅壮丽的风景画。中方桥头堡有武警战士站岗，对面是朝鲜人民军把守，大桥更显得庄严与神圣。2016年沈阳铁路局对上河口鸭绿江大桥再度进行全面维修，并将周边辟为旅游景区，对外开放。20世纪50年代，家喻户晓的电影《铁道卫士》，曾在这里拍摄，给人们留下诸多难忘的精彩瞬间。

96 | 中国最早的铁路双曲拱桥
鸭大铁路·菇园第二道清河桥

Guyuan Second Qinghe Bridge of the Yada Railway (Yayuan-Dalizi)

菇园第二道清河桥位于鸭大（鸭园—大栗子）铁路中心里程12公里830米处，菇园站至道清站之间。菇园第二道清河桥是一座混凝土拱桥，建于1938年，全长45.6米，4孔跨度分别为5.5米、9.25米、9.25米、5.5米。菇园第二道清河桥虽然属小型桥梁，但在中国铁路桥梁史中却占有一席之地。《中国铁路桥梁史》（中国铁道出版社，2009年版）有如下记载：在菇园至道清间修建的第二道清河桥为4孔混凝土拱桥，其中第一孔为5.5米的钢筋混凝土双曲拱桥，这是中国最早修建的铁路双曲拱桥。

双曲拱桥是中国首创的一种新型拱桥，其主拱券在纵向（顺桥方向）和横向（顺水流方向）均呈曲线形，故称"双曲"拱桥。采用此技术的好处是施工安装时"化整为零"，而承受荷载时则又"集零为整"，即可以少用或不用拱架，只要将预制拱肋安装好以后，预制拱肋就变成预制拱波和现浇盖板的支架。双曲拱桥具有施工速度快的优点，适合施工装备条件差的小城镇和农村；但也有整体性能差、容易开裂变形的缺点，特别是对于活荷载较大的铁路桥梁影响较大，故采用率不高。

第二道清河桥的结构形式与周围环境和谐，在保证其功能和技术要求的基础上，实现建筑外美和内实的有机统一。菇园第二道清河桥桥体纤细优美、风格独特、比例匀称、韵律鲜明，不失为一座桥梁建筑艺术品。

1.鸭大铁路菇园第二道清河桥遗存·2016年
2.在日军武装监控下的中国筑路劳工·1939年
3.日伪统治下的筑路劳工生活之惨状·1938年左右
4.远眺菇园第二道清河桥·2016年

鸭大铁路全长112公里，共建桥梁35座，1 873延长米。1939年7月20日，鸭园至道清间临时通车。1940年7月20日，全线临时运营，技术速度35公里/时。鸭大铁路筑路的劳工大部分由"义和祥"柜头从山东、大连和沿线农村招骗的。施工现场如同一座大监狱，戒备森严，阴森恐怖。劳工们整天提心吊胆，夜以继日地肩扛背驮，锤砸钎凿，食无饱腹，衣无遮体，配给的粮食掺假和霉烂现象十分严重，甚至以橡子面代替玉米面。许多人被折磨得骨瘦如柴，饿死和中毒而死者不计其数。据统计，自1938年4月至1940年7月间，全线筑路劳工11.3万人中约有8 400多人被摧残致死。所以说，鸭大线是用中国劳工的血肉之躯铺设的，每一根枕木，就代表着一具中国劳工的尸骸。

1946年10月30日，东北民主联军在战略转移时，将鸭大铁路鸭园至道清间的轨道拆除。1947年5月22日通化解放，临江铁路局组织职工于8月10日动工抢修通化至道清间铁路。在抢修第二道清河桥时，对桥墩破坏部分进行了简要的接补混凝土加固，对道床进行清筛固基处理，保证了线路开通，有力地支援了人民解放战争。

由于受水灾和严重病害的影响，菇园第二道清河桥承载力逐年下降。1955年以来，路方对桥梁一直不间断的进行维修和养护。1985年沈阳铁路局通化工务段对这座桥梁进行了大修，采取整体包箍的维修方法，桥体增加了钢筋混凝土保护层，显著提升了拱桥墩台的承载能力。目前菇园第二道清河桥坚固稳定，仍在服役。

97 | 享有"抗美援朝第一渡"美誉
梅集铁路·集安鸭绿江大桥
Ji'an Yalu River Bridge of the Meiji Railway (Meihekou-Jian)

集安鸭绿江大桥1937年始建，1939年7月31日完工，当年10月1日正式通车。大桥是中朝三大跨境铁路桥之一，素有"抗美援朝第一渡"美誉。

集安鸭绿江大桥是日本军国主义侵略中国东北后，出于扩大侵略和掠夺资源的需要而修建的。大桥全长589.23米，宽5米，高16米，共20孔。现中朝双方以大桥第11号桥墩中心接轨处为界，划分各自管辖线，其中，中方324.23米，朝方为265米。集安鸭绿江大桥由日本"满铁"东亚土木株式会社承建。

集安鸭绿江大桥是梅集铁路最长的桥梁。梅集铁路自沈吉线梅河口车站起，经大柳河冲击平原，进入半山区，过哈尼河、浑河、罗圈河进入高山地带，迂回穿越老岭山脉，到达终点集安（1965年前称辑安）车站。从集安车站沿江畔东行15公里，即达鸭绿江铁路大桥。

1.集安鸭绿江大桥桥面·2015年
2.抗美援朝的第一列军列从集安鸭绿江大桥驶
　过·1950年
3.梅集铁路集安鸭绿江大桥遗存·2015年
4.冒着敌机的轰炸，志愿军铁道兵抢修线路·
　1951年
5.抗美援朝时期，铁路员工与志愿军战士共同
　排除定时炸弹·1952年

　　解放战争初期，梅集铁路遭受严重破坏，运输一度中断。1947年5月，通化、梅河口解放；8月，通化铁路办事处组建铁路工程队按段抢修线路。1948年3月21日，集安鸭绿江大桥修复完工，集安至朝鲜满浦间恢复通车。

　　抗美援朝战争爆发后，集安鸭绿江大桥成为中国人民志愿军渡江和后勤供应的大动脉，志愿军也是最先从这座大桥秘密入朝参战的。自1950年10月11日始，志愿军下辖的一军、十六军官兵先后从集安大桥口岸进入朝鲜。据史料记载，1950年10月至1953年2月间，先后有42万大军、17.2万随军担架队员，或由桥上，或由其身畔进入朝鲜战场。另外还运送伤员回国18.2万人。冒着敌机的狂轰滥炸，钢铁大桥先后向朝鲜战场运输军用物资、部队官兵的列车75 908辆、筑路材料15 810辆，其他往返51 782辆。

　　这座 "打不垮、炸不断" 的钢铁大桥，见证了中华儿女视死如归的英雄气概，感受到浓浓的国际主义情怀，分享了搏杀后胜利的喜悦，验证了中华民族的铮铮铁骨。战火中，大桥钢铁 "身躯" 也融入了其中，成为伟大与坚强的组成部分。1984年，经有关部门批准，集安鸭绿江大桥部分对游人开放；1988年，正式列入旅游景点全面接待中外游客。

98

时为远东第一铁路长桥

台湾铁路·高屏溪铁桥

Gaoping Creek Iron Bridge of the Taiwan Railway

台湾铁路发源于清朝末年的洋务运动时期。与大陆大多数省份相比，台湾兴筑铁路不但提议较早，而且建造起点也较高，在很长一段时间里，处于比较领先的地位。

1874年，日本侵占琉球群岛后，开始武装侵扰台湾，随后西班牙也扬言要从其占领的菲律宾群岛进攻台湾。清朝政府为了加强台湾的防务，起用了洋务派丁日昌为福建巡抚（当时台湾隶属福建）。1876年，丁日昌到台湾视察后即上奏朝廷，强调了建造铁路的重要性。直隶总督兼北洋通商大臣李鸿章、两江总督沈葆桢等重臣也认为台湾修建铁路"功用最大""无事时运货便商，有事时调兵通信"；清政府总理衙门也认为在台湾兴办铁路是"经理全台一大关键"。既然朝廷上下看法一致，1877年4月7日，清政府责令丁日昌"审度地势，妥速筹策"。丁日昌请准把吴淞铁路拆下的器材运到台湾高雄，拟做筑路之用。后因清政府拒绝在经济上支持丁日昌的宏大筑路计划，铁路一时未能兴建。

　　1885年（光绪十一年），清政府把原设的台湾府升为台湾省，首任巡抚刘铭传对台湾省兴筑铁路投以极大的关注，力图实现丁日昌未能实现的计划。1887年，经请呈清政府批准，台湾基隆至新竹的第一条铁路正式开工。1893年，铁路竣工并通车运营。

　　甲午战争中国战败，台湾省近代自主发展的进程被阻断。从1895年至1945年，日本殖民者出于加强殖民统治的需要，对台湾的基础设施特别是铁路进行了一系列的建设。最初几年为军事统治时期，经营铁路的部门几经变换，军事色彩浓厚，重点是军事轻便轨道的铺设，南北铁路只是进行了部分修复和线路修筑的预测。直到1899年11月，台湾所谓"铁道部"成立，铁路方面才展开系统的修筑。西部纵贯线北起基隆，南到高雄，多沿山修筑，在建造过程中遇到诸多困难，1908年方得建成通车。

　　台湾的纵贯线开通后，1909年军事轻便轨道废除，铁路开始向屏东线延展修筑。由于受高屏溪这条宽阔而湍急的河流阻挡，铁路只修筑到九曲堂车站，而没有能力跨河继续延伸。一直到1914年，九曲堂至屏东这段铁路才艰难完成，其中最重要的关键工程就是这座当时号称"远东第一长桥"的高屏溪铁桥。

1.高屏溪铁桥遗存·2014年
2.高屏溪铁桥遗存（局部）·2014年
3.高屏溪铁桥上的台铁钢梁厂标识牌
4.高屏溪铁桥遗存（局部）·2014年
5.高屏溪铁桥遗存（局部）·2014年

历史厚重
风格独具

中·国·铁·路
272
百年老桥

Century—old Chinese Railway Bridge

高屏溪铁桥，又名"下淡水溪桥"，俗称高屏旧铁桥，位于台湾铁路屏东线九曲堂至六块厝车站间，横跨高屏溪。高屏溪铁桥全长1 526米，是台湾高雄与屏东之间第一条陆路交通和南北货物运输的要道，作为宝岛台湾的名桥之一，长期稳坐第一长铁路桥的宝座。

1911年初，鉴于高雄港的人员、军事物资和屏东砂糖的运输量增加，以及开发平原上丰富的物产，日本侵略者开始着手修筑高屏溪铁桥。由于高屏溪河面宽阔、溪流湍急，工程技术一度难以突破。在日籍技师饭田丰二的主持规划下，历时约3年，终于在1913年底竣工，其间共耗工程费130余万日币。施工过程步履维艰，困难重重，经历多次大雨及河水暴涨等自然灾害。1913年12月20日，台湾阿猴至九曲堂间开通列车；翌年2月15日，打狗（今高雄）至阿猴间铁路正式通车，高屏溪铁桥亦正式投入使用。

高屏溪铁桥设计科学，造型优美，堪称百年老桥之典范。大桥为单线铁道设计，共有24孔，每个桥孔长度为63.5米。桥身以圆弧钢骨结构为主体，钢桁架高度15.1米，采简支对称式山形钢构架桥式；桥面宽7.55米，高4.5米；桥台由混凝土浇筑，外表再围护清水红砖，转角处以花岗石收边。桥墩为红砖与花岗石结合砌成，均高9.5米，呈圆端形以破水路。建桥的钢梁构件皆为日本制造，经由高雄港、基隆港转运至建桥工地，靠人力现场组装完成。

1962年，高屏溪铁桥遭台风侵袭，受损较重。1964年，台湾铁路相关部门抽换部分锈蚀的钢梁，在不改变原有建筑风格的前提下，改为台铁钢梁厂自制的桁架维持运输。1987年6月，电气化新桥竣工启用，1992年，高屏溪铁桥功成身退。台湾铁路相关部门拟拆除这座老铁桥，因其具有一定的历史及文物价值，在高屏地方人士及文史工作者积极努力下，得以保留。为保护高屏溪铁桥古迹，屏东县政府在资金紧张的状态下，仍尽可能每年重新油漆一遍铁桥。如今，铁桥已成为一道亮丽的风景线，吸引着众多游客观光。

2005年7月"海棠"台风肆虐，铁桥被暴涨的高屏溪冲走3座桥墩和4座拱形钢桥架。 2006年6月10日，铁桥再次被暴涨的高屏溪冲走1座桥墩及1座拱形钢桥架。2008年，修复工程完工。高屏溪铁桥是我国台湾目前唯一被列为二级古迹的铁路大桥。

6.台湾首任巡抚刘铭传
7.日本殖民统治时的高屏溪铁桥（下淡水溪桥）
8.高屏溪铁桥瓷制铭记牌·2014年
9.竣工不久的高屏溪铁桥·1913年
10.高屏溪铁桥桥面（局部）·2014年
11.高屏溪铁桥（局部）·2014年
12.高屏溪铁桥与电气化新桥·2014年

99 "台铁"建筑艺术极品

台湾铁路·龙腾断桥

Longteng Broken Bridge of the Taiwan Railway

这座暗红色、残缺斑驳的铁路桥梁遗迹，是台湾旧山线第一名胜——龙腾断桥。大桥时为台湾海拔最高、跨度最大、建造精美的桥梁，曾被誉为"台湾铁路艺术极品"。

龙腾断桥，原名鱼藤坪桥，因毗邻鱼藤坪而得名；后随着鱼藤坪更名龙腾村亦改称龙腾桥。龙腾桥建于1905年，竣工于1906年，全长200米。桥墩为砖石混合结构，桥梁由砖拱、钢板梁和钢桁梁分段构成。大桥横跨景山溪支流腾龙溪深谷，桥面距溪底50米，可谓秀美壮观，气势非凡。

建造这座大桥时，钢筋水泥等新型建筑材料还没有得到广泛应用；龙腾桥桥墩故以红砖为主，花岗岩配合，利用石灰细沙粘结而成。以红砖拱券结构，抗衡火车隆隆行驶所造成的强烈振动，这在当时确实是铁路桥梁建造的一大挑战。为保证建筑材料的质量，建设者预先在附近修建了一座砖厂，专门烧制高品质的红砖。从遗留下的残砖不难看出，红砖确实品质精良，质量上乘，应属极品。

受西方建筑思潮的影响，日本在我国台湾进行殖民统治时引进了"荷兰式"的砌砖工艺。桥梁两端拱形的叠砌方式与接合切角砌筑精致，外美内实；中部钢结构桥梁一孔跨度61米，为当时"台铁"单孔跨度之最。工匠们高超的施工水准和桥梁优美的几何弧线，成就了鱼藤坪桥"艺术极品"的美誉。

龙腾桥毁于关刀山大地震。1935年4月21日凌晨，台湾发生7.3级大地震，震中距鱼藤坪桥仅5公里。地动山摇，短短数十秒间，鱼藤坪200户人家无一栋房子幸存，当时被认为最坚固的鱼藤坪大桥，也毁于一旦。美丽的外表抵抗不过大地震的反复位移，大桥损毁严重。专家鉴定后认为无法修复。之后，当局在断桥以西60米重建新的铁桥。1999年9月21日，断桥再度遭受大地震，北端第5桥墩半残拱口二次被振断。龙腾断桥终成历史遗迹。

如今，只能看到残存的北端6个桥墩和南端的4个桥墩。断桥沧桑斑驳，苔青覆盖，但风骨犹存，傲然屹立，漫山的油桐花依偎在身旁，宛若一道靓丽的风景线。龙腾断桥已成为台湾铁路旧山线上的永恒地标和旅游胜地。

1.台湾铁路龙腾断桥遗存（局部）·2014年
2.台湾铁路龙腾断桥遗存（局部）·2014年
3.远眺龙腾断桥·2014年
4.龙腾（鱼藤坪）桥遭大地震破坏后情景·1935年
5.龙腾（鱼藤坪）桥完工 ·1906年
6.遭受大地震后的龙腾（鱼藤坪）桥（局部）·1935年
7.遭受大地震后的龙腾（鱼藤坪）桥·1935年
8.龙腾断桥遗迹·2014年

"台铁"最美丽的支线桥梁

台湾铁路·大安溪铁桥

Daan Creek Iron Bridge of the Taiwan Railway

　　大安溪铁桥是台湾铁路纵贯线"山线"的组成部分，位于台中市大甲区，横跨在台中县后里乡、苗栗县三义乡之间的大安溪上，是台湾中部当时运送物产及南北间联络的重要桥梁。大安溪铁桥是目前台湾铁路仅存的三座桁梁桥之一。

　　大安溪铁桥横跨大安溪下游。溪，原意为山中的小河沟，在台湾则是河流的称谓。大安溪，全长96公里，流域面积758平方公里，源于雪山山脉之大霸尖。经台湾大地震的挤压和台风暴雨的反复冲刷，一个深达十余米，宽阔悠长的大安溪峡天然形成。铁路延伸到此，跨越大安溪可谓困难重重。

　　大安溪铁桥于1903年5月开工，1908年2月14日竣工。桥梁结构为下承式曲弦桁梁桥，由10孔62.41米桁梁构成。桥墩下部结构是混凝土砌块石沉箱，下部桥座为砖角石构成。桥梁全长637.39米，整体结构和谐统一，充分体现着力与美的有机结合，并有极好的韵律感。大安溪铁桥被誉为"台湾铁路最美丽的支线桥梁"。

1

台湾铁路初期采用的是窄轨标准。1887年春，台湾省首任巡抚刘铭传正式主持修建台湾铁路，先后修筑了台北至基隆港、台北到新竹两段总长107公里的铁路，由于筑路器材主要购自英、德两国，工程设计也聘用英籍工程师，所以铁路采用的是英国标准，即钢轨每码重36磅（每米重18公斤），轨距3英尺6英寸（1.067米）。后来日本殖民统治期间修筑的铁路也都沿用了这种轨距。

我国台湾铁路的修建，使得西方列强十分眼红，分食中国的野心更加膨胀，都想借助修路谋取自身在台湾的利益。铁路修到新竹后，清政府一方面惧怕刺激西方列强的贪欲，一方面筑路经费也难以继续筹集，工程没有全部完成就停止了。刘铭传任职时的6年工程期，总计耗银130万两。

277

1.台湾铁路大安溪铁桥遗存·2014年
2.与大安溪铁桥相连的九号隧道·清末
3.大安溪铁桥桥面钢梁·2000年左右
4.5.日本殖民统治时的大安溪铁桥
6.列车通过大安溪铁桥·2000年左右

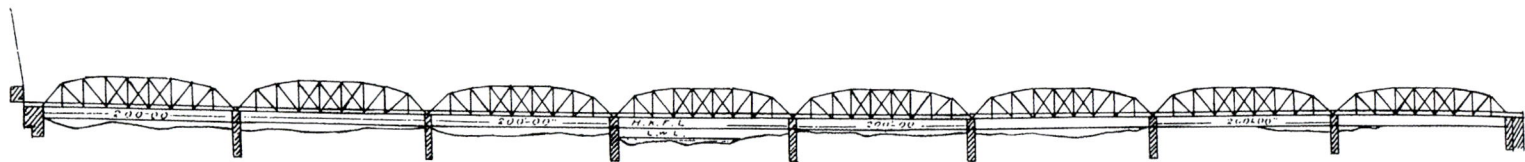

到了20世纪初，我国台湾的纵贯线经改建和新建后，共有桥梁281座，总长约21公里，其中百米以上的大桥有26座，总长约7.8公里。全线桥梁由于大量使用了日本国内拆换下来的旧梁，故载重等级不一，最大者为KS18级（约合E-39.6级），最小者为KS6.8级（约合E-15级）。全线桥梁跨度5米以下者均采用工字钢梁，5~30米者为钢板梁，30米以上者为钢桁梁。墩台基础早期多为明挖或打桩，后期改用沉井；墩台普遍采用砖石砌筑，少量墩台使用混凝土。有的砖墩为减轻自重，砌成拱式；有的砖墩为加强抗洪能力和整体美感，外表镶砌石材。

大安溪铁桥建造工程虽然艰巨，但工程质量上乘。桥梁整体结构设计科学合理，美观大方。宽大厚重的混凝土基础稳稳地插入河中，基础之上的桥座收分得体，工艺精湛；分水坝砌筑严丝合缝，展示出较高的建造水准。应该说，大安溪铁桥是早期台湾铁路一座难得的建筑艺术佳作。

7.大安溪铁桥立面示意图·1903年
8.台湾森林铁路木造桥·20世纪50年代
9.运行在台湾铁路线上的DT650型小火车
10.台湾小火车运行中·20世纪30年代

11.台湾小火车运行中·20世纪50年代
12.大安溪铁桥（局部）·2014年
13.大安溪铁桥（局部）·2014年
14.大安溪铁桥·2014年

1935年4月，台湾发生大地震，大安溪铁桥受到不同程度的损毁。 1963年"台铁"当局对其实施改建，替换了损毁的钢梁。修复后的大桥从外观上看，基本形态似乎与1908年建成的老桥无异，但若仔细观之桁架与结构部分则大不相同，大桥的承载力增强，通过能力显著提升。

为了提高行车效率，1998年起列车改走"新山线"，旧山线包括本桥在内一并停止使用。一时间，"台铁"西部纵贯铁道最具特色的这一路段走入了历史。随着大陆游客逐年增多，台湾当局2010年将旧山线恢复部分行驶。旅游观光的蒸汽机车发出的隆隆巨响，让这寂静许久的百年老铁桥又恢复了昔日的活力。同时，利用废弃的线路和老铁桥，台湾当局将其改造为人行和自行车专用道，与后丰铁马道、东丰自行车绿廊相接，形成总长18公里独特魅力的旅游、休闲专用通道。

百年风雨转头过。如今在台湾，不但大安溪铁桥成为台中市的历史古迹，就连铁桥延伸铁路——旧山线也得到较好的保护。远眺山峦与大桥浑然一体，气势雄伟；近临桥下波光粼动，河水潺潺，大大小小的鹅卵石与茵茵绿草相映成趣。受到精心呵护的大安溪铁桥，不论是朝霞映照之时，还是夕阳洒金之际，都是那么美丽动人。

中国铁路百年特大桥梁表
The Centennial Super Large Bridge Table of Chinese Railway
（1896—1915年）

序号	建成年月	线别	中心里程	桥名	桥式	桥长全长（米）	下部建筑 基础	墩台	梁部载重等级	局别
1	1896年	沈山线（下行）	K357+911	第一六股河桥	1孔19.4米简支上承板梁及16孔简支31.62米上承桁梁，共17孔	539.7（544.6）	N0桥台扩大基础，N1~N16桥墩及N17桥台混凝土沉井基础	N0料石镶面混凝土U形桥台，N1~N16料石镶面混凝圆端形桥墩，N17料石镶面混凝土埋式桥台。最高墩身9.6米	相当于E-35级（设）	沈阳局
2	1898年	京广线（上行）	K217+310	第一沙河桥（123桥）	2孔19.25米、13孔19.65米及1孔19.5米简支上承板梁，7孔31.26米简支下承铆焊板梁，共23孔（其中下承梁系1980年新制梁，上承梁系1948年换梁）	548.4（558.6）	墩台均为木桩基础	N0及N23混凝土埋式桥台，N1~N22混凝土圆端形桥墩，最高墩身6.19米	新梁：中-活载（设）	北京局
3	1899年	沈山线上行	K216+388	锦县大凌河桥	26孔31.7米简支上承板梁（系1954年、1969年换架新制板梁）	843.7（851.7）	N0桥台扩大基础，N1~N25桥墩及N26桥台混凝土沉井基础	N0及N26料石砌T形桥台，N1~N25料石砌圆端形桥墩，最高墩身7.78米	中-22级（设）	沈阳局
4	1901年	滨洲线	K2+783	哈尔滨松花江桥	8孔77米简支下承桁梁及11孔简支33.48米上承桁梁，共19孔（原钢梁已拆除，分别于1962年级1971年更换新梁）	1005.87（1027.15）	N0桥台为木桩基础，N19桥台为两个石料沉井基础。N1~N9桥墩为气压木沉箱基础，N10~N18桥墩为木沉井基础	N0及N19浆砌片石带洞U形桥台（2个）。N1~N18浆砌片石料石圆端形桥墩，其中N2~N9桥墩下节设破冰棱。墩台均用料石镶面，最高墩身17.8米	中-22级（设）	哈尔滨局
5	1902年3月	哈长线（甲线）	K110+908	陶赖昭第二松花江桥	2孔22米、10孔33.5米简支上承板梁，5孔76.8米简支下承桁梁，共17孔	781.5（787.4）	各墩台均系浆砌块石沉井基础	N0及N17料石镶面石砌埋式桥台；N2~N4混凝土圆端形桥墩，其他均系料石镶面石砌桥墩。N2~N7墩设有防冰棱。最高墩身17米	中-25.6级（检）	沈阳局
6	1902年	京广线（下行）	K393+045	沙河桥（238桥）	9孔30米简支上承板梁（系1940年修建），1孔48米简支下承桁梁及8孔32米简支上承板梁（系1964年扩建）共18孔（原1902年修建的钢管桩基础9孔21.01米上承板梁，与1917年洪水冲去4孔，修复后，1939年洪水冲去3孔后，报废）	586.12（597.34）	N0桥台及N1~N8桥墩钢筋混凝土圆形沉井基础（1964年扩建）N9~N17桥墩及N18桥台钢筋混凝土椭圆形沉井基础（1940年修建）	N0混凝土T形桥台，N18混凝土埋式桥台，N1~N17混凝土圆端形桥墩。最高墩身5.5米	中-22级（设）	北京局
7	1903年	长大线（下行）	K336+327	太子河桥	17孔33.5米上承焊接板梁	587.5（602.1）	N0~N12墩台为浆砌块石沉井基础，N13~N17墩台为混凝土沉井基础	N0料石镶面带洞桥台，N17混凝土耳墙式桥台，N1~N16混凝土圆端形桥墩。最高墩身7.8米	中-27.4级（检）	沈阳局
8	1903年	长大线（中线）	K390+244	浑河桥	23孔33.52米简支上承桁梁	794.73（819.18）	各墩台均系浆砌块石沉井基础	N0及N23料石镶面带洞桥台，N1~N22料石镶面圆端形桥墩。最高墩身8.9米	中-23级（检）	沈阳局
9	1903年	长大线（下行）	K506+273	大清河桥	10孔33.8米、5孔33.6米、4孔33.54米、1孔33.2米简支上承板梁，共20孔（原系16孔33.5米上承板梁及4孔33.53米下承桁梁，战争破坏后，1950年改成板梁）	689.78（707.78）	N0及N20桥台浆砌石沉井基础，N1~N19桥墩浆砌石沉井基础	N0及N20料石镶面带洞桥台，N1,N4,N6,N8~N12桥墩修复时为混凝土圆端形桥墩，其他各桥墩为料石镶面圆端形桥墩。最高墩身5.1米	中-27.6级（检）	沈阳局

序号	建成年月	线别	中心里程	桥名	桥　式	桥　长 全　长 （米）	下　部　建　筑		梁部载重等级	局别
							基　础	墩　台		
10	1905年11月	京广线	原K654+488（今称老桥线K4+113）	郑州黄河（老）桥	46孔32米简支上承桁梁，52孔23米简支上承桁梁，1孔32米、1孔16米及1孔9.87米简支上承板梁。共101孔。（1905年11月修建50孔31.5米下承桁梁及52孔21.5米简支上承板梁，共102孔，全长3015米，1944年，南北岸各堵塞一孔，尚存100孔。1958年水害冲去一个桥墩及2孔32米桁梁，修复时改用3孔板梁）	2 938.9 （2 950）	N11-1及N11-2桥墩为钢轨桩基础，其余墩台均为φ35厘米铸钢管桩基础	N11-1及N11-2钢轨排架（共2个），其余墩台均为铸钢管排架墩（共100个）	中－22.1级（检）	郑州局
11	1909年	长大线	K390+247（上行）	浑河桥	23孔33.52米简支下承桁梁	794.66 （798.26）	各墩台均系2个混凝土圆形沉井基础	N0及N23料石镶面耳墙式桥台，N1~N22料石镶面圆端形桥墩。最高墩身8.7米	中－29.2级（检）	沈阳局
12	1911年	京包线	K230+075（下行）	大洋河桥	15孔31.5简支预应力混凝土T梁，（原为16孔，1937年填塞一孔，成为15孔，原系31.62米简支上承桁梁，1973年更换成预应力混凝土梁）	487.4 （501.0）	墩台均为30厘米×30厘米木桩基础	N0及N15混凝土埋式桥台，N1~N14混凝土圆端形桥墩。最高墩身7米	中－22级（设）	北京局
13	1911年11月	津浦线	K832+415（上行）	蚌埠淮河桥（老桥）	8孔62.8米简支下承钢桁梁，2孔31.2米简支下承板梁，共10孔	574.8 （586.98）	N0及N10桥台、N9桥墩木桩基础，N6~N8桥墩圆端形沉井基础，N1~N5气压沉箱基础	N0及N10石砌U形桥台，N1~N9混凝土圆端形桥墩。最高墩身13.51米	中－24级（检）	上海局
14	1912年6月	沈丹线	K62+973（二线）	本溪太子河甲桥	9孔33.1米简支下承桁梁，1孔33.2米简支下承板梁，10孔19.3米钢筋混凝土T梁。共20孔	546.2 （562.9）	墩台均系扩大基础	N0及N20块石白灰砂浆砌筑毛方石镶面U形桥台，N1~N19圆端形桥墩，材质同桥台。1960年水害，N12~N19墩身被冲毁，全桥按原式接高约3米。修复与接高部分用混凝土。最高墩身16.9米	钢梁中－24.9级（检）	沈阳局
15	1912年11月	津浦线	K344+279	泺口黄河桥	9孔91.5米简支下承桁梁；悬臂梁由2孔锚臂128.1米各再延伸27.45米长的伸臂及109.8米悬梁1孔组成164.7米1孔。共12孔	1 255.2 （1 256.95）	N0及N12桥台、N1~N7桥墩五角形钢筋凝土桩基础（对径500毫米），N8及N9桥墩气压沉箱加钢筋混凝土桩基础，N10桥墩气压沉箱基础	N0及N12混凝土埋式桥台，N1~N11混凝土尖端形桥墩，墩台均用料石镶面。最高墩身12.1米	相当于E－35级（设）	济南局
16	1914年	京包线	K368+531（上行）	大同御河桥	14孔31.45米简支预应力混凝土梁，（1914年原建18孔30.48米简支上承桁梁，全长548.6米，抗日战争被破坏，1950年改建为14孔，1967年换成预应力混凝土梁）	454.8 （463.01）	各墩台均系30厘米×30厘米木桩基础	N0及N14混凝土圆端形埋式桥台，N1~N13混凝土圆端形桥墩，墩身上游侧筑高约3.65米之尖形分水，最高墩身14.7米	中－22级（设）	北京局

中国铁路百年特大铆接钢板梁桥修建概况表

The Construction Summary Table of Centennial Super Large Riveted Steel Plate Bridge of Chinese Railway

（1892—1915年）

序号	建设年月	线别	桥名	桥长（米）	钢桥类型、孔数、跨度	演变情况
1	1892年（光绪十八年四月）至1894年2月（光绪二十二年二月）	关内外铁路（京山线）	滦县滦河桥	670.6	10孔30.5米上承桁梁，5孔60.96米下承枢接桁梁	1939年新桥建成后停用
2	1896年（光绪二十二年）	关内外铁路（沈山线）	第一六股河桥（K357+911，下行）	539.7	1孔19.4米上承板梁，16孔31.62米上承桁梁	1950年、1954年分别抽换板梁1孔、桁梁16孔；新钢梁的跨度与梁式与旧梁相同
3	1898年（光绪二十四年）	芦汉铁路（京汉线）	一沙河桥（K217+310，上行）	548.4	7孔29米下承桁梁，16孔21.5米上承板梁	1950年修复时，下承桁梁换为半穿式军用梁；1980年换成下承板梁，计7孔31.26米下承板梁，2孔19.26米及14孔19.65米上承板梁
4	1898年（光绪二十四年）至1901年（光绪二十七年）	东省铁路（滨洲线）	哈尔滨松花江桥（K2+783）	1 005.87	11孔33.54米上承桁梁，8孔76.804米下承曲弦桁梁	1963年抽换8孔下承桁梁，新梁为8孔77米平弦下承桁梁，1971年抽换11孔上承桁梁，新梁为11孔33.48米上承桁梁
5	1899年（光绪二十五年）	关内外铁路（沈山线）	锦县大凌河桥（K216+388，上行）	843.7	26孔31.62米鱼腹上承式桁梁	1949年修复时尚存15孔鱼腹上承式桁梁，另修配11孔上承桁梁，1954年、1969年分别抽换15孔及11孔，新钢梁为26孔31.7米上承板梁
6	1901年6月（光绪二十七年五月）至1902年5月（光绪二十八年五月）	东省铁路（滨洲线）	富拉尔基嫩江桥	686.68	2孔21.96米上承鱼腹式桁梁，5孔33.54米上承桁梁，6孔76.804米下承曲弦桁梁	1914年发现钢梁裂纹，以后逐渐增多，9号墩又发生倾斜危及行车，1943年下游新桥建成后，此桥废弃，1952年移其中2孔76.804米桁梁用于哈长线松花江甲线桥修复工程，1957年又以新梁换掉
7	1901年（光绪二十七年）至1902年3月（光绪二十八年）	东省铁路（哈长线）	陶赖昭第二松花江桥（K110+908甲线）	781.5	2孔22.0米上承桁梁，10孔33.5米上承桁梁，6孔76.8米下承曲弦桁梁	1928年，将5孔76.8米下承曲弦桁梁更换成5孔76.8米下承平弦桁梁；1936年将10孔33.5米上承桁梁更换成10孔33.5米上承板梁。1957年将其中的2孔76.8米下承桁梁更换成2孔77米下承桁梁，旧梁及新梁的桁高分别为12米及8.5米
8	1903年（光绪二十九年）	南满铁路（哈大线）	太子河桥（K336+327，下行）	587.5	17孔33.52米上承桁梁	1974年换梁，架设17孔33.5米上承焊接板梁
9	1903年9月（光绪二十九年八月）至1905年11月（光绪三十一年十月）	芦汉铁路（京汉线）	郑州黄河（老）桥	3015	50孔31.5米下承桁梁，52孔21.5米上承板梁	1927年、1929年军阀战争中第10孔与第16孔分别被炸毁，修复时移用两孔钢梁并填塞桥孔，全桥成为100孔；1952年，更换100孔钢梁，计32米及23米上承板梁分别为48孔52孔。1969年10月，加铺钢筋混凝土桥面板。通行汽车，桥长2 938.9米
10	1903年（光绪二十九年）	南满支线（长大线）	浑河桥（K390+244，中线）	794.73	23孔33.52米上承桁梁	1954年将腐蚀的上弦杆盖板全部更换
11	1907年（光绪三十三年）至1908年（光绪三十四年）	关内外铁路（沈山线）	巨流河辽河桥（原下行线）	649.3	18孔31.62米鱼腹上承式桁梁，2孔31.5米下承板梁	1943年扩建12孔20米和1孔10米上承板梁，桥长增至909.0米，1970年新桥（双线）建成后停用
12	1909年7月（宣统元年六月）至1912年11月（民国元年十一月）	津浦铁路（津浦线）	泺口黄河桥	1 255.2	9孔91.5米下承桁梁；悬臂梁由两孔锚臂128.1米各再延伸27.45米长的伸臂及109.8米悬梁一孔组成	1937年钢梁被炸，除第1、2、12三孔外，均遭严重破坏。1938年修复，第9~11孔悬臂梁及悬臂照原图新制
13	1909年（宣统元年）至1911年11月（宣统三年十月）	安奉铁路（沈丹线）	鸭绿江桥	916.851	5孔93.04米，6孔62.23米及1孔93.7米曲弦、枢接下承桁梁。93.7米下承桁梁位于第4孔，为旋转式开启梁，供通航需要	1943年鸭绿江新桥（双线）建成后，此桥曾改成公路桥。1950年被美军飞机炸毁。现有4孔桁梁废存于墩上
14	1909年12月（宣统元年十一月）1911年11月（宣统三年十月）	津浦铁路（津浦线）	蚌埠淮河桥（老桥）（K832+415，上行）	574.8	9孔62.8米下承桁梁	1938年9月修复时，第4~7孔换成新桁梁；1950年7月修复时，第9孔改成2孔31.21米下承板梁，1965年第2孔换成新桁梁
15	1909年（宣统元年）	南满铁路（哈大线）	浑河桥（K390+247，上行线）	794.66	23孔33.52米下承桁梁	1960—1971年，进行限界改造
16	1910年（宣统二年）	津浦铁路（津浦线）	淝河桥（K826+686上行）	641.32	62孔9.83米上承板梁	1958年修筑复线填塞50孔，并分成两座桥（K826+227和K826+686各一座），1981年均换成底高度钢筋混凝土梁
17	1910年（宣统二年）至1912年	安奉铁路（沈丹线）	本溪太子河甲桥（K62+973）	546.2	10孔33.12米下承桁梁，10孔19.08米上承板梁	1960年水害后修复时，10孔板梁改成钢筋混凝土梁，第11孔桁梁改成下承板梁
18	1913年（民国二年五月）至1914年	京绥铁路（京包线）	大同，御河桥（K368+531）	584.7	18孔30.43米上承桁梁	1950年修复时，填塞4孔，尚存14孔，桥长454.8米

中国铁路百年石拱桥（桥长大于90.0米）修建概况表

The Construction Summary Table of Centenary Stone Arch Bridge of Chinese Railway (More than 90.0 m Long)
（1898—1919年）

序号	建设年月	线别	桥　名	桥长（米）	承载类别	孔数　净跨　拱券宽	墩台基础类型基底地质	附　注
1	1898年3月至1901年元月（清光绪二十四年至二十七年）	东省铁路（滨绥线）	穆棱河桥（K427+975）	174.03	单线铁路	10孔12.8米，实腹拱，拱券宽4.9米	扩大基础，坚硬辉长岩	石拱。1945年战争破坏第2、3孔，1965年8月洪水冲毁第6~9孔，修复时改成混凝土拱
2	1900年（清光绪二十六年）	南满铁路（长大线）	龙口河桥（K57+736，下行）	91.8	单线铁路	6孔10.4米，实腹拱，拱券宽5.13米	扩大基础，黄色黏土	石拱
3	1900年（清光绪二十六年）	南满铁路（长大线）	南河桥（K50+854，下行）	94.4	单线铁路	3孔21.40米，实腹拱，拱券宽5.15米	扩大基础，黄色黏土	石拱
4	1903年（清光绪二十九年）	东省铁路（滨绥线）	绥芬河桥（K514+011）	151.65	单线铁路	5孔21.65米，实腹拱，拱券宽5米		石拱
5	1903年至1905年（清光绪二十九年至三十一年））	东省铁路（滨洲线）	海拉尔河桥（K629+924）	145.6	单线铁路	10孔10.66米，实腹拱，拱券宽5米		石拱
6	1908年（清光绪三十四年）	南满铁路（长大线）	驼台堡桥（K189+404，下行）	159.1	单线铁路	10孔10.16~10.90米，实腹拱，拱券宽5.15米	扩大基础，黄色黏土	石拱
7	1909年（清宣统元年）	滇越铁路北段（昆河线）	旱地桥（K327+841）	113.7	单线铁路（窄轨）	8孔10米，实腹拱，拱券宽3.4米	扩大基础；石灰岩	石拱
8	1909年（清宣统元年）	滇越铁路北段（昆河线）	旱地桥（K329+217）	94.8	单线铁路（窄轨）	1孔4米及6孔10米，实腹拱，拱券宽3.4米	扩大基础；石灰岩	石拱
9	1909年（清宣统元年）	津浦铁路（津浦线）	葛家河桥（K400+737，上行）	227.8	单线铁路	10孔16.2米，拱券宽5米，三铰拱	扩大基础；砂夹砾石	混凝土拱桥。原系14孔，桥梁受战争破坏；1956年永久修复时，原第1~4孔填塞，改成10孔
10	1910年（清宣统二年）	滇越铁路北段（昆河线）	玉林山谷架桥（K249+669）	95.8	单线铁路（窄轨）	7孔10米，实腹拱，拱券宽3.40米	2、3、4墩是木桩（7.5米）基础；1、5、6墩及两台是扩大基础；黏土	初石拱，后混凝土包箍
11	1918年（民国七年）	平汉铁路（京汉线）	第二沙河桥（K228+876）	约128.0	单线铁路	9孔12米，实腹拱	木桩（9.0米）基础；桩尖基底粗砂	石拱。新中国成立后，1956年修建京汉双线时封闭
12	1918年（民国七年）	平汉铁路（京汉线）	第四沙河桥（K229+517）	约128.0	单线铁路	9孔12米，实腹拱	木桩（9.0米）基础；桩尖基底粗砂	石拱。民国九年被洪水冲毁。修复时改成钢桥
13	1919年（民国八年8月）	京绥铁路（京包线）	K434+722，下行	118.6	单线铁路	7孔12.2米，拱券宽6.10米，实腹拱	木桩基础（4~7米）	混凝土拱桥。第2、4孔拱圈受战争破坏，1951年3月按原式修复

注：1.本表所述的特大桥梁，系指截至1982年底正在使用中的全长500米以上的百年铁路桥梁；

　　2.本表所采用的主要资料依据为《中国铁路桥梁史》（中国铁道出版社，1987年版）所记载的桥梁资料，仅供参考。

跋

在《中国铁路百年老桥》即将付梓印刷之际，很高兴地接受国庆同志的盛邀，为本书作跋。

我和国庆同志是老相识。30多年前我在全国铁道团委工作时，国庆同志在哈尔滨铁路局团委工作。当年都是热血青年，风华正茂，上楼梯一步两个台阶，干工作不知道什么是累。虽然直接交往不多，但国庆同志踏实好学、勤于笔耕之口碑是早就知晓的。

2019年5月，国庆同志将《中国铁路百年老桥》手稿送我一阅，着实让我吃惊不小。国庆虽然已是花甲之年，但当年共青团锤炼、造就的那股"一刻不停地奋斗"的精神一点都不见褪色。千里迢迢，跋山涉水，风尘仆仆，足迹遍布包括港台地区在内的全国万里铁路线。在众多铁路百年历史遗存中，选取百座具有代表性的桥梁，剖析纵论，洋洋洒洒。如此浩大工程，绝非一日之功。

特别令人高兴的是原铁道部副部长、部党组成员蔡庆华应邀欣然为本书作序，对这部作品给予了充分肯定和高度评价。蔡部长多年分管铁路建设，主持实施了诸多铁路重大项目建设，特别是负责组织建设的京沪高速铁路，得到国家、民众乃至国际社会的高度赞誉。蔡部长不仅是铁道部的老领导，而且更是"老唐院"铁路桥隧建设专业毕业的铁路专家学者，他对中国铁路的历史、新中国铁路建设发展，以及世界铁路的状况和未来走势，都有着深刻的认识和独到的见解。今天他为本书作序，不仅体现出对作品社会文化价值的认可和对新人的支持勉励，同时也表达了对中国铁路美好未来的殷切希望。

因为根扎得很深，才有枝繁叶茂；因为枝繁叶茂，才有硕果累累。衷心祝愿中国铁路继往开来，领跑世界。期待国庆同志老当益壮，今后有更多的好作品问世。

许树森

2020年6月19日

（许树森　曾任全国铁道团委书记）

Postscript

On the occasion that the "Century-old Bridge of Chinese Railway" is about to be printed, I am very pleased to accept the invitation of Comrade Guoqing to make a postscript to this book.

I am acquainted with Comrade Guoqing. More than 30 years ago, when I was working in the National Railway Committee of Communist Youth League of China, Comrade Guoqing worked in the Youth league Committee of Harbin Railway Bureau. In those days, as hot-blooded youngsters, we were all in our prime and climbed the stairs two steps at a time, and didn't know what tiredness was when we worked. Although our direct contacts are few, the reputation of steadfast, studious and diligent in writing for Comrade Guoqing has long been known.

In May 2019, Comrade Guoqing sent me a manuscript of the "Century-old Bridge of Chinese Railway", which really surprised me. Although Guoqing is already in his 60s, the spirit of the "constant struggle" that was tempered and formed by the Communist Youth League has not faded at all. Enduring the hardships of a long journey from a great distance across mountains and rivers, his footprints are over ten thousand miles of railway lines all over the country, including Hong Kong and Taiwan. Among the century-old railway historical relics, one hundred representative bridges were selected for analyzation. Such a great project is not a day's work.

It is especially gratifying that Cai Qinghua, former Deputy Minister and Party Member of the Ministry of Railways of the People's Republic of China, was pleased to make a preface to the book and give it full recognition and high praise. In charge of railway construction for many years, Minister Cai presided over the implementation of many major railway projects, especially the construction of Beijing-Shanghai high-speed railway which is organized by him, won high praise from the state, public and even the international community. Minister Cai is not only an old leader of the Ministry of Railways, but also a railway expert and scholar who graduated from the Bridge and Tunnel Construction Major of Tangshan Railway College. He has profound knowledge and unique views on the history of Chinese railways, the development of railway construction in New China, and the status and future trend of world railways. Today, he wrote a preface to this book, which not only reflects his recognition of the social and cultural value of the work and his support and encouragement to the new talent engaged in the Chinese railway industry, but also expresses his ardent hope for the bright future of Chinese railway.

Because the root is deeply rooted, there are many branches and leaves. Because the branches are flourishing , there are therefore many fruits. I sincerely wish that Chinese railway will continue to develop and lead the world. I look forward to the rejuvenation of Comrade Guoqing and the publication of his good works in the future.

Xu Shusen
June 19, 2020

(Xu Shusen, Former Secretary of National Railway Committee of Communist Youth League of China)

后 记

中国铁路历史博大厚重，铁路桥梁故事多彩缤纷；斑驳的百年老桥犹如奇葩一朵，尽情绽放。《中国铁路百年老桥》的问世，可谓拾遗补阙、锦上添花，作者也算尽了一份传承历史的责任。

2012年作者曾编著《中国铁路百年老站》，出版发行后反响尚可。在诸多老师同仁的支持和鼓励下，作者另辟蹊径，开始续写铁路百年历史的姊妹篇——《中国铁路百年老桥》。本书选取的是中国铁路遗存的百座具有百年历史（或接近百年）的典型桥梁，通过讲述建造背景、勘测选址、设计施工、建筑特点、历史沿革等沧桑往事，展示其功能性、艺术性和工业文化遗产价值……从一个侧面折射出中国铁路不平凡的百年发展史。

逢山应开路，遇水方架桥，百年老桥大多隐僻于人迹罕至之处，寻觅勘察难度颇大。作者深知，编撰此类历史题材的作品，唯有双脚丈量、日积月累，绝无捷径可循。作者克服了长途跋涉、寂寞孤独、参考资料短缺、专业知识匮乏等诸多困难，历时8年余，终于兑现了当初的承诺。花甲之年有拙文奉献给广大读者朋友，心中依存丝丝欣慰。

中国铁路桥梁史是一个宏大工程。准确地反映历史、科学地展示文明，绝非一蹴而就之事。因受编撰水平和专业知识所限，难免挂一漏万，有失偏颇。愿以此为引玉之砖，真诚地期望专家学者倾心斧正，以择机补充完善之。

感谢原铁道部副部长蔡庆华先生和中国工程院院士、中铁大桥勘测设计院集团有限公司董事长秦顺全先生分别为本书作序并悉心指教。感谢全国铁道团委老书记许树森同志热情作跋，满满的鼓励。感谢哈尔滨工业大学博士生导师刘大平教授为本书精心审校。感谢中国铁路书法家协会副主席程智勇先生为本书题写书名。感谢中国铁道出版社有限公司、黑龙江省哈尔滨历史文化研究会的老师同仁的鼎力支持。

作 者
2020年6月30日

Epilogue

The history of the Chinese railway is extensive and profound, and the testimonies of their railway bridges are colorful.Take for example the mottled 100-year-old bridge which is like a wonderful flower, blooming heartily.The publication of "Century-old Bridge of the Chinese Railway" can be described as a supplement and a icing on the cake, as the author has done his part in integrating such rich history.

In 2012, the author edited "Century-old Station of Chinese Railway", this was warmly received to a positive response and was accepted after it's initial publication.With the support and encouragement of many teachers and colleagues, the author has taken a new approach and started to write a companion piece of the railway's 100-year history, titled "Century-old Bridge of Chinese Railway".This book selects 100 typical bridges with a history of one hundred years (or nearly one hundred years) from the many Chinese railway remains, and shows its functionality, artistry and industrial and cultural heritage value by telling the vicissitudes of the past, such as construction background, survey and site selection, design and construction, architectural features, and historical evolution.It reflects the extraordinary one hundred-year development history of Chinese railway from a faithful contemporary perspective.

As a traditional saying goes, every mountain should have a way through, and bridges should be built when they meet water.Most of the 100-year-old bridges are secluded in inaccessible places, making it very difficult to find and survey them.The author knows very well that there is no shortcut to compile such works of this kind on a historical subject matter, because the distance only can be measured by his feet and is accumulating over time.The author overcame many difficulties such as a long journey, loneliness, lack of reference materials and professional knowledge.After more than 8 years, he finally fulfilled his original promise.In his 60s, there are some articles dedicated to the readers and friends, and his heart was gratified.

The history of Chinese railway bridges is a grand project.Accurately reflecting history and scientifically displaying civilization cannot be achieved overnight.Due to the limitation of compilation level and professional knowledge, it is inevitable that something from the book will not be exhaustive.I would like to use this as a brick to attract jade, and sincerely hope that experts and scholars will make corrections to complement and perfect it at the right time.

For their introduction and careful guidance of this book, I would like to thank Mr. Cai Qinghua, Former Deputy Minister and Party Member of the Ministry of Railways of the People's Republic of China, and Mr. Qin Shunquan, Academician of Chinese Academy of Engineering, Chairman of China RailwayMajor Bridge Reconnaissance & Design Institute Co. ,Ltd.

For his enthusiasm for writing postscript and encouragement, I would like to thank Comrade Xu Shusen, former Secretary of National Railway Committee of Communist Youth League of China.I would like to thank Professor Liu Daping, Doctoral Supervisor of Harbin Institute of Technology for carefully revising this book.Thanks to Mr Cheng Zhiyong, Vice Chairman of Chinese Railway Calligrapher's Association, for writing the title of this book.

I would like to thank the teachers and colleagues of China Railway Publishing House Co., Ltd.and Harbin Historical and Cultural Research Institute in Heilongjiang province for their support.

Author

June 30, 2020

参考文献 References

[1] 中国铁路桥梁史编辑委员会.中国铁路桥梁史［M］.北京：中国铁道出版社，1987.

[2] 中国铁路桥梁史编委会.中国铁路桥梁史［M］.北京：中国铁道出版社，2009.

[3] 中东铁路建筑画册（俄）Альбом сооружения Китайско-восточной железной дороги［M］.1905.

[4] Е. Х. 尼禄斯.中东铁路历史大观（俄）Исторический обзор китайской восточной железной дороги.
    （1896—1923）［M］.1923.

[5] 中华工程师学会.京张铁路工程纪略［M］.广州：中华工程师学会，1915.

[6] 茅以升.桥梁史话［M］北京：北京出版集团公司，北京出版社，2012.

[7] 罗英.罗英文集［M］.上海：复旦大学出版社，2013.

[8] 金士宣，徐文述.中国铁路发展史［M］.北京：中国铁道出版社，2000.

[9] 万明坤，程庆国，等.桥梁漫笔［M］北京：中国铁道出版社，1997.

[10] 项海帆，潘洪萱，张圣城.中国桥梁史纲（新版）.［M］.上海：同济大学出版社，2013.

[11] 马里千，陆逸志，王开济.中国铁路建筑编年简史［M］.北京：中国铁道出版社，1983.

[12] 中国铁道百年画册［M］.北京：中国铁道出版社，1991.

[13] 洪致文.台湾铁道印象（上、下）［M］.台北：台湾南天书局有限公司，1998.

[14] 洪致文.台湾铁道文化志［M］.新北：台湾远足文化事业有限公司，2011.

[15] 北京铁路分局.京张铁路［M］.北京：中国铁道出版社，2001.

[16] 孙官生.百年窄轨：滇越铁路史·个碧石铁路史［M］.北京：中国文联出版社，2008.

[17] 朱云生.滇越铁路、个碧石铁路文物调查报告［M］.昆明：云南民族出版社，2017.

[18] 哈尔滨铁路局志编审委员会.哈尔滨铁路局志［M］.北京：中国铁道出版社，1996.

[19] 沈阳铁路局志编纂委员会.沈阳铁路局志［M］.北京：中国铁道出版社，1997.

[20] 济南铁路局史编纂领导小组.济南铁路局志［M］.济南：山东友谊出版社，1993.

[21] 上海铁路局志编委会.上海铁路局志［M］.北京：中国铁道出版社，2005.

[22] 朱文一，刘伯英.中国工业建筑遗产调查、研究与保护［M］.北京：清华大学出版社，2014.

[23] 皮埃尔·妈尔薄特（法）.滇越铁路［M］.昆明：昆明美术出版社，2010.

[24] 穆祥纯.古今中外桥梁［M］.北京：人民交通出版社股份有限公司，2016.

[25] 皮特·柯睿思（英）.关内外铁路［M］.北京：新华出版社，2013.

书中部分所引图片，因作者情况不详，无法支付稿酬，请见书后与本书作者联系。

图书在版编目（CIP）数据

中国铁路百年老桥/武国庆编著. — 北京:中国铁道
出版社有限公司，2021.1
ISBN 978-7-113-26548-9

Ⅰ.①中… Ⅱ.①武… Ⅲ.①铁路桥-介绍-中国
Ⅳ.①U448.13

中国版本图书馆CIP数据核字（2019）第295685号

书　　　名：**中国铁路百年老桥**
作　　　者：武国庆
英文翻译：武　岳

责任编辑：朱景芳　鲍　闻　　编辑部电话：（010）51873407
装帧设计：张　涛　王焱洁
封面题字：程智勇
责任校对：王　杰
责任印制：赵星辰

出版发行：中国铁道出版社有限公司（100054，北京市西城区右安门西街8号）
网　址：http://www.tdpress.com
印　刷：北京盛通印刷股份有限公司
版　次：2021年1月第1版　2021年1月第1次印刷
开　本：889 mm×1 194 mm 1/12　印张：25　字数：450千
书　号：ISBN 978-7-113-26548-9
定　价：298.00元